올바른 유아 기초 능력

올바른 유아 기초 능력

2023년 09월 20일 초판 01쇄 인쇄
2023년 10월 05일 초판 01쇄 발행

지은이 오연경

발행인 이규상 편집인 임현숙
편집팀장 김은영 책임편집 문지연 책임마케팅 김희진
기획편집팀 문지연 이은영 강정민 정윤정 고은솔
마케팅팀 강현덕 이순복 김별 강소희 이채영 김희진 박예림
디자인팀 최희민 두형주 회계팀 김하나

펴낸곳 ㈜백도씨
출판등록 제2012-000170호(2007년 6월 22일)
주소 03044 서울시 종로구 효자로7길 23, 3층(통의동 7-33)
전화 02 3443 0311(편집) 02 3012 0117(마케팅) 팩스 02 3012 3010
이메일 book@100doci.com(편집·원고 투고) valva@100doci.com(유통·사업 제휴)
포스트 post.naver.com/100doci 블로그 blog.naver.com/100doci 인스타그램 @growing__i

ISBN 978-89-6833-446-7 13590
ⓒ 오연경, 2023, Printed in Korea

물주는하이는 ㈜백도씨의 출판 브랜드입니다.
이 책은 저작권법에 따라 보호받는 저작물이므로 무단 전재와 복제를 금지하며,
이 책 내용의 전부 또는 일부를 이용하려면 반드시 저작권자와 ㈜백도씨의 서면 동의를 받아야 합니다.

* 잘못된 책은 구입하신 곳에서 바꿔드립니다.

자기 효능감부터 회복 탄력성까지 몸과 마음에 힘이 되는

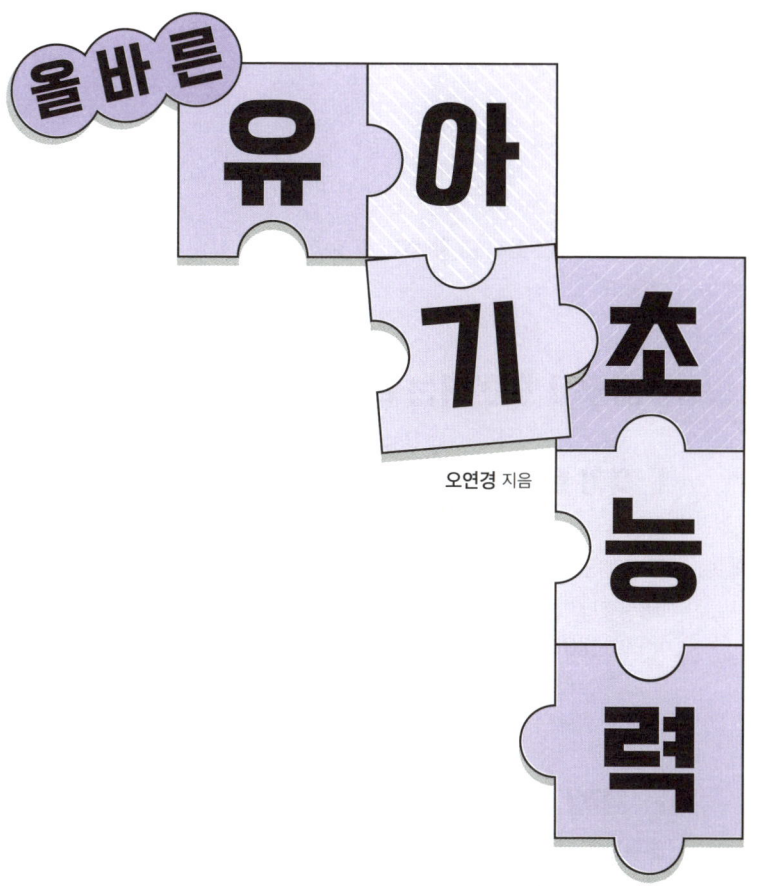

올바른 유아 기초 능력

오연경 지음

물주는아이

차례

프롤로그 예쁜 꽃이 필 거예요   8

1장 배우고 도전하는 아이

1. 자기 효능감과 끈기

문제는 공부가 아니다   17
공부에 도움이 되는 기질 vs 방해가 되는 기질   22
배움에 대한 태도는 어릴 때 결정된다   26
무엇이 아이들을 도전하게 만들까?   33
자기 효능감을 높이는 방법   37
끈기를 기르는 방법   43

2. 실전! 배우고 도전하자!

배우고 도전하는 하루를 만드는 방법   51
나는 일찍 일어나는 아이야   55
나는 좋은 습관을 가진 아이야   60
나는 새로운 배움을 좋아하는 아이야   65
나는 꾸준히 배우고 도전하는 아이야   68
나는 형아니까! 나는 언니니까!   72
나는 노력해서 결과를 내는 아이야   75
나는 책임을 다하는 아이야   78
나는 어려운 과제에 도전하는 아이야   81

2장 스스로 선택하고 결정하는 아이

1. 자율성과 자기 주도성

자율성의 방향과 진짜 의미	87
자율은 자유가 아니다	94
한계의 기준	98
자율성을 기르는 방법	104
자기 주도적인 아이로 키우는 방법	110

2. 실전! 스스로 선택하고 결정하자!

스스로 선택하고 결정하는 하루를 만드는 방법	119
나의 선택을 믿어	121
알아서 척척 외출 준비	126
나는 스스로 잘하는 아이야	131
나는 계획대로 할 수 있어	135
내가 만드는 놀이	138
나는야 놀이 기획자	142
선택은 언제나 즐거워	146
나는 최적의 선택을 하는 아이야	150

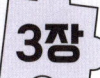

3장 스스로 목표를 향해 나아가는 아이

1. 동기와 성취 목표 지향성

즐거워야 생기는 동기	157
학습 동기가 높은 아이들	161
학습 동기가 낮은 아이들	166
동기와 보상에 관한 오해	171
동기의 유형은 다양하다	181
내적 동기로 이끄는 방법	189

2. 실전! 즐겁게 목표를 성취하자!

목표를 성취하는 하루를 만드는 방법　　　　　　　　　　193
나는 목표를 향해 움직이는 아이야　　　　　　　　　　　195
나는 생각하고 행동하는 아이야 -확인된 조절, 통합된 조절　199
나는 계속 성장하는 아이야　　　　　　　　　　　　　　203
나는 가치를 중요하게 여기는 아이야 -외적 동기에서 내적 동기로　206
나는 깊게 탐구하는 게 좋은 아이야　　　　　　　　　　210
나는 알아 가는 과정이 즐거운 아이야　　　　　　　　　214
나는 미래에도 행복한 아이야　　　　　　　　　　　　　217

4장　유혹에 흔들리지 않는 아이

1. 자기 조절 능력과 만족 지연 능력

동기를 유지하는 힘 -조절　　　　　　　　　　　　　　223
만족 지연의 기본 조건 -외적 보상　　　　　　　　　　231
외적 보상의 가치 다루기　　　　　　　　　　　　　　　235
만족 지연 능력을 높이는 방법　　　　　　　　　　　　　239
만족 지연 능력과 집중력　　　　　　　　　　　　　　　242
집중력을 높이는 방법　　　　　　　　　　　　　　　　251

2. 실전! 유혹이 있어도 조절하는 하루

조절을 배우는 하루를 만드는 방법　　　　　　　　　　259
기다리는 건 즐거운 일　　　　　　　　　　　　　　　　261
나는 잘 기다리는 아이야　　　　　　　　　　　　　　　265
정말 좋은 일이 생기네!　　　　　　　　　　　　　　　268
기다리길 잘했어!　　　　　　　　　　　　　　　　　　271
나는 현명한 선택을 하는 아이야　　　　　　　　　　　274
지금 나에게 중요한 일　　　　　　　　　　　　　　　　277
원하는 목표를 향해 집중하기　　　　　　　　　　　　280
좋아하는 것에 몰입하기　　　　　　　　　　　　　　　283

5장 문제 해결 능력이 높은 아이

1. 인지 조절 전략과 회복 탄력성

문제를 바라보는 관점 -프레임　　　　　　　　　　　　　289
긍정적 인지 조절 전략　　　　　　　　　　　　　　　293
부정적 인지 조절 전략　　　　　　　　　　　　　　　300
현실 육아에 적용하기 -인정, 조절　　　　　　　　　　304
긍정적인 인지 조절 능력을 키우는 대화　　　　　　　307
문제를 대하는 감정 -회복 탄력성　　　　　　　　　　311

2. 실전! 문제를 해결하고 회복하는 하루

마음이 단단해지는 하루를 만드는 방법　　　　　　　317
나는 생각이 유연한 아이야　　　　　　　　　　　　　319
나는 문제를 해결하는 아이야　　　　　　　　　　　　323
나는 좋은 생각을 하는 아이야　　　　　　　　　　　　327
나쁜 생각 떨쳐 버리기　　　　　　　　　　　　　　　330
나는 마음이 단단한 아이야　　　　　　　　　　　　　332
나는 어려운 일도 이겨 내는 아이야　　　　　　　　　334
나는 즐거운 아이야　　　　　　　　　　　　　　　　337
나는 나를 사랑해　　　　　　　　　　　　　　　　　340

에필로그　선물 같은 하루를 만들어 주세요　　　　　342

프롤로그

예쁜 꽃이 필 거예요

　누군가 여러분에게 작은 화분을 선물했습니다. 이때, 어떤 마음이 들 것 같나요? '이 싹은 자라서 무슨 꽃이 될까? 열심히 키워 봐야지!' 하며 궁금해하고 기대하실까요? 또는 '내가 이걸 잘 키울 수 있을까? 키우다 죽으면 어쩌지?'라는 생각에 걱정되고 부담스러우실까요? 아니면 '귀찮게 이런 걸 왜 주는 거야?'라며 짜증이 날 수도 있겠네요.

　사람마다 반응은 다르겠지만 저는 여러분 모두 궁금하고 기대하는 마음으로 열심히 꽃을 피웠다고 가정해 보겠습니다. 꽃이 핀 이후에도 여러분의 반응은 제각각일 것입니다. '꽃말이 무엇일까? 어떤 토양에서 잘 자랄까?'라고 생각하며 깊이 있는 지식을 탐구하는 사람, '이 꽃을 더 큰 화분으로 옮겨서 키워야겠어!'라고 생각하며 더 큰 목표에 도전하는 사람, '우아~ 예쁘다~ 사진 찍어야지!' 하고 꽃을 피운 것에는 만족하지만 그 이상의 시도는 하지 않는 사람도 있겠지요.

아이들의 배움도 마찬가지입니다. 무언가 배워야 할 상황이 주어졌을 때 적극적으로 나서는 아이, 회피하는 아이, 강하게 거부하는 아이가 있습니다. 성취를 한 이후에도 관련 지식을 깊이 탐구하거나 더 큰 목표에 도전하는 아이가 있는 반면, 작은 성취에 만족하는 아이들도 있습니다.

아이들이 갖고 있는 어떤 점이 이러한 차이를 만드는 걸까요? 작은 성취에서 멈추지 않고 지식을 탐구하며 더 큰 목표를 향해 도전하는 아이들은 어떤 특징이 있을까요?

청소년기 학업 성취도에 대한 연구를 살펴보면 아이들이 숙달 목표 성취 지향, 자율적 학습 동기, 긍정적 학습 정서를 가지고 있는 경우에 학업 성적이 높았습니다. 다시 말해 학업 성취도가 높은 아이들은 공부할 때 지식을 확실히 이해하고, 끊임없이 발전하기 위해 공부하며(숙달 목표 성취 지향), 자신의 미래를 위해서 또는 배우는 것 자체가 즐거워서 공부하고(자율적 학습 동기), 공부에 대한 감정과 학습 태도가 긍정적(학습 정서)이라는 뜻입니다.

학업 성취도가 높은 아이들은 일상적인 태도에서도 공통점을 보였는데요. 이 아이들은 자기 효능감, 자기 주도성, 자기 조절 능력이 모두 높았습니다. 학업 성취도가 높은 아이들은 '나는 할 수 있어'라는 신념으로(자기 효능감) 스스로 계획한 목표(자기 주도성)를 이루기 위해 자기 행동을 조절하고 실천해 나가는(자기 조절) 능력도 높은 것이지요. 높은 성적은 입시 공부를 위한 학습 태도뿐만 아니라 일상생활에서 길러지는 태도에 의해서도 영향을 받는다는 사실을 알 수 있습니다. 즉 평소의 생활 태도를 형성하는 모든 과정이 배움이고, 이러한 배움에 대한 태도가 학령기 이후 학습에 대한 태도를 만드는 것입니다.

그러나 많은 부모님이 이를 간과하고 있습니다. 일상생활의 태도와 학습에 대한 태도를 분리해서 생각하는 것이지요. 특히 자녀의 연령이 어릴수록 평소의 생활 태도와 학습은 더욱 하나가 돼야 합니다. 그런데 제가 만난 영유아기 자녀를 둔 부모님들은 생활 습관 훈육과 학습을 다른 영역으로 생각하는 경우가 많았습니다. 아이 훈육에 대한 어려움이 있는 상태에서 이와 별개로 아이들을 다양한 학습에 노출시키고 있었지요. 과연 자기 마음대로 안 될 때 울고 떼쓰는 아이가 어려운 학습에 도전할 수 있을까요? 매일 밤 양치를 거부하는 아이가 공부는 규칙적으로 할 수 있을까요?

물론 영유아기의 학습은 대부분 놀이식으로 접근하기 때문에 아이가 잘 따라오는 듯 보이기도 합니다. 하지만 결국 학습이 목적이라면 언젠가는 즐겁지 않아도 규칙적으로 투자하는 시간이 필요합니다. 때로는 특정 영역에서 타고난 학습 능력을 갖춘 아이들이 훈육은 전혀 안 되는데 학습은 즐기는 경우도 있습니다. 하지만 이 아이들도 더 높은 수준의 학습을 위해서는 어렵게 느껴지는 순간을 뛰어넘는 경험을 해야 그다음 단계로 도약할 수 있습니다. 즉, 학습 상황에서 우리 아이들은 필연적으로 문제 상황에 놓이게 되므로, 이에 적극적으로 부딪히고 해결하는 연습이 필요한 것입니다. 또한 모든 배움의 원리는 동일하기 때문에 어린 연령일수록 일상생활에서 이러한 문제 해결력을 키우는 것이 중요합니다.

　울고 떼쓰는 아이는 울음을 멈추고 부모와 대화하면서 '나는 울음을 조절하는 아이야'라는 긍정적인 문제 해결 과정을 경험합니다. 매일 밤 양치를 거부하는 아이라면 양치를 즐겁게 하는 경험을 통해 '양치가 어려운 줄 알았는데 꽤 재미있네? 나는 양치를 좋아하는 아이야'라는 자신에 대한 긍정적인 변화를 구체적으로 확인합니다. 이는 곧 자기 효능감, 자기 주도성, 자기 조절 능력을 단단히 키우는 밑거름이 되지요.

　반대로 평소에 부정적인 표현이 많고, 쉽게 포기하며, 충동적인 아이들은 이러한 모습이 학령기까지 이어질 경우 싫어하는 과목을 강하게 거부하거나, 공부하는 과정에서 부정적인 표현이 나타납니다. 게임이나 놀이 시간도 조절하지 못해 주어진 과제를 마치지 못하는 등 직접적인 방해 요소가 됩니다. 따라서 영유아기의 배움은 밥 먹는 것, 새로운 사람을 만나는 것, 카시트에 앉아 안전벨트를 매는 것 등 일상생활에서부터 시작해야 합니다. 학습에 대한 기본기를 생활 속에서 오랜 시간 훈련하는 것이지요. 이 훈련은 이미 태어날 때부터 시작된 것입니다.

　여기에서 학습에 대한 기본기 훈련이란 우리 아이가 이 세상을 살아가는 데 필요한 모든 배움을 의미하지요. 하지만 안타깝게도 우리나라는 '공부' 하면 입시를 떠올릴 만큼 둘의 상관관계가 매우 높은 나라입니다. 학령기에 들어가는 순간 우리 아이들은 입시를 향해 달려가는 경쟁의 구도에서 자유로울 수 없습니다. 상황이 이렇다 보니 직접적인 표현을 하지는 않지만 영유아 시기부터 미래의 성공적인 입시를 고려한 교육들이 넘쳐 납니다. 이 중에는 실제로 아이들이 지식을 쌓고 배우는 즐거움을 고취시키는 데 도움을 주는 콘텐츠도 있습니다. 하지만 아무리 즐거운 놀이식 수업이라 해도 내 아이가 어렵게 느끼고, 수동적으로 참여하고, 부정적인 표현을 보인다면 이는 배움 자체를 거부하게 만드는 악영향을 줄 뿐입니다. 지금 당장 이 교육을 받지 않으면 내 아이만 뒤처질 것 같은 불안함을 주의하세요.

지금까지 제가 만난 수많은 아이 중에서 연령을 막론하고 남들보다 뒤처지고 싶어 하는 아이, 아무것도 모른 채 그 자리에 머무르고 싶어 하는 아이는 단 한 명도 없었습니다. 틀리는 게 싫은 아이, 작은 실수에 민감한 아이, 도전하지 못하는 아이, 회피하는 아이는 오히려 잘하고 싶은 마음이 매우 큰 아이들입니다. 잘하고 싶어서 틀리는 게 싫고, 실수하기 싫고, 못 할까 봐 두려운 것이지요. 이 사실을 알면 아이들을 위한 모든 교육은 희망적이고, 발전 가능성이 있습니다. 부모님이 배움의 본질에 벗어난 반대의 길을 알려 주지만 않는다면 아이들은 즐겁게 배우며 성취해 나갈 수 있습니다.

이 책은 자녀를 공부 잘하는 똑똑한 아이로 키우고 싶은 부모님, 우리 아이가 삶의 공부에 즐겁게 도전하고 성취해 나가길 바라는 부모님, 그중에서도 영유아기 자녀를 둔 부모님들을 위한 친절한 안내서가 될 것입니다. 많은 부모님이 궁금해하는 청소년기의 학업 성취도 관련 변수들을 살펴보고, 이러한 능력을 발달시키기 위해 일상생활에서 영유아기 자녀를 둔 부모님이 지금 당장 실천할 수 있는 가장 쉬운 방법을 제안할 것입니다.

이 책에서 안내하는 방향을 이해하고 잘 따라온다면 우리 아이는 삶의 과제가 주어졌을 때 배움에 도전하고 즐기는 아이로 자랄 수 있습니다. 이 책이 자녀 교육에 대한 정보의 홍수 속에서 불안하고 혼란스러울 때 부모님이 방향을 잃지 않고 우리 아이를 바른 목적지로 이끌어 주는 길잡이가 되기를 바랍니다.

오연경

1장

배우고 도전하는 아이

1

자기 효능감과 끈기

문제는
공부가 아니다

- 한 가지 장난감을 오래 갖고 놀지 않아요. ← 한 가지 활동에 대한 지속성
- 새로운 장소를 거부해요. ← 낯선 환경에 대한 접근 회피성

한 가지 활동에 대한 지속성, 낯선 환경에 대한 회피 반응은 아이의 기질을 구성하는 하위 요인입니다. 최근에는 기질에 대한 정보와 이해 수준이 높아지면서 자녀가 일상생활에서 나타내는 이러한 특성들을 많은 부모님이 존중하는 추세입니다. 하지만 타고난 기질적 특성도 학습에 방해가 되면 이는 더 이상 이해와 존중의 대상이 아니지요.

- 공부할 때 자세가 계속 흐트러지고 집중을 못해요. ← 주의력 낮음
- 글씨가 조금만 삐뚤어져도 짜증 내느라 일기를 못 써요. ← 반응 역치* 낮음

*반응 역치 감각에 반응을 일으키는 최소 자극의 크기, 작은 자극만으로도 반응을 일으키는 정도이므로 반응 역치가 낮을수록 감각이 민감함을 의미함

1장 배우고 도전하는 아이

주의력과 반응 역치 역시 아이의 기질 요인 중 하나지만 움직임이 많고 산만한 건 학습 태도의 문제, 작은 오류도 그냥 지나치지 못하는 건 고쳐야 할 성격의 문제가 돼 버립니다. 주의력과 반응 역치 역시 아이의 기질 요인 중 하나인데 말입니다. 그도 그럴 것이 자녀의 연령이 증가하면서 본격적인 학습이 시작되면 타고난 기질적 요인이 실제로 학습을 하는 데 크고 작은 영향을 미칩니다.

다음은 양육 코칭 현장에서 만난 초등학생 자녀를 둔 부모님들이 자주 토로하는 학습 관련 고민 내용입니다.

- 좋아하는 과목, 익숙한 방법으로만 공부하려고 해요. ← 변화에 대한 두려움
- 한 과목을 몇 시간씩 붙잡고 있어서 항상 시간이 부족해요. ← 전환 어려움
- 쉬운 문제만 풀고, 틀린 걸 지적하면 울어 버려요. ← 완벽 추구
- 문제를 제대로 읽지도 않고 대충 풀어요. ← 주의력 부족
- 아주 작은 소리에도 민감해서 집중을 못해요. ← 예민한 청각
- 숙제를 하면서 여기저기 돌아다녀요. ← 높은 활동성
- 시험 결과가 불안해서 학원에 다니기를 거부해요. ← 예기 불안

부모님들이 학습 관련 고민이라고 나열한 내용 중에서 특정 과목과 관련된 문제가 있나요? 단 하나도 없습니다. 아이는 공부를 열심히 하는데 이해를 못 해서 다음 수준으로 넘어가지 못한다면 그건 과목 자체의 문제일 수 있습니다. 그렇다면 그 과목에 대한 교수 학습법을 아이에게

알맞게 바꾸면서 해결해 나가야겠지요. 하지만 지금 나열한 내용들은 그런 게 아닙니다. 과목에 대한 교수 학습법의 문제가 아닌, 기질적 특성에 따른 본능적인 반응 혹은 경험을 통해 습득된 반응입니다.

예를 들어 '쉬운 문제, 좋아하는 과목만 공부하는 아이'라면 기질적으로 완벽을 추구할 가능성이 높습니다. 틀리면 완벽할 수 없기 때문에 틀릴지도 모를 그 상황 자체를 피하는 것이지요. 예측할 수 있는 상황에서 안정감을 느끼는 아이들도 이러한 모습을 보일 수 있습니다. 충분히 점수를 예상할 수 있는 검증된 문제들만 도전하는 것이지요. 이러한 기질은 환경과의 상호작용을 통해 더욱 강화됩니다. 새로운 학습을 시작했는데 지루했던 기억, 국어만 좋아하는 아이라면 수학을 공부할 때 엄마가 화를 낸 사건, 어려운 문제에 도전했다가 낮은 점수를 받은 경험 등이 쌓이면서 쉬운 문제, 좋아하는 과목만 공부하는 행동을 만든 겁니다.

과목의 문제라고 여기는 착각

아이가 국어만 좋아하고 수학은 싫어하니까 이건 '수학이라는 과목의 문제 아닐까?'라고 생각할 수 있습니다. 그래서 무작정 문제의 양을 줄이고, 쉬운 수학 문제를 소개하고, 잘 가르친다고 소문난 학원에 보내면서 이 문제를 해결하려고 하지요. 진짜 문제는 여기에 있습니다. 앞서 말했듯이 아이가 수학 공부를 시도한 이후에 계속 문제를 틀리는 게 아니라 시도 자체를 안 하려고 하는 것이라면 이는 과목의 문제가 아닌 어려운 문제를 대하는 태도의 문제로 접근해야 합니다. 즉, 문제의 양을 줄이고 학원을 보낸다고 하여 해결될 부분이 아니지요.

하지만 아이의 거부가 계속되면 이를 지켜보는 부모의 마음은 불안해집니다. '우리 아이는 공부 머리가 없는 건가? 나를 닮아서 끈기가 없나?' 하며 걱정에서 시작된 불안이 자녀에게 직접적인 분노로 표현되기도 하고, '아니야, 방법이 있을 거야! 내가 도와줄 거야. 나처럼 힘들면 안 돼!'라고 생각하며 자녀의 행복을 바라는 마음에 과도한 교육 경쟁의 길로 아이를 밀어 넣기도 합니다.

문제, 공부, 숙제, 학원······. 영유아 자녀를 키우는 부모님들은 아직 멀게 느껴질지도 모르겠습니다. 그렇다면 이번엔 다음 문장을 살펴볼까요?

- 좋아하는 음식, 장난감 기호가 확실해요. ← 변화에 대한 두려움
- 놀이를 시작하면 멈추질 않아요. ← 전환 어려움
- 종이를 접다가 삐뚤어지면 안 한다고 울어요. ← 완벽 추구
- 앉아서 책 한 권 읽기도 힘들어요. ← 주의력 부족
- 작은 소리에도 깜짝 놀라고 겁이 많아요. ← 예민한 청각
- 밥 먹을 때 이리저리 돌아다녀요. ← 높은 활동성
- 선생님이 무섭다며 등원을 거부해요. ← 예기 불안

어떤가요? 영유아 자녀를 키우는 부모님들이라면 익숙한 상황이 머릿속에 그려질 거예요. 평소에 집에서 흔히 일어나는 일들이니까요. 그

런데 눈치채셨나요? 지금 소개한 이 문장들은 앞서 소개한 '초등학생 자녀를 둔 부모님들의 학습 고민'에서 키워드만 살짝 바꾼 것입니다.

진짜 문제는 학습을 대하는 태도에 있다!

학령기에 들어서면 학습이 생활의 많은 부분을 차지하고, 무엇보다 부모님의 관심이 학습에 집중되기 때문에 고민의 표현이 달라질 뿐이지 아이 행동의 본질은 같습니다. 실제로 어린이집이나 유치원 적응을 힘들어했던 아이가 학교 적응도 어려워하고, 그림이 삐뚤어지는 걸 못 참던 아이는 틀릴까 봐 아예 시도를 안 하고, 완벽을 추구하는 아이는 같은 양의 과제를 해도 시간이 오래 걸려 속을 태웁니다. 영유아 시기에 일상생활에서 겪었던 문제가 학령기 이후 학습 상황에서도 그대로 이어지는 겁니다.

그렇다면 부모는 본격적인 학습을 시작하는 학령기 전, 즉 영유아에게 무엇을 가르쳐야 할까요? 공부를 대하는 태도에는 기질이 매우 중요한 것 같은데 타고난 기질은 바꿀 수도 없고, 도대체 어떻게 해야 할까요?

공부에 도움이 되는 기질
VS 방해가 되는 기질

앞서 살펴본 초등학생 자녀를 둔 부모님들의 학습 고민은 과목 자체의 어려움이 아닌 공부를 대하는 본질적인 태도의 문제였습니다. 태도란 어떤 일이나 상황을 대하는 마음가짐이 드러난 자세입니다. 이를 대입해 보면 아이가 어려운 문제는 포기하고, 숙제를 하면서 돌아다니고, 누군가 지적하면 화를 내는 이 모든 문제가 공부를 대하는 마음가짐과 자세라는 뜻입니다.

공부를 대하는 마음가짐과 자세가 남다른 아이들이 있습니다. 예를 들면 스스로 계획을 세우고 지키는 아이, 아침 일찍 정해진 학습을 마친 후 등교하는 아이, 어려운 문제에 도전하고 그 과정을 즐기는 아이 등이 있지요. 연구 결과에 따르면 이처럼 스스로 계획을 세우고, 규칙적으로 공부하며, 과정에서 성취감을 느끼는 아이들이 학업 성취 면에서도 높은 점수를 보입니다. 그렇다면 이 아이들의 공통된 특성은 과연 무엇일까요?

공부에 도움이 되거나 방해가 되는 '특정 기질'은 없다

만약 공부 잘하는 아이들만의 타고난 기질이 있다면 상위권 학생들의 기질은 대부분 같을 것입니다. 그리고 다른 기질을 가진 아이들은 영원히 상위권 성적을 받을 수 없겠지요. 즉, 공부를 잘하는 아이만 가지고 있는 특정 기질은 없다는 뜻입니다.

물론 학습에 유리한 기질이 있는 건 사실입니다. 주의력과 집중력이 높으면 공부에 도움이 될 것입니다. 하지만 모든 상황에서 언제나 그럴까요? 너무 높은 주의력과 집중력은 한 가지에 몰입하는 태도로 이어져 과목에 편차가 생길 수 있습니다. 또한 공부가 아닌 게임, 친구, 소설 등에 몰입할 경우 학교 수업과 균형을 잡기 어려운 상황도 생깁니다.

활동성이 너무 높으면 학습에 방해가 될까요? 가만히 앉아 있기 힘들어하는 아이라면 그럴 수도 있겠지요. 그럼 활동성이 낮아야 도움이 될까요? 아닙니다. 공부도 체력이 받쳐 주어야 한다는 말이 있듯이, 실제로 활동성이 너무 낮은 아이들은 일상생활에서 무기력한 모습을 보일 때가 있습니다. 앞으로도 이야기를 나누겠지만 무기력은 공부의 가장 큰 방해 요인입니다. 오히려 활동성 높은 아이들이 적극적으로 다니면서 배경지식을 쌓고, 스트레스도 해소하는 긍정적인 경험을 많이 할 수도 있습니다.

청각이 예민한 경우는 어떨까요? 이런 성향의 아이들은 불편하고 신경 쓸 일이 많기 때문에 학령기 초반에는 학교에 적응하는 데 어려움을 겪습니다. 하지만 이러한 기질을 가진 아이들 중에는 언어적 감각이 뛰어나 국어나 외국어 학습에서 두각을 나타내는 경우가 많지요.

완벽주의적인 성향 역시 과제의 효율을 떨어뜨리고 부정적인 감정을 만들기도 하지만, 긍정적으로 발현되면 과제에 대한 집착이 깊이 있는 지식으로 연결됩니다.

이해를 돕기 위해 몇몇 기질을 극단적인 반대의 상황으로 표현해 보았는데요. 결론적으로 기질적 요인이 학습을 돕거나 혹은 방해하는 데 영향을 주긴 하지만, 특정 기질만 좋고 나쁨에 국한된 것은 아니라는 뜻입니다. 즉, 아래 기질을 구성하는 아홉 가지 요소가 모두 학습에 도움이 될 수도 있고 방해가 될 수도 있지요.

기질 요소	학습에 도움이 되는 부분	학습에 방해가 되는 부분
활동성	활동성이 높으면 학습 활동에 적극적으로 참여하며, 다양한 경험을 통해 배경지식을 쌓는 데 도움이 됨	활동성이 높으면 앉아서 오랜 시간 집중하는 수업을 어려워할 수 있고, 주의가 쉽게 분산될 수 있음
규칙성	규칙적인 생활이 습관화되어 학습 계획을 지키고, 성실히 목표를 달성하는 데 도움을 줌	식사, 수면 등의 규칙적인 생활을 하기 어려운 환경에서 학습 컨디션 유지가 어려움
적응성	새로운 환경이나 상황에 익숙해진 이후에는 안정적으로 과업을 수행함	적응이 빠르고 안정적으로 유지되면, 양육자가 적절한 자극이 필요한 시기를 놓칠 수 있음
접근·회피성	접근성이 높으면 새로운 경험을 통해 성장의 기회를 얻을 수 있음. 회피성이 높으면 신중하게 결정하므로 자신에게 알맞은 학습 방법을 찾는 데 도움이 됨	접근성이 높으면 끝맺음이 안 되는 상실의 경험도 많을 수 있음. 회피성이 높으면 다양한 교육의 기회를 경험하는 데 제약이 있음

반응 역치	반응 역치가 낮으면 민감하게 주변 환경을 인식하므로 기억력이 좋고, 창의적으로 문제를 해결하는 능력이 탁월함	지나치게 감각이 예민하면 불안이나 스트레스를 경험할 수 있으며, 주의력 유지가 어려움
반응 강도	감정 표현이 명확하므로, 양육자와 교수자가 아이에게 적합한 정보를 주는 데 도움이 됨	연령이 높아질수록 감정 절제가 필요한 상황이 많아지면서 어려움을 겪기도 함
기분 상태	웃음과 즐거운 표현이 많으면 스트레스 관리에 뛰어나며, 학습 환경에서 좋은 감정 상태를 유지하고 회복함	웃음과 즐거운 표현이 많으면 진지한 학습 활동에 집중하기 어려움
주의 전환성	다양한 정보를 동시에 습득하고 처리하므로 복잡한 문제를 융통성 있게 해결할 수 있음	한 가지 작업에 집중하기 어려울 수 있으며, 일정한 학습 태도를 유지하기 어려움
집중력과 지속성	긴 시간 동안 작업에 집중하고 몰입하여 문제를 해결하는 데 도움이 됨	지나치게 높은 수준의 집중력은 과목별 편차를 만들 수 있음

행동을 결정짓는 요인에는 기질만큼 중요한 요인이 하나 더 있습니다. 바로 환경과의 상호작용, 아이들이 경험하는 모든 것입니다. 기질의 본질은 바뀌지 않지만, 환경의 조건은 얼마든지 바뀔 수 있기 때문에 아이들의 태도 역시 변할 수 있습니다.

중요한 건 '부모가 자녀의 기질적 특성을 학습에 방해되는 요인으로 인식하는가, 도움을 주는 요인으로 인식하는가?'입니다. 모든 기질은 양면성이 있으며, 어떤 경험이 주어지는가에 따라 긍정적 또는 부정적 행동으로 발현이 됩니다. 타고난 기질을 단점으로 바라보고 고칠 수 없는 것을 고치려 할 때 문제가 발생하는 것입니다.

배움에 대한 태도는
어릴 때 결정된다

앞에서 이야기한 것처럼, 아이들이 높은 성적을 유지하는 데 필요한 공통된 특성은 기질이 아닙니다. 공통된 기질이 있다 해도 어떤 상호작용의 경험이 주어지는가에 따라 그 결과가 달라지기 때문에 기질은 손댈 수 없는 상수일 뿐이지요. 이제 우리는 바꿀 수 없는 기질이 아닌 바꿀 수 있는 환경, 그리고 학업 성취도가 높은 아이들의 환경에서 주어지는 공통점에 주목할 것입니다.

누군가는 세상이 이미 변했기 때문에 공부를 잘하는 건 큰 의미가 없다고 할지도 모릅니다. 학교 공부만을 뜻하는 말이라면 어느 정도 동의하지만, 계속 강조해 왔듯이 저는 공부를 대하는 태도, 더 나아가 세상의 문제를 대하는 태도를 말하고 있습니다. 학령기 아이들에게 중요한 과제가 학교 공부인 것처럼 성인이 되어 사회 구성원이 되면 경제적 활동을 위한 공부, 가정을 이루면 배우자나 부모로서 살아가는 공부를 해야 합니다. 즉 발달 과업에 맞게 공부할 주제만 달라지는 것뿐입니다.

그렇다면 세상의 문제를 대하는 태도는 언제부터 길러질까요? 불편한 자극이 있을 때 울어 버리는 건 아이들만의 모습이 아닙니다. 자녀가 울 때 그 소리가 듣기 힘들어 분노하거나 아예 문을 닫아서 차단해 버리는 부모님도 있지요. 숙제하기 싫어서 미루는 게 학생들만의 문제인가요? 설거지를 쌓아 두는 것과 숙제를 쌓아 두는 건 어떤 차이가 있을까요? 물론 일의 책임과 무게는 상황마다 다를 수 있습니다. 제가 이야기하고 싶은 건 삶의 문제를 대하는 태도는 아주 어린 시기부터 시작되며, 나이가 든다고 바뀌는 건 아니라는 점입니다.

첫 단추를 잘 끼워야 한다고 하지요? 세 살 버릇이 여든까지 간다고도 합니다. 첫 단추를 잘못 끼웠어도 다행히 그 사실을 알아채면 중간에 다시 풀어서 끼우면 됩니다. 세 살 버릇 잘못 들였어도 어린 나이라면 바로잡을 수 있지요. 하지만 모든 단추를 끼운 이후, 성인이 된 이후라면 바로잡기 위해 시도는 할 수 있지만 바꾸기 쉽지 않습니다.

긍정적인 태도를 만드는 가장 중요한 원칙

많은 학자가 인간의 행동은 환경과의 의미 있는 상호작용을 통해 결정된다고 이야기합니다. 최근에는 기질과 환경의 조화, 그중에서도 환경의 중요성을 더욱 강조하고 있습니다. 저 역시 양육 코칭의 현장에서 다양한 기질의 아이들과 부모님을 만나 왔습니다. 제가 하는 일은 부모님의 양육 행동을 바꿈으로써 아이의 행동을 변화시키는 것인데요. 다시 말해 아이에게 가장 많은 영향을 미치는 환경인 부모를 변수로 하여 적절한 양육 환경을 만드는 겁니다.

자녀의 나이가 어릴수록 부모님들의 육아 고민은 다듬어지지 않은 자녀의 기질과 관련된 내용이 많습니다. 특히 식사 문제, 배변 훈련 등 기질과 밀접한 관계가 있는 문제는 단기간에 변화하기 어렵습니다. 하지만 아이의 기질을 이해하고 큰 틀에서 방향을 잡아 나가면 점차 기질의 긍정적인 측면이 발현되면서 나이가 많아질수록 문제 행동이 개선됩니다. 원석을 오랜 시간 세공해서 빛나게 만드는 과정과 같은 겁니다. 반대로 상대적 나이가 많을수록 부모님들의 육아 고민은 양육 태도가 점점 더 큰 변수로 작용합니다. 원석은 그대로인 채 세공을 방해하는 부산물들로 뒤엉킨 것처럼 말이지요.

예를 들어 편식이 심하고, 먹는 양도 적은 24개월의 아이라면 좋아하는 음식으로 먹는 즐거움을 알려 주어야 합니다. 좋아하는 반찬을 입에 넣는 순간 박수를 쳐 주고, 씹어 삼키는 행동을 할 때 눈맞춤과 스킨십으로 그 행동을 강화해 나가야 합니다. 이러한 방향으로 꾸준히 솔루션을 실행하면 연령이 증가하면서 점차 바른 식습관을 형성할 수 있습니다.

반대로 안 먹는 음식을 한 숟가락이라도 더 주려고 쫓아다니며 먹인다면 연령이 증가할수록 거부는 점차 심해집니다. 엄격한 분위기에서 혼을 내면서 식사 지도를 하면 어떨까요? 이럴 경우 무서운 분위기 때문에 편식은 교정되더라도 먹는 즐거움을 배울 순 없습니다. 여기에서 바로 '음식을 대하는 태도'가 결정됩니다.

긍정적으로 행동을 강화한 아이의 경우라면 편식이 조금 남아 있더라도 좋아하는 음식이 나왔을 때 맛있게 즐기며 먹을 수 있습니다. '맛있는 음식 = 즐거운 일'인 것이지요. 다음 날에는 어떤 음식이 나올까 궁금해하고, 선호하지 않는 음식이 나오면 실망도 합니다. 하지만 다음 날 좋아하는 닭고기가 나온다면 다시 '점심시간 = 즐거운 시간'이 될 것입니다. 식단이 마음에 들지 않더라도 식사 자체를 부정적으로 인식하지는 않는 것이지요. 하지만 부모가 쫓아다니면서 먹이거나 혼을 내면서 먹이면 '먹는 것 = 불편한 것'이라는 생각의 틀이 생깁니다. 즉, '맛있는 음식 = 즐거운 일', '점심시간 = 즐거운 시간'이라는 생각을 못 하는 것이지요. 경험이 생각에 한계를 만드는 겁니다.

식사를 공부로 바꾸어 생각해 볼까요? 공부를 거부하는 아이에게 어떤 환경이 주어져야 우리 아이들이 배움을 즐기고, 어떤 것을 배울지 궁금해하고, 때로는 싫어하는 과목 때문에 실망도 하지만 다시 배움에 도전할 수 있을까요?

기질은 같은데 결과가 다른 이유

현장에서 오랜 시간에 걸쳐 아이들을 만나다 보니 두세 살 때 찾아왔던 아이들이 학교에 가는 소식도 듣게 되는데요. 어려운 시기를 지나 현재에는 잘 지내는 아이들도 있고, 여전히 생활하는 데 문제가 있어 다시 찾아오는 경우도 있습니다. 후자의 경우에는 고민의 내용 안에 학습 갈등이 반드시 들어 있지요.

저를 다시 찾아온 대부분의 부모님들은 아이가 학교에 들어가니 또 다른 문제가 생겼다고 말씀하십니다. 그러나 문제를 구체적으로 살펴보면 이전의 고민이 학습이라는 이름으로 모습만 달리 이어진 경우가 대부분입니다. 어렸을 때 한자리에 앉아서 책 한 권을 읽기 힘들었던 아이가 커서도 숙제를 하면서 돌아다니거나 산만한 행동을 하고, 작은 소리에도 깜짝 놀라고 겁이 많았던 아이가 아주 약간의 소음에도 공부에 방해된다며 짜증을 부린다면 이는 어린 시절에 드러난 기질의 취약점이 그대로 남아 있는 겁니다. 기질(원석)은 바뀌지 않지만 환경과의 상호작용(세공)을 통해 사회적 기준에 맞게 적응해야 하는데, 아직 긍정적으로 발현(보석)되지 않은 것입니다.

이쯤 되면 영유아 시기에는 아이와 함께 움직이며 책을 읽어 주고, 아이가 오토바이 소리에 깜짝 놀라면 귀를 막아 주던 엄마도 더 이상 맞춰 주기가 힘들어집니다. 돌아다닐 때 그냥 두었거나 깜짝 놀라도 대수롭지 않게 여겨 온 경우라면 갈등의 깊이는 더욱 깊어졌겠지요.

앞에서 '어린이집 적응이 힘들었던 아이가 학교 적응을 어려워하고, 그림이 삐뚤어지는 걸 못 참던 아이는 틀릴까 봐 아예 시도를 안 하고, 완벽을 추구하는 아이는 같은 양의 숙제를 해도 시간이 오래 걸려 속을 태운다'고 말씀드렸습니다. 즉, 영유아기 아이들이 현재 일상생활에서 겪는 문제가 학령기 이후 학습 상황에서도 그대로 이어진다는 뜻이지요. 하지만 이는 모든 아이에게 해당되는 내용은 아닙니다.

다음은 영유아 시기의 기질적 특성이 학습 환경에서 부정적으로 고착된 경우와 긍정적으로 적응한 경우의 예입니다. 각 기질에 어떠한 환경적인 요소가 주어지는가에 따라 아이의 행동이 A로 갈 수도 있고, B로 갈 수도 있습니다.

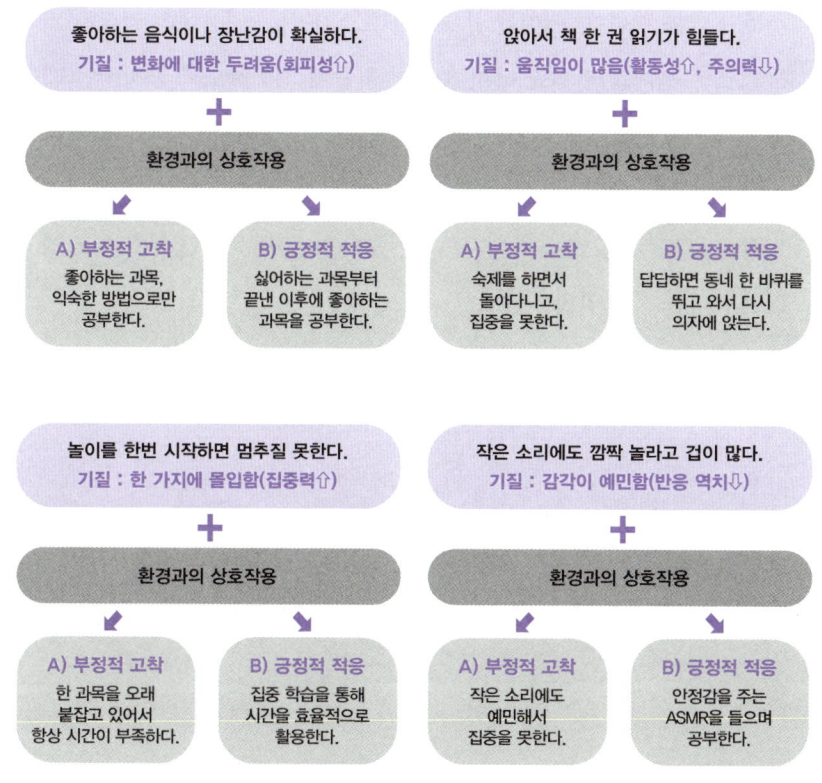

기질은 개인 고유의 특성이기 때문에 바뀌지 않습니다. 활동성 높은 아이가 학교에 들어갈 나이가 됐다고 해서 갑자기 차분해지지 않는다는 말입니다. 하지만 앞에서 본 예시 상황들처럼 다양한 환경 요소를 통해 긍정적으로 또는 부정적으로 발현될 수 있습니다.

예를 들어, 활동성 높은 아이가 수업 시간에 가만히 잘 앉아 있다면, 그것은 그 외 시간에 운동이나 활동적인 놀이를 통하여 에너지를 잘 분출하고 있는 겁니다. 어떠한 환경적인 요소가 쉬는 시간에는 열심히 뛰어놀고, 수업이 시작되면 다시 앉아서 학습에 집중하도록 긍정적인 배움의 태도를 이끌어 준 것이지요.

이처럼 아이들은 자신의 기질이 존중되는 환경에서 자랄 때 타고난 기질을 긍정적으로 발현합니다. 그 환경은 바로 양육자인 부모가 조성해야 한다는 점을 잊지 마세요.

무엇이 아이들을 도전하게 만들까?

청소년기 자녀를 둔 부모님들은 "아이가 틀린 걸 못 참아요."라는 고민은 잘 안 합니다. 오히려 "의지가 없어요.", "욕구 자체가 없는 것 같아요.", "화만 내서 아무 말도 할 수가 없어요."라는 고민이 더 많지요. 틀린 걸 못 참는다는 건 달리 해석하면 답을 맞히고 싶다는 의미입니다. 이러한 욕구가 연령이 증가하면서 사라지는 이유는 무엇일까요? 무엇이 우리 아이들을 무기력하게 만들까요? 그 답을 찾기 위해 먼저 우리는 언제 하고 싶은 의욕이 생기는지, 반대로 무기력해지는지 생각해 봅시다.

- 당신은 게임을 좋아하는 사람입니다. 평소에 친구와 즐겨 하던 게임의 새로운 버전이 나왔습니다. 새로운 게임에 도전하실 건가요? ☐ 네 ☐ 아니요
- 당신은 요리를 잘하는 사람입니다. 삶은 달걀 요리에 도전하시겠습니까? 궁중 요리에 도전하시겠습니까? ☐ 삶은 달걀 ☐ 궁중 요리

새로운 것에 도전하려면 '해 보고 싶어', '재미있어'라는 생각이 있어야 합니다. 더욱이 쉬운 과제 대신 어려운 과제에 도전하려면 스스로 '잘한다', '할 수 있다'라는 생각이 있어야 하지요. 이를 배움에 적용하면 '배우고 싶어!', '배우는 게 재미있어!', '나는 잘 배워!', '나도 배울 수 있어!'라는 생각과 같습니다. 인지행동주의학자 앨버트 반두라는 이러한 생각을 '자기 효능감'이라 명명했습니다.

도전하는 태도에 꼭 필요한 자기 효능감

자기 효능감이란 주어진 상황에서 자신이 얼마나 그 일을 잘 수행할 수 있는지에 대한 믿음을 의미합니다. 이는 자기 자신의 존재를 가치 있게 여기는 자존감과 구별되는 개념으로, 구체적 상황에서의 자기 능력에 대한 신념입니다.

연구 결과에 따르면 자기 효능감이 높을수록 실제로 그 행동을 수행하는 빈도가 높았으며, 반대로 자기 능력에 대한 기대가 낮을수록 그 행동을 수행하지 않았습니다. 다시 말해 나는 '자전거를 잘 탈 거야'라는 믿음이 있는 사람이 자전거 타기에 도전하고, 넘어져도 '나는 자전거를 잘 탈 것'이라는 믿음이 있기 때문에 계속 도전하는 것입니다. 이러한 도전은 이 사람이 실제로 자전거를 잘 탈 수 있는 신체적 조건을 가지고 있는가에 대한 여부가 아닌, 단지 그 행동을 하는 자신의 판단에 근거합니다.

자기 효능감을 높이기 위한 요소

그렇다면 '나는 자전거를 잘 탈 거야!'라는 믿음, 이 자기 효능감은 어떻게 생겨날까요? 바로 실제 수행, 대리 경험, 언어적 설득, 생리적 단서, 이 네 가지를 통해 형성됩니다(A. Bandura, 1994).

첫째, 실제 수행은 성공의 경험입니다. 세발자전거를 성공적으로 탄 경험이 두발자전거에 도전하게 만듭니다. 이러한 성공의 경험이 반복되면 자기 능력에 대한 신념이 더욱 단단해지는 것이지요. 반대로 실패를 자주 경험하면 어떨까요? '나는 못 해'라는 신념이 굳어지면서 점점 더 도전을 회피할 것입니다.

둘째, 대리 경험은 성공적인 타인의 행동을 관찰함으로써 자기 행동에 대해 기대를 하는 것입니다. 친구가 자전거 타기에 도전하는 모습을 보면서 '나도 탈 수 있어'라고 생각하는 거예요. 반대로 자전거 타기를 거부하는 친구의 모습을 본다면 '나도 안 할래'라고 생각하겠지요.

셋째, 언어적 설득은 칭찬과 격려를 의미합니다. '아빠가 뒤에서 잡아 주면 넘어지지 않고 잘 탈 수 있어', '다리 힘이 세져서 잘 탈 수 있어'와 같이 성공할 것이라는 기대를 외부에서 넣어 주는 것입니다.

넷째, 생리적 단서는 아이의 정서적 상태를 의미합니다. 정서적으로 불안한 상황에서는 성공할 것이라는 기대를 갖기 어렵습니다. 그러므로 안정적인 정서를 유지하는 것이 자기 효능감에도 영향을 주지요.

아이들이 새로운 배움에 도전하기 위해서 가장 먼저 갖추어야 할 것은 자기 효능감입니다. 위에서 본 성공의 경험, 긍정적인 모델링, 칭찬과 격려, 정서적 안정을 통해 '할 수 있다'는 믿음이 생겨야 비로소 도전할 힘을 얻는 것입니다. 하지만 많은 부모님이 자녀의 학습에 있어서는 이를 간과하고 있습니다. 자녀의 성적만으로 부담을 주지는 않더라도 여전히 자기 효능감보다는 교수 학습 방법에 집중하고 있지요. '어떤 과목을 가르칠 것인가? 우리 아이에게 적정한 난이도는 무엇일까? 누가 가르칠 것인가? 어떤 방식으로 가르칠 것인가?' 등등 높은 학업 성취도를 얻기 위한 도구로써의 공부에 더 많은 관심을 두는 것입니다.

도구를 다루어야 할 사람이 '나는 할 수 없어'라고 생각한다면 아무리 좋은 도구라 해도 쓸모없어집니다. '수학은 어려워', '나는 수학을 못해'라고 생각하는 아이에게 수학을 잘 가르치는 선생님과 좋은 문제집은 큰 의미가 없지요. 그보다 먼저 '할 수 있어! 해 볼래!'라는 생각을 갖게 하는 게 중요합니다. 그래야 좋은 도구가 주어졌을 때 원하는 결과를 얻고, 그 결과가 다시 자기 효능감에 영향을 주는 선순환이 되어 지속적인 성공의 경험을 만들 수 있습니다.

자기 효능감을 높이는 방법

'나는 인사를 못해'라고 생각하는 아이가 '나는 인사를 잘해'라는 생각을 갖기 위해서는 어떤 과정을 거쳐야 할까요? 자기 효능감은 허황된 가짜 믿음이 아닌 아직 실현되지 않은 미래에 대한 기대입니다. 미래에 긍정적인 결과가 나오도록 도와주면 아이들의 믿음은 실제가 되면서 자기 효능감을 더욱 단단히 만들 수 있습니다.

앞서 자기 효능감을 높이려면 성공의 경험, 긍정적인 모델링, 칭찬과 격려, 정서적 안정이 필요하다고 했는데요. 이를 '나는 인사를 못해'라고 생각하는 아이에게 적용해 보면 어떨까요? 인사를 하는 성공의 경험, 인사하는 부모님의 모습 관찰, 인사를 했을 때의 칭찬과 격려, 그리고 정서적인 안정감이 필요한 겁니다. 여기서 문제는 '인사를 어려워하는 아이를 어떻게 하면 인사를 하게끔 이끌 것인가'입니다. 여기에서 저는 두 가지 솔루션을 제안합니다.

쉬운 것부터 시작하기

첫 번째는 '인사'라는 개념의 범주를 넓혀서 아주 쉬운 것부터 접근하는 거예요. 인사의 목적은 상대방과 소통하는 데 있습니다. 따라서 '인사'를 '소통하고자 하는 의지' 정도로 개념화하면 "안녕하세요?"라고 큰 소리로 말하면서 고개를 숙이지 않아도 성공이라 볼 수 있습니다. 저는 이것을 '인위적 성취감'이라 이야기합니다.

인위적 성취감이란 사회적 기준에서는 실제로 성취한 것이 아니지만 아이 스스로 성취했다고 느끼도록 인위적인 환경을 만드는 것입니다. 예를 들면 눈을 마주쳤을 때, 개미 목소리로 작게 인사했을 때 칭찬과 격려로 '인사를 잘하는 아이'라는 생각을 갖게 하는 것이지요.

여기에서 인사는 아이가 어려워하는 모든 것으로 대체할 수 있습니다. 인사 대신 양치가 될 수도 있고, 책 읽기가 될 수도 있지요. '책 읽기'에 대한 거부감이 큰 아이에게 '책 읽기는 즐거운 거야', '나는 책 읽기를 좋아해'라는 생각을 갖게 하려면 먼저 '책을 읽는다'라는 활동을 구체적으로 풀어서 생각해야 합니다. 책을 눈으로 보고, 책장을 넘기고, 글자를 소리 내어 읽는 것 등이 해당되지요. 처음부터 끝까지 앉아서 책을 읽지 않아도, 스스로 글을 읽지 않아도 '책을 읽는다'의 범주를 확장하면 '책 읽기'는 다양한 모습으로 우리 아이에게 성취감을 줄 수 있습니다.

여러 책을 늘어놓고 표지만 보는 아이에게도 "우아~ 재미있는 책을 이렇게 많이 보다니!" 하면서 성공의 경험을 만들어 줄 수 있고, 부모님이 그림책을 재미있게 넘기면서 긍정적인 모델이 되어 줄 수도 있습니다. 책과 관련된 활동을 할 때 칭찬과 격려, 안정적인 분위기가 주어지면 더욱 좋습니다.

반대로 아이가 책을 접할 때마다 "똑바로 앉아 볼까?", "그림만 보면 안 돼!"라고 이야기하면 어떨까요? 부모님은 바르게 책을 읽는 습관을 만들어 주기 위해 건넨 말이지만 오히려 아이는 '책 읽기에 대한 실패'를 경험하게 됩니다. '아, 나는 책을 바른 자세로 읽지 않는 아이구나', '나는 글 대신 그림만 보는 아이네'라는 생각을 갖게 되지요.

처음에는 쉬운 과제가 주어져야 아이들이 도전을 하고, 그 안에서 성취감을 느끼기 시작합니다. 쉬운 도전 과제는 아이의 자기 효능감을 높이기 위한 가장 수월한 방법이지요. 어렵게 시작할 이유가 전혀 없습니다. 항상 쉬운 문제만 풀 수는 없으니까 지금부터 능력을 키워야 한다고 실패 속으로 아이를 밀어 넣지 마세요. 할 수 있다는 믿음이 있을 때 어려운 문제에 도전할 수 있습니다. 자기 능력에 대한 믿음이 없는 상태에서 도전 과제를 주는 건 아이를 무기력하고 점점 더 문제를 회피하게 만들 뿐입니다.

다섯 살 주연이는 미끄럼틀이 무서워서 놀이터에 가지 않는 아이였습니다. 놀이터에 가도 미끄럼틀을 안 타면 그만이지만 주연이는 친구들에게 그런 모습을 보여 주기 싫어서 놀이터에 가는 걸 거부했지요. 한번은 친한 친구와 키즈 카페에 갔는데, 계속 미끄럼틀만 타는 친구 때문에 기분이 상해서 집으로 그냥 돌아오는 일도 있었습니다. 이날 이후로 주연이는 일상생활에서 더욱 짜증이 심해졌고, 친구들과의 만남 자체를 거부하기까지 했습니다. 평소에도 또래 관계에서 속상해하는 일이 많고, 어렵게 느껴지는 일은 쉽게 포기하는 모습 때문에 걱정이 되었던 부모님은 이 일을 계기로 제게 상담을 받으러 오셨습니다.

저는 미끄럼틀 타기에 대한 성공의 경험을 만들기 위해 아주 쉬운 과제부터 접근했습니다. 경사가 거의 없는 낮은 미끄럼틀을 엄마 아빠의 도움을 받아 타는 것부터 시작한 것이지요. 주연이가 낮은 경사면을 내려올 때마다 "미끄럼틀 슈~웅!" 하고 재미있는 소리를 내 주었고 "미끄럼틀 세 번 도전!" 하면서 하이 파이브와 점프로 격려해 주었습니다. "예전에는 미끄럼틀 싫다고 했는데 오늘은 어떻게 다섯 번이나 탔어?" 하면서 '미끄럼틀을 탈 수 있는 아이야'라는 생각도 강화시켰고요. 그다음 어린 영아들이 이용하는 놀이터를 찾아 '미끄럼틀 슝~', '미끄럼틀 세 번 도전!', '하이 파이브, 점프!' 같은 방법으로 상호작용을 해 주었습니다.

자신감이 생길 무렵에는 낮은 미끄럼틀이 있는 놀이터에서 친구들을 만나게 해 주었습니다. 성취감을 주기 위해 만남의 시간은 아주 짧게 가졌지요. "친구들이랑 놀이터에서 미끄럼틀도 타고! 우리 주연이 여섯 살 언니 같아!" 하며 칭찬해 주자 주연이의 자기 효능감은 더욱 높아졌습니다. 낮은 미끄럼틀 타기에 성공하면서 그네 타기도 도전하고, 친구가 높은 미끄럼틀을 타도 개의치 않고 놀이를 이어 갔습니다. 쉬운 과제로 도전을 시작하자 변화하는 모습을 보여 준 사례입니다.

좋아하는 것 또는 잘하는 것에서 확장하기

물론 쉬운 과제로 도전을 시작해도 모두 성공하는 건 아닙니다. 아무리 쉬운 과제라 해도 아이가 느낄 때는 그렇지 않을 수 있으니까요. 주연이도 처음부터 미끄럼틀 타기에 도전했다면 아무리 경사가 낮은 미끄럼틀이라도 이 솔루션은 실패했을지 모릅니다. 미끄럼틀 자체에 대한 거부가 컸기 때문입니다.

그래서 필요한 두 번째 솔루션은 좋아하는 영역에서 확장하기입니다. 제가 만난 당시의 주연이는 일상생활 전반에서 '나는 할 수 없어'라는 생각으로 자기 효능감이 아주 낮은 상태였습니다. 저는 주연이의 자기 효능감을 높이기 위해 이미 잘하고 있는 것, 주연이가 좋아하는 것부터 활용하기로 했습니다. 그림 그리기를 좋아하는 주연이가 성취감을 느끼도록 주연이 그림을 방 한쪽에 전시하여 '이주연 작가님'으로 호칭을 만들기도 하고, 다른 가족들에게 주연이의 그림을 전송하여 감상평을 듣게도 했습니다. 이러한 과정을 통해 주연이는 '나는 그림을 잘 그릴 수 있어'라는 긍정적인 자기 효능감을 느끼게 되었습니다. 여전히 미끄럼틀에 대한 두려움, 친구 관계에서 느끼는 어려움은 남아 있었지만 이미 잘하는 것, 좋아하는 것을 통해 특정 영역의 자기 효능감을 높임으로써 다른 영역의 쉬운 과제(낮은 미끄럼틀)에도 도전이 수월해지도록 만든 것입니다.

아이들이 학습을 어려워할 때도 같은 방법으로 접근할 수 있습니다.

보통은 아이가 수학을 어려워하면 쉬운 문제집으로 바꿔 주거나 문제의 양을 줄여 주는 경우가 많습니다. 하지만 쉬운 문제와 적은 문제 수의 기준이 부모의 판단일 경우, 아이는 여전히 문제가 어렵고 많다고 느끼게 됩니다. 난이도를 낮추는 것만으로 성공의 경험을 주지 못하는 것이지요. 이럴 때는 좋아하는 과목부터 성공의 경험을 만들어야 합니다. 특정 영역에서의 자기 효능감을 다른 영역으로 확장하는 거예요.

예를 들어 아이가 국어를 좋아하면 '나는 공부를 좋아하는 아이야'라는 생각을 가지도록 정보를 주는 것이지요. 실제는 국어만 좋아한 것이지만, 넓은 범주에서는 과목과 관계없이 모두 공부에 속하기 때문에 그냥 '공부를 좋아하는 것, 공부를 잘하는 것'으로 인위적 성취감을 주는 겁니다.

이렇게 한 가지 영역에서 성취감을 느낀 아이들은 다른 영역에서도 잘하고 싶은 마음이 생깁니다. 그동안 실패의 경험, 비교, 비난, 불안 등 외부적 요인에 의해 '못해, 어려워, 힘들어'라는 낮은 자기 효능감을 가지고 있었을 테지만, 사실은 잘하고 싶은 게 아이들의 진짜 마음이니까요. '나는 공부를 좋아하는 아이야'라는 생각이 들었는데 때마침 새로운 영역의 과제가 주어졌다고 생각해 봅시다. 아이는 아마 그 과제를 해 볼 만하다고 느낄 겁니다. 이때 우리 아이들은 도전을 결심하고 비로소 작은 성공의 경험을 하게 됩니다. 처음으로 새로운 영역에 대한 긍정적인 자기 효능감을 맛보는 순간인 것입니다.

끈기를 기르는 방법

정말 쉬운 도전을 계속해 나가면 어려운 과제도 도전할 수 있을까요? 이 말은 반은 맞고 반은 틀립니다. 어려운 도전을 위해 쉬운 도전의 경험이 필수 불가결한 요소인 건 맞지만, 쉬운 도전은 어디까지나 어려운 도전으로 가기 위한 마중물입니다. 쉬운 과제를 통해 성취감을 느낀 이후에는 어려운 과제에 도전하여 좌절하거나 포기하지 않고 끝까지 나아가야 합니다. 미국의 심리학자 앤절라 더크워스는 이러한 능력을 '그릿'이라는 용어로 개념화했습니다(A. Duckworth 2007, 2011).

조금 더 높은 수준에 도전하며 키우는 끈기

그릿은 난관이 닥쳐도 포기하지 않는 열정과 인내를 뜻하며 오랜 시간 동안 꾸준히 노력하는 것을 의미합니다. 하지만 쉬운 과제는 그 순간 성취감을 줄 수는 있어도 꾸준한 열정과 인내가 필요하지는 않습니다. 어려운 과제에 도전하기 위해서는 성취감이 지속돼야 하는데 쉬운 과제로부터 얻는 성취감은 어느 순간 당연하게 되어 버리지요. 그래서 우리 아이들이 조금 더 높은 수준의 도전을 함으로써 성취의 경험을 이어 나가도록 도와주어야 합니다. 아이가 부담을 느끼지 못할 정도로 난이도를 서서히 높여 가는 것이지요. 저는 이것을 그러데이션 성취 접근이라고 이야기합니다. 아이가 작은 성취를 느꼈을 때 조금 더 높은 수준의 성취 목표를 소개하면서 흔쾌히 따르게 하는 거예요.

예를 들어 미끄럼틀을 거부하던 아이가 엄마 아빠 손을 잡고 낮은 미끄럼틀 타기에 도전했다면 성취감을 느꼈을 때 "한 번 더 탈 수 있을까?" 하며 같은 난이도에서 도전 횟수를 늘리거나 "엄마 손만 잡고 탈 수 있을까?" 하며 도전의 조건을 바꾸어 제안하는 겁니다. 이러한 방법은 두 돌 전후 아이들의 어휘를 확장할 때도 사용할 수 있습니다. 만약 '빠, 아빠, 빠빠이'라는 소리를 낼 수 있는 아이라면 "아빠 빠빠이~!"처럼 아이가 표현할 수 있는 말을 부모님이 함께 표현해 줌으로써 성취감을 줍니다. 그다음 "아파! 아이! 예뻐!" 등의 표현을 알려 주는 거예요. 이미 표현할 수 있는 음절에서 약간 변화를 주면 아이들이 부모님의 입 모양과 소리를 통해 비슷하게 따라 하려는 시도를 보일 겁니다.

언어 발달 역시 성취감을 느낄 때 학습 속도가 빨라지므로 이때 부모님이 "우아~!" 하며 칭찬해 주고, 박수 치며 격려하고, 아이를 높이 점프시키는 등의 상호작용을 해 주면 언어 표현이 강화됩니다. 아이가 이미 발화할 수 있는 음절이나 단어를 이용하여 성취감을 주다가 조금 다른 발화를 제안하여 도전을 이끄는 것이지요.

꾸준한 성취를 경험하며 키우는 끈기

끈기를 기르기 위해서는 점점 도전의 난이도를 높이는 것과 더불어 꾸준한 성취를 경험해야 합니다. 꾸준함이 필요한 장기 과제는 단기 과제를 반복함으로써 이룰 수 있습니다. 처음부터 백 조각 퍼즐 맞추기에 도전하는 게 아니라 열 조각을 열 번 맞추는 과정이 필요한 겁니다. 여기에서도 인위적 성취감이 적용됩니다.

실제로는 열 조각 퍼즐을 열 번에 나누어 맞추었지만 전체 퍼즐을 한 번에 보여 줌으로써 '백 조각 퍼즐을 끈기 있게 맞춘 아이야'라는 생각을 하게 하는 것이지요. 아이가 실제로 얼마나 노력했는지 확인하는 것보다 아이 스스로 '내가 오랜 시간 꾸준히 노력했어'라는 생각을 먼저 하도록 이끈 다음 조각 수를 늘리며 난이도를 높여 나갑니다.

꾸준함의 경험은 자기 효능감과 마찬가지로 좋아하는 주제에서부터 출발해야 합니다. 운동을 좋아하는 아이라면 매일 체육관 가기를 단기 과제로 하고 체육관에 다녀올 때마다 성취감을 줍니다. 이렇게 성취감을 느낀 상태에서 장기 과제에 도전하는 거예요. 처음에는 노란 띠 따기로 시작해서 검은 띠까지 목표를 세우는 것이지요. 더 어린 유아들은 좋아하는 책을 한 권씩 읽을 때마다 스티커 붙이기를 할 수도 있습니다.

평소에 어려워하는 행동을 했을 때가 아니라 좋아하는 일을 했을 때 칭찬 스티커를 붙이면서 강화시키는 겁니다. 이렇게 하면 칭찬 스티커 한 장을 붙이는 게 식은 죽 먹기가 되고 '내가 이렇게 많은 칭찬 스티커를 모았다니!' 생각하며 스스로 대단하다고 느낄 거예요.

단기 과제 반복하기와 좋아하는 것부터 출발하기를 학습에 적용하면 어려운 과목의 두꺼운 문제집보다는 좋아하는 과목의 얇은 문제집을 풀거나 단원별로 묶어서 한 단원이 끝날 때마다 세레모니를 하는 식으로 적용해 볼 수 있습니다. 이렇게 꾸준히 실천한 결과가 구체적으로 드러나면 아이들은 더 높은 수준의 도전을 할 수 있습니다.

잠시 흔들려도 끈기 있게 도전하는 비결

처음에는 누구나 할 수 있는 쉬운 것, 어쩌면 또래보다 늦은 출발일지도 모릅니다. 하지만 아이들의 행동 변화는 믿음에서 출발한다는 사실을 기억해야 합니다. 아이 스스로 나는 할 수 있다는 믿음을 가졌을 때 그것이 주는 잠재력은 기대 이상입니다. 하지만 많은 부모님이 아이가 잘하는 것보다 못하는 것에 더 집중합니다. 아이가 미래에 보여 줄 잠재력보다 현재의 미숙한 모습에 집중하고 불안해하는 것이지요. 이는 마치 큰 나무가 될 씨앗을 심어 놓고 '언제 싹이 나오지?', '잘 자라지 않으면 어쩌지?'와 같은 불안한 생각 때문에 씨앗이 잘 있는지 계속 땅을 파 보는 것과 같습니다.

못하는 것에 집중할수록 아이는 스스로 못하는 것을 확인할 뿐입니다. 즉, 한 가지 영역의 높은 자기 효능감이 다른 영역의 성공을 이끌어 낼 수는 있지만, 한 가지 영역에서의 반복된 실패는 잘하는 부분까지도 자신감을 잃게 하고 아무것도 도전하고 싶지 않은 무기력한 아이를 만들 수 있다는 뜻입니다.

영유아 시기에는 '내가 최고야!'라고 생각하던 아이들도 학령기에 들어가면 필연적으로 비교의 대상이 됩니다. 학생의 본분이라는 이유로 공부가 강조되고, 그 과정에서 지속적인 실패와 비난에 놓이면 일상생활에도 영향을 미치지요. 평소에 하고 싶은 게 없고 시키는 대로만 무기력하게 움직이는 아이라면 학교도 잘 가고 큰 문제가 없더라도 유심히 살펴야 합니다. 겉으로는 주어진 과제를 따라오는 듯 보여도 아이의 마음은 '힘들어', '더 이상은 못 해'라는 낮은 자기 효능감으로 가득 차 있을지 모르기 때문입니다. 오히려 성적은 안 나와도 자기만의 좋아하는 놀이나 몰입하는 영역이 있는 아이들은 건강합니다. 그 에너지의 방향을 바꾸면 공부도 잘해 나갈 수 있어요.

입시를 향해 달려가는 현재의 교육과정 안에서 모든 아이가 성공을 경험하기란 쉽지 않습니다. 초등학교에는 공식적인 시험이 사라졌지만 받아쓰기와 단원평가는 여전히 존재합니다. 중학교 1학년도 자유학기제로 평가가 없다지만 2학년에는 시작되며, 이미 사교육을 통해 레벨 테스트에 익숙해진 아이들이므로 사실 이것조차 큰 의미가 없습니다. 평가를 통해 아이들의 정확한 수준을 파악하여 교육하는 건 필요한 부분이지만 제가 강조하고 싶은 건 평가 자체에 대한 부정이 아니라 학습 효능감이 낮아질 수밖에 없는 위험 요소에 대한 인식입니다. 이러한 환경에서도 실패감을 느끼지 않고 다시 도전하는 아이들은 일상생활에서 전반적인 자기 효능감이 높은 아이들, 꾸준한 도전으로 무언가 성취해 본 경험이 있는 아이들입니다. 즉, 학업적 효능감을 지키고 어려운 과제에 도전하기 위해서는 먼저 일상생활의 높은 효능감과 끈기 있는 성취의 경험이 선행돼야 하는 것이지요.

전교 1등도 경쟁의 범주를 전국으로 넓히면 상대적 박탈감을 가질 수밖에 없습니다. 누구도 모든 영역에서 1등을 할 수는 없습니다. 성적을 빗대어 이야기했지만 친구 관계, 신체 조건, 경제 상황 등 모두 해당합니다. 하지만 자신의 가치를 아는 아이들은 부분적으로 평균에 못 미치는 것 때문에 흔들리지 않습니다. 잠시 흔들리더라도 또다시 도전할 수 있어요. 왜? 나는 할 수 있는 아이니까! 나를 지탱하는 여러 개의 기둥 중에 단 하나만 흔들리는 거니까요.

인생에 가장 강력한 무기는 높은 자기 효능감

부모님이 아이의 성적을 올리는 데 도움을 줄 수는 있습니다. 하지만 우리 아이보다 높은 성적을 받는 아이의 공부까지 관여할 수는 없지요. 아이의 능력을 학습만으로 놓고 보면 부모의 역할엔 한계가 있다는 뜻입니다. 우리 아이보다 잘하는 아이는 기준만 달리하면 어디에나 있습니다. 그럴 때마다 너는 왜 더 열심히 하지 않느냐고 아이를 다그치실 건가요? 그럴수록 아이의 자기 효능감은 더 낮아질 뿐입니다.

부모님이 아이에게 줄 수 있는 가장 큰 선물은 아이가 잘하고 좋아하는 것, 아이가 쉽게 할 수 있는 것을 통해 많은 영역에서 높은 자기 효능감을 유지하도록 도와주는 것입니다. 이 글을 읽으면서 이미 우리 아이는 컸는데 어쩌나 고민하는 부모님들도 계실 텐데요. 괜찮습니다. 지금부터 시작하면 돼요. 영유아기 자녀를 둔 부모님들이라면 축하드립니다. 우리에겐 많은 시간적 여유가 있습니다. 일상생활 전반에서 긍정적인 자기 효능감을 경험하도록 돕고, 아이의 타고난 강점을 통해 탁월한 자기 효능감을 느끼게 해 주세요. 좋아하는 것부터 성취를 경험하고, 꾸준히 성취하는 경험을 만들어 주세요. 이러한 경험이 학령기 이후 우리 아이들의 높은 학습 효능감으로 이어질 것입니다.

물론 필요에 따라 영유아기에도 학습을 시작할 수 있습니다. 하지만 일상생활에서 '나는 양치를 못하는 아이야', '나는 돌아다니면서 밥을 먹는 아이야'라는 생각을 하는 아이라면 무엇을 먼저 가르칠 것인지 고민해 보세요. 아이의 행동을 움직이는 강력한 무기는 '높은 자기 효능감'이며, 이것이 단단히 자리할 때 공부라는 이름의 다양한 도구도 잘 활용할 수 있습니다.

2

실전! 배우고 도전하자!

배우고 도전하는 하루를 만드는 방법

아이들은 생후 1년이 되면 뒤집고, 기고, 일어서고, 걷기 시작합니다. 이러한 발달 사이에 얼마나 많은 과정이 있었을까요? 본능적으로 터트린 울음이 목청의 울림으로 바바파파 옹알이가 되고, 바바가 아빠 맘마 엄마가 되고, "엄마, 물!"이라는 말로 표현되기까지 우리 아이들은 얼마나 많은 도전을 할까요?

어느 날, 계단을 오르는 18개월가량의 아이를 보았습니다. 아이가 계단 끝에 다다르자 기다리고 있던 엄마 아빠가 환호했어요. 그때 그 아이의 모습이 잊히지 않습니다. 세상을 다 가진 듯한 표정, 자기 자신이 너무 자랑스럽다는 듯 어깨를 으쓱하더군요. 이게 아이들의 본모습입니다. 본능적으로 아이들은 도전하고 있어요. 도전하는 모습이 기본값으로 세팅돼 있지요.

더욱이 우리는 걷기 위해 도전하는 아이에게 "앉아! 움직이지 마!"라고 하지 않습니다. 옹알이를 할 때마다 "조용히 해!"라고 하지 않아요. 아이가 엉덩이를 들고 일어서려 할 때 박수와 응원의 말을 건네고, 옹알이를 할 때 함께 맘마파파 소리를 내어 주지요. 그러면 아이들은 더욱 열심히 움직이고 옹알이를 합니다. 본능에 의한 도전이지만 여기에도 날개를 달아 주는 상호작용이 필요한 것입니다.

이처럼 시기마다 아이들이 자신에게 주어진 발달 과업을 이루어 갈 때 부모는 아이가 그것을 잘 실행하도록 격려해야 합니다. 사회심리학자 에릭슨에 의하면 인간은 전 생애 주기마다 발달 과업이 있고, 이는 총 여덟 단계로 구성됩니다. 이 중 초등학교에 입학하는 학령기의 과업은 '근면성'입니다. 성실히 과제를 수행하는 과업을 실천할 때 아이 자신이 삶의 만족감을 느낀다는 겁니다. 청소년기에는 자아 정체성을 확립해야 하고, 성인이 되면 경제적 활동을 해야 합니다. 그 과업을 이루지 못하면 삶에 만족하지 못한다는 것이지요.

연령	발달 과업 vs 실패한 경우
생후 1년(출생~1세)	신뢰감 vs 불신감
영아기(1~3세)	자율성 vs 수치심
유아기(3~6세)	주도성 vs 죄책감
학령기(6~12세)	근면성 vs 열등감
청소년기(12~18세)	정체성 vs 역할 혼동
성인 초기(18~40세)	친밀감 vs 고립감
성인 중기(40~65세)	생산성 vs 침체성
노년기(65세 이상)	자아 통합 vs 절망감

올바른 유아 기초 능력

영유아기의 과업

영유아들에게 주어진 과제는 무엇일까요? 바로 하루를 잘 사는 것입니다. 잘 먹고, 잘 자고, 잘 노는 것이지요. 종종 잘 먹고, 잘 자고, 잘 노는 것의 의미를 오해하여 '아무것도 하지 말고 내버려 두라'는 의미로 이해하는 분들이 있습니다. 그래야 에릭슨이 말한 영유아기의 과업인 자율성과 주도성이 길러진다고요. 하지만 이 뜻은 오히려 '잘 배워야 한다'는 의미로 해석해야 합니다.

'잘 먹고'는 구체적으로 풀어서 보면 앉아서 음식을 즐기며, 꼭꼭 씹어 삼키고, 무엇이 맛있는지 알고, 어떤 방식으로 과일 씨를 뱉어야 하는지, 숟가락 사용은 어떻게 하는지 등을 배우는 과정이 포함됩니다. '잘 자고'는 낮과 밤의 차이를 알고, 자리에 눕고, 잠들려 노력하며, 기분 좋게 잠드는 것이고, '잘 놀고'는 눈을 마주치며 놀고, 혼자 몰입해서도 놀고, 놀이를 찾고, 확장하고, 뛰고, 땀 흘리고, 관찰하고 배우는 모든 것입니다. 공부는 다를까요? 앞서 이 부분을 계속 말해 왔지만 두 번 강조해도 넘치지 않으니 한 번 더 강조하겠습니다.

먼저 잘 먹는 것과 비교하면 앉아서 배움을 즐기며, 꼼꼼히 문제를 읽고, 나에게 맞는 공부법이 무엇인지 알고, 어떤 방식으로 공부하는 게 유리한지 배워야겠지요. 잘 자는 것과 비교하면 공부의 의미를 알고, 자리에 앉고, 공부하려 노력하고 성취감을 느껴야 합니다. 잘 노는 것과 비교하면 함께 어울리는 속에서 배우고, 몰입하여 주도적으로 공부하고,

부족한 부분을 알고, 배움을 응용하고, 연구하고 관찰하는 이 모든 것이 공부입니다. 잘 먹고, 잘 자고, 잘 놀고의 내용이 그대로 적용되지요. 다만 나이에 맞는 공부의 주제가 다를 뿐입니다.

아이들은 종종 나이를 앞지르는 공부를 하기도 합니다. 또래보다 발달이 빠른 경우도 있지만 배움의 순서는 지켜야 합니다. 국영수 공부보다 일상생활을 잘하는 것부터 배워야 하지요. 기둥 없이 지붕을 올릴 수 있나요? 영유아기는 급할 필요가 없습니다. 안전하게 바닥부터 다지고 기둥도 튼튼하게 세울 시간이 있어요. 우리 아이의 자기 효능감을 높이고 끈기를 길러 주는, 쉽지만 절대 가볍지 않은 상호작용의 방법을 함께 알아보겠습니다.

배우고 도전하는 하루를 만드는 방법

- ☑ 반복되는 생활 안에서 배우게 해 주세요.
- ☑ 이미 좋아하고 잘하는 부분에서 배움의 기회를 만들어 주세요.
- ☑ 아이가 하나씩 배울 때마다 함께 기뻐해 주세요.
- ☑ 얼마나 많은 것을 해냈는지 감각적으로 느끼게 해 주세요.
- ☑ 처음 시도했을 때와 현재를 비교하여 이야기해 주세요.
- ☑ 작은 도전을 반복해 주세요.
- ☑ 작은 도전이 모여 큰 결과가 된다는 사실을 알려 주세요.

나는 일찍 일어나는 아이야

아침부터 아이가 울고 칭얼거리면 하루가 힘들게 흘러갑니다. 눈 뜨자마자 칭얼거리는 모습은 습관이 되기도 하지요. 게다가 어린이집 다닐 땐 기관에서도 배려해 주기 때문에 아침에 시간을 끌어도 큰 문제는 없지만, 학교는 늦으면 곧 지각이기 때문에 아침마다 부모 자녀 사이에 많은 갈등이 빚어집니다. 졸린 상태에서 가야 하는 곳이 학교! 갈 때마다 엄마의 잔소리! 이러면 악순환의 연속인 것이지요. 따라서 어린 시절부터 아이가 기분 좋게 일어날 수 있는 장치들을 만들어 놓는 것이 좋습니다.

약속이 이루어지는 아침

전날 밤에 미리 '다음 날 어떻게 일어날지' 또는 '어떻게 깨워 줄지'에 대해 이야기를 나눕니다. 뽀뽀하며 깨우기, 좋아하는 만화 주제가를 들으며 일어나기, 쭉쭉이나 마사지로 깨우기, 등에 하트 그려 주기, 안아서 토닥여 주기 등을 예로 들 수 있겠습니다. 거창하지 않아도 됩니다. 실제로 아이들과 대화를 나누어 보면 얼마든지 들어줄 수 있는 아주 쉬운 것들을 요구합니다.

아이가 "이마에 뽀뽀하기!"라고 한다면 "오케이 엄마가 이마에 쪽! 뽀뽀해 줄게!"라고 말하며 기쁘게 반응해 주세요. 그리고 다음 날 일어날 일에 대해 상상하며 말해 보는 거예요.

장난스럽게 "엄마가 뽀뽀를 하면 갑자기 눈을 번쩍! 뜨려나?"라고 말하기도 하고, "로보카폴리 노래 틀어 주면 노래 부르면서 일어날 거야? 그럼 엄마가 '어머, 깜짝이야! 언제 일어난 거야?' 그럴 거 같아."라고 말하며 아침에 일어날 상황을 재미있게 상상해 보는 거예요.

그리고 다음 날 약속한 대로 깨워 줍니다. 아이가 눈을 뜨면 "엄마가 이마에 쪽! 하니까 정말 눈을 번쩍 뜨네~! 이렇게 한 번에 일어나는 거 정말 어려운 건데!", "우리 아들 짜증도 안 내고 이렇게 일어난 거야? 너무 빨리 일어나서 노래 한 곡 더 들어도 되겠다!" 이런 식으로 반응해 주세요. 그러면 아이들은 '나는 일찍 일어나는 아이야', '나는 기분 좋게 아침을 시작하는 아이야'라고 생각할 거예요.

엄마 품에서 시작하는 하루

한 어머니께서 아이가 다섯 살인데 매일 아침 안아 달라고 하여 고민이라고 하셨습니다. 저는 열 살 된 딸아이를 매일 아침에 안아서 거실로

올바른 유아 기초 능력

데리고 나온다고 말씀드리자 깜짝 놀라시더군요. 그리고 다음 날부터 이 어머니는 아이가 요구하지 않아도 아이를 안아 주기 시작했습니다. 그러자 놀랍게도 아침마다 울고 떼쓰던 아이의 짜증이 줄어들고, 씻기와 밥 먹는 모든 과정이 전과 달리 훨씬 수월해지더랍니다.

여러분도 위 사례 속 아이와 비슷한 상황이라면 잠에서 깬 아이를 안고 이동해 보세요. 안아 주기는 발을 만져 주기, 머리를 쓰다듬어 주기, 따뜻한 물 갖다주기 등으로 대체할 수 있습니다. "어머, 우리 아들 너무 예쁘다~ 머리카락도 예쁘네!", "엄마가 발 마사지해 줄게. 엄지발가락 톡톡톡, 검지도 톡톡톡!" 해 주는 겁니다.

아이를 어르고 달래라는 의미는 아닙니다. '이런 것까지 해야 돼?'라는 생각이 들지도 모르겠네요. 하지만 아침에 눈을 뜰 때 기분 좋음을 경험하고 나면 자기 효능감을 높이기도 쉬워집니다. 상전처럼 깨운다고 하여 아이가 안하무인이 되거나 스스로 하는 습관이 무너지지 않습니다. 단지 애정 표현일 뿐이에요. 애정을 표현하는 것과 권위는 별개의 문제입니다. 아이가 기분 좋게 깰 수 있도록 표현한 다음, 스스로 할 수 있는 다른 행동을 제안하면 됩니다.

더 재우고 싶은 부모 역할극

바쁜 아침, 우리는 아이가 제시간에 일어나길 바랍니다. 아이는 더 자길 바랄 테고요. 그럼에도 아이가 잠에서 깨기 위해 노력한다면 부모님은 마치 아이를 더 재우고 싶은 엄마 아빠인 양 연기를 해 보세요. "일어나, 늦었어!"라고 말하지 않도록 조심해야 합니다. 오히려 "어휴, 우리 딸 더 자야 하는데~ 아침이 왜 이렇게 빨리 오는 거야."라고 말하는 거예요. '엄마 품에서 시작하는 하루'를 적용하여 안아서 이동하면서 "엄마한테 기대서 더 자!"라고 말할 수도 있습니다.

아이가 눈을 뜨면 "이렇게 눈을 번쩍 뜨다니! 너무 빨라! 다시 감아!" 이렇게 말해 보세요. 아이가 잠에서 깨도록 유도는 하지만, 전하는 메시지는 '더 재우고 싶다', '더 자고 싶은 우리 아이 마음이랑 엄마 마음이 똑같다'는 것을 표현해 보세요.

일어나자마자 방실방실 웃고, 눈을 번쩍 뜨고, 한 번에 벌떡 일어나는 사람이 몇이나 될까요? 하물며 그 어려운 걸 아이에게 바라다니요. 하지만 그 어려운 걸 우리 아이들은 해냅니다. 어떻게? 자기 효능감 높이기를 통해서요. 아이가 일어날 수밖에 없도록 밥상을 다 차려 주고 아이가 숟가락을 들면 이때 칭찬과 격려로 화답하는 거예요. 웃음까지 피식 나오게 해 주면 더욱 좋습니다.

아이가 기상 시간에 칭얼거릴 때 훈육법

긍정적인 상호작용에도 계속 칭얼거리면 상호작용을 잠시 멈추고 기다립니다. 그다음 다시 진지하게 전날 이야기한 기상 약속에 대해 물어보세요. 약속대로 안 해도 엄마는 아쉬울 게 없다는 듯 표현을 하는 것이 중요합니다. 시간이 지나 잠에서 깬 아이가 다가오면 "아니, 아침이 왜 이렇게 빨리 오는 거야." 하면서 다시 상호작용을 시작합니다. 이때 아이가 받아들이면 "엄마는 한참 있다 나올 줄 알았는데, 오늘 잠이 빨리 달아났네?"라고 진지하게 말해 줍니다. 아침을 칭얼거리며 시작했지만 '잠에서 빨리 깬 아이야'라는 자기 효능감 높이기로 마무리하는 겁니다.

아이가 기상 시간에 심하게 울 때 훈육법

울고 떼쓴다면 단호하게 훈육을 해야 합니다. 전달하는 메시지는 같지만 표현이 단호해야 한다는 뜻입니다. "엄마는 너를 기분 좋게 깨우고 싶어. 엄마도 아침이 빨리 와서 속상해. 오늘은 로보카폴리 노래 안 들어도 괜찮아? 듣고 싶어지면 얘기해."라고 말하는 것이지요. 그다음 잠에서 깬 아이가 다가오면 단단한 목소리로 "로보카폴리 노래 들어 줄까? 피곤하면 아침에 일어날 때 기분이 안 좋아. 엄마가 안아 줄게."라고 해 주세요. 그리고 마지막은 언제나 자기 효능감 높이기! "아기 때는 엄마가 안아 줘도 으앙~ 계속 울었다? 그런데 요즘엔 스스로 눈물도 그치고! 아침에 일어나는 시간도 짧아졌네?"라고 말하며 긍정적인 자기 효능감을 느끼게 해 주세요.

나는 좋은 습관을
가진 아이야

　외출했다가 집에 돌아오면 손을 씻고, 다 놀고 난 뒤 장난감을 정리하고, 매일 양치를 하는 등 바른 생활 습관을 형성하는 건 지루한 공부를 반복하는 것과 같습니다. 생활 습관이나 공부나 매번 '이걸 왜 해야 하지?', '언제까지 해야 하지?'라는 생각이 든다면 오래 지속할 수 없어요. 당연히 해야 하는 습관이 돼야 하지요. 초등학교 저학년만 돼도 학교에서 시간표대로 생활한 뒤 집에 오면 같은 요일마다 일기, 독서록, 받아쓰기 등의 숙제가 반복됩니다. 여기에 학원 한두 개가 추가되면 학원 숙제까지 챙겨야 하지요. 그런데 매번 '일기를 왜 쓰는 거야?', '숙제는 누가 만든 거야?'라는 실랑이를 하다 보면 시간에 쫓겨 숙제를 하게 되고, 놀이 시간이나 책 읽는 시간도 확보하기 어렵습니다.

　시간을 효율적으로 활용하려면 생활 속에 루틴이 있고, 아이도 이 패턴에 익숙해져야 합니다. 습관이 돼야 해요. 그래야 한 살 한 살 먹을수록 순수 공부 시간을 확보할 수 있지요. 그런데 이러한 생활이 초등학교에 가면 한 번에 될까요? 고등학생이 되면 정신 차리고 알아서 할까요?

습관은 하루아침에 만들어지지 않습니다. 어릴 때부터 팍팍하게 하라는 의미는 절대 아니에요. 규칙을 만들어 보고 지켜보고 즐거움을 느끼는 딱 거기까지, 규칙을 만들고 생활하는 것의 효율과 편안함을 느끼는 딱 그 지점까지 해 주시면 됩니다.

건강한 하루 배우기

아침에 일어나서 유산균 먹기, 물 한잔 마시기, 화장실 가서 소변보기, 엄마한테 안겨서 노래 부르기 모두 좋습니다. 이러한 활동을 할 때 "아침마다 유산균을 먹으니까 건강한 하루가 시작됐어! 스스로 챙겨 먹다니 좋은 습관이 생겼네?"라는 메시지를 전달하여 아이가 '나는 건강한 습관을 가진 아이야', '나는 바른 습관을 실천하는 아이야'라는 생각을 갖게 하는 대화를 나눕니다.

"유산균이 배 속으로 쏙쏙! 우리 아들 장이 아주 튼튼해졌어요!", "아침마다 물 마시기 끝! 어때? 자고 있던 몸이 풀어지면서 기분이 좋아지는 거 같지?", "오줌이 콸콸콸~! 잘 때 만들어진 쉬야, 안녕~!" 하며 부모님의 재미있는 반응을 반복해 주는 것도 하나의 루틴이 될 수 있어요.

매일 반복하는 몇 가지 상황이 있을 때 시각(요리조리 움직이며), 청각(의성어·의태어를 사용하여), 촉각(스킨십과 함께)을 자극하는 감각적인 표현을 해 주면 더욱 좋습니다.

주의할 점은 하루도 안 빠지고 실천하는 것을 목표로 잡으면 안 된다는 것입니다. 영유아기에는 일주일 하고 안 하다가 또 일주일 해도 괜찮습니다. 유산균을 띄엄띄엄 먹다가 다 먹었으면 빈 통을 보여 주면서 그때 성취감을 주는 거예요. '반복은 지겨운 거야!'가 아닌 '반복할수록 재미있네!'를 느껴야 하기 때문입니다. 이처럼 부담 없이 반복했을 뿐인데 그 결과로 뿌듯함이 생기는 경험을 만들어 주세요.

그러데이션 외출 독립

아침에 일어나서 씻고 준비하여 외출하는 과정을 떠올려 보세요. 씻는 과정을 나열하면 손 씻기, 양치하기, 세수하기, 수건으로 닦기, 그 이후에도 로션 바르기, 옷 고르기, 옷 입기, 양말 신기, 신발 신기 등 굉장히 많습니다. 각각의 과정을 다시 또 구체적으로 살펴보면 손 씻기의 경우 물 틀기, 손 비비기, 비누 묻히기, 물로 헹구기 등 더 세부적으로 나눌 수 있어요. 먼저 이 과정에서 부모님이 어디까지 아이를 도와주는지 체크해 보세요. 전체적인 준비 과정을 봐도 좋고, 손 씻기 등 하나의 과정만 놓고 봐도 됩니다.

그다음 부모님이 현재 도와주고 있는 단계에서 다음 단계로 하나씩 아이에게 방법을 알려 준다고 생각해 보세요. 가령 손 씻기를 부모님이 모두 도와주었다면 앞으로는 물 틀기 하나만 아이에게 알려 주는 겁니다. "현우가 물 틀어 볼까? 우아~!" 이렇게요. 그다음은 같이 손을 비비고 헹구고, 원래대로 함께하는 것이지요. 물 틀기가 익숙해지면 그다음

"현우가 비누 묻혀 볼까? 우아~!" 물 틀고 비누 묻히는 건 아이, 비비고 헹구고 닦는 건 부모님과 함께하는 거예요.

너무 간단한 과정이라 '우리 아이는 이미 다 하고 있는데요?'라고 생각하실 수 있고, '그런 거 안 가르쳐도 다 잘하던데요?' 하실 수도 있습니다. 맞습니다. 아이들은 부모님의 행동을 모방하기 때문에 자연스럽게 습득할 수 있어요. 그런데 이 과정을 굳이 하는 이유가 있습니다. 지금 우리는 자기 효능감 높이는 방법을 말하고 있어요. 실제 경험을 통해 '나는 ○○을 잘하는 아이야', '나는 도전하는 아이야'라는 생각을 갖게 하려는 것이지요. 그런데 어려운 과제는 상실감을 주기 때문에 상대적으로 쉬운 손 씻기로 하는 것입니다. 당연하게 부모님이 해 주던 것에서 아주 작은 시도를 아이에게 권유하고 아이가 행동하면 칭찬과 격려를 하는 거예요. 그다음 "와, 이러다가 비누칠도 혼자 잘하는 거 아이야?", "어머, 언제부터 이렇게 손을 혼자 잘 씻었지? 우리 집에 다 큰 형아가 와 있네?" 하면 정말 아무것도 아닌 걸로도 어깨를 으쓱하게 만들 수 있습니다.

또한 부모님에게는 쉬워 보이는 물 틀기, 비누 문지르기, 거품 헹구기 등의 모든 과정이 아이들에게는 도전 과제입니다. 손 씻기가 아닌 샴푸로 생각해 보세요. 아이가 머리에 물을 뿌리고 샴푸를 골고루 거품 내어 깨끗하게 헹구는 것까지 잘할 수 있을까요? 초등학교 저학년 아이들도 완벽하게 감기는 어려울 거라 생각하는 분들이 많을 거예요. 손 씻기와 머리 감기는 다르지 않습니다. 처음 할 때는 누구나 어려운 것이고 도전인 거예요. 굳이 머리 감기를 스스로 할 때까지 기다렸다가 성취감을 줄 이유가 있을까요? 영유아기에는 손 씻을 때 해 주시면 됩니다.

우리 아이가 손을 이미 잘 씻고 있다면 로션 바르기로 적용할 수도 있습니다. 로션 뚜껑을 열고, 로션을 덜어 내고, 얼굴에 골고루 퍼지게 바르는 것, 이 과정도 쉽지 않습니다. 먼저 뚜껑을 여는 것부터 할 수도 있고 거꾸로 부모님이 얼굴에 찍어 발라 준 다음 아이랑 같이 문질러 볼 수도 있어요. "머리카락은 피해서~ 그렇지!", "눈이랑 콧구멍은 피해서~ 오, 그렇지~!" 하며 재미를 준 다음 "와, 아기 때는 얼굴 전체를 문지르면서 코가 다 삐뚤어지게 이렇게 발랐는데 이제는 손가락으로 꼼꼼하게 바르네.", "머리카락도 쓱쓱, 눈이랑 콧구멍도 쓱쓱, 잘 피해서 바르네.", "다음번에는 로션 짜는 것도 해 볼 수 있겠네?" 하는 거예요.

이렇게 일곱 살까지 하나씩 외출 독립을 시킨다 생각하고 도전해 보세요. 새로운 기술을 하나씩 배울 때마다 스티커를 붙이는 방법도 좋습니다. 스티커 판도 처음에는 열 개만 하세요. 아이가 잊어버리고 있으면 굳이 상기시키지 않아도 됩니다. 중요한 건 얼마의 시간이 걸리든 결과물을 시각적으로 보여 주는 거예요. 처음에 열 개로 도전한 다음, 한 달 뒤에나 열 개의 스티커가 모아졌다면 그때 축하해 주어도 됩니다. 중요한 건 얼마의 시간이 걸리든 결과물을 시각적으로 보여 줌으로써 아이의 효능감을 높여 주는 겁니다.

나는 새로운 배움을 좋아하는 아이야

　새로운 도전이 두렵지 않은 사람이 있을까요? 누구에게나 처음은 어려운 법입니다. 그럼에도 도전을 하는 건 이전의 성공 경험 덕분이지요. 우리 아이들이 배움을 두려워하지 않고 해낼 수 있다는 믿음을 가지려면 새로운 배움의 기회가 많아야 합니다. 새로운 배움의 기회는 문화센터에 가야 얻을 수 있을까요? 한두 가지 경험은 할 수 있겠지요. 하지만 일상에서 배움의 거리를 찾는 것과의 가치는 비교할 수 없습니다.

　만약 놀이터에 자주 간다면 이곳에서도 새로운 것을 배우고 도전할 수 있습니다. 놀이터를 한번 떠올려 보세요. 미끄럼틀, 시소, 그네, 의자, 트랙, 정글짐, 운동 기구 등 다양한 시설이 떠오를 거예요. 이 중에서 무엇을 배우면 좋을까요? 그네에 앉아 중심 잡기, 두 발 모아 뛰기, 미끄럼틀 계단 오르기, 정글짐 오르기 등 모두 배움의 기회입니다.

　매일 아침 어린이집 등원 길에서는 무엇을 배울까요? 봄에 피는 꽃 이름을 배울 수 있고, 자동차 이름을 배울 수 있고, 우리 집에서 편의점까지 몇 걸음인지 세면서 걸을 수 있어요. 내일은 편의점에서 빨간 벽돌집까지 몇 걸음인지 세어 볼 수도 있고, 만보기를 켜서 우리가 몇 발짝 걷는지 확인할 수도 있습니다.

너무 당연해서 배움이라고 인식하지 못하는 것들, 하지만 아이들에게는 큰 배움인 것, 그 상황에서 아이가 '배우고 있다'는 것을 깨닫도록 이끌어야 합니다. 그래야 배움은 즐거운 게 되고 부담 없이 성취감을 느낄 수 있으니까요. 다음은 일상생활에서 이미 알고 있는 일들을 배움으로 느껴지게 만드는 상호작용 방법입니다.

1% 다른 배움

우리 아이가 이미 잘하고 있는 것, 좋아하는 것에서 조금 다른 배울거리를 제안해 보세요. 마트에서 장 보는 걸 좋아하는 아이라면 갈 때마다 새로운 채소나 해산물의 이름을 알려 줍니다. "이건 부추야! 부추! 우리 딸 오늘 또 하나 새로운 거 배웠네?" 해 줍니다. 종이접기를 좋아하는 아이라면 비슷한 난이도의 종이접기를 알려 주고 "컵, 하트, 피아노까지! 종이접기를 엄청 많이 배웠네? 새로운 거 배워서 접는 걸 아주 좋아하는구나!" 해 주는 겁니다.

물음표 찾기

아이와 발을 맞추어 걷다가 "엄마 머릿속에 갑자기 물음표가 생겼어!

여기서부터 어린이집까지 몇 발짝 더 걸어가야 할까?"라고 합니다. 그다음 "21, 22…… 22걸음!" 하며 걸음 수를 세 주세요. 아이가 먼저 질문을 하면 "우리 딸 머릿속에 물음표가 생겼구나! 역시 호기심 많은 어린이(하이 파이브)!"라고 한 다음 부모님이 설명해 주거나 함께 답을 찾아봅니다.

너한테만 알려 주는 거야

'이날이 오기를 기다렸어' 같은 느낌으로 "이거는 다섯 살이 돼야 알 수 있는 건데, 말해 줄까?" 하며 기대감을 줍니다. 아이가 긍정적인 반응을 보이면 "여기 있는 숫자 보여? 그래. 이게 유통기한인데 날짜가 더 많이 남아 있으면 우유를 더 오래 보관하고 먹을 수 있거든!", "3월 15일, 3월 16일! 어떤 걸 더 오~래 보관하고 먹을 수 있을까? 아니 어떻게 알았어? 그럼 제일 오~래 먹을 수 있는 우유 찾아 줄 수 있어?"라고 말합니다.

만보기를 이용할 수도 있습니다. "이게 만보기라는 건데 만 번의 걸음을 숫자로 알려 주는 거거든. 만까지 숫자를 못 세면 이건 사용할 수가 없겠지!" 이런 식으로 마치 대단한 정보를 주듯 대화하는 거예요. 아이가 실제로는 수를 못 세더라도 일십백천만 순서만 알아도 괜찮습니다. 부모님이 함께 세어 주면서 "일십백천만! 이제 우리 만보기 사용할 수 있겠다. 여섯 살이 만보기라니, 굉장한데!" 해 주세요.

이러한 대화를 통해 '나는 새로운 지식을 쌓는 걸 좋아해', '나는 궁금한 것이 많은 아이야', '나는 답을 찾는 걸 좋아해'라는 생각을 갖게 하여 배움을 대하는 태도를 바람직하게 만들어 줍니다.

나는 꾸준히 배우고 도전하는 아이야

이번에는 꾸준히 하나를 배우는 과정을 경험해 볼게요. 앞선 내용들이 새로운 것을 배우는 거라면 이번에는 그 배움을 깊이 있게 경험하는 것입니다.

점을 선으로 연결하는 활동

아이가 미끄럼틀을 좋아한다면 각종 미끄럼틀 투어를 합니다. 일부러 미끄럼틀을 찾아다닐 필요는 없어요. 우연히 들른 놀이터에 미끄럼틀이 있으면 "우리 미끄럼틀 박사, 미끄럼틀은 어떤 느낌인지 도전해 볼까?" 수영장에 갔는데 미끄럼틀이 있으면 "물에서 타는 미끄럼틀 도전!" 이미 수영장에서 미끄럼틀 타기를 즐겼다면 "주황색 미끄럼틀 도전할 사람?" 하는 거예요. 본래 좋아하던 것이고 장소나 상황만 조금 바뀐 것이지만, 부모님이 굳이 얘기하지 않아도 아이는 미끄럼틀을 타겠지만, 이런 말을 듣고 타면 아이는 마치 도전을 한 것처럼 느끼게 됩니다.

미끄럼틀 대신 트램펄린 투어가 될 수도 있어요. "이번에 새로 생긴 키즈 카페가 있던데, 거기 트램펄린은 얼마나 높이 뛰어지는지 확인하러 가 볼까?" 하는 거예요. 흔한 트램펄린 기구이지만, 거기에 목적을 만들어 주는 것이지요. 아이가 트램펄린에서 뛸 때 "다른 키즈 카페 트램펄린이랑 비교해 보니 어때?" 하고 물어보기도 하고요.

아이가 아이스크림을 좋아한다면 새로운 맛을 사면서 "아이스크림 새로운 맛 도전!", "딸기 맛, 수박 맛, 오렌지 맛, 다음엔 어떤 맛에 도전할까?" 할 수도 있어요. 아이가 좋아하는 것을 반복할 때 새로운 포인트를 잡아 이야기하면서 '나는 도전하는 아이야'라는 생각을 하게 해 주는 겁니다.

아이들의 생활을 보면 비슷한 패턴이 늘 반복됩니다. 이번 주에 했던 걸 다음 주 혹은 다음 달에 또 하게 될 가능성이 높지요. 이러한 특성을 활용하여 이전의 경험을 연결하면서 점이 선이 되도록 해 주세요. 실제로는 아이가 의식적으로 목표를 세우고 그것을 위해 노력하지 않았습니다. 하지만 내가 그렇게 하고 있다는 생각이 들게끔 해 주는 거예요. 지금은 미끄럼틀, 트램펄린, 아이스크림이지만 '나는 도전하는 아이야'라는 생각, '나는 한 가지를 꾸준히 깊이 있게 탐구하는 아이야'라는 생각이 쌓이면 다음번에 새로운 과제가 주어졌을 때 이 아이는 다시 도전을 선택할 것입니다.

이름 속 글자 찾기

너무 놀이와 간식에만 집중된 것 같아서 걱정이 되신다고요? 그럼 학습적인 부분과 연결해 보겠습니다.

예를 들어, 김씨 성을 지닌 아이가 자신의 이름을 읽기 시작하면 그때부터 책을 읽을 때 "김 여기! 김 있네." 하며 '김' 자를 찾아봅니다. 노래를 부르며 "김은 어디 있나. 여기? 김 찾은 사람!" 밥 먹을 때도 반찬에 김이 있으면 "김! 여기도 김 있네." 하면서 처음에는 부모님이 찾아 주는 거예요. 밖에 나가서 간판에 '김밥'이 있으면 김 자를 같이 찾고요. "우아~ 우리 딸이 이제 이름을 찾을 수 있네.", "글자 읽기가 재미있구나!" 하면서 반응해 줍니다. 아이가 자기 이름의 가운데 글자를 배우면, 그 글자가 들어 있는 물건을 또 찾아봅니다. 예를 들어 그 글자가 '소'라면 "소금! 소가 여기 있네? 소야, 여기 숨어 있었니?" 해 주고, '김'이랑 '소금'이랑 놓고 "김소! 그다음은 어디 있을까?" 하는 식으로 읽는 글자의 수를 늘려 나갈 수도 있어요. 하루에 '김' 자를 몇 개 찾았는지 수를 세거나 찾은 만큼 스티커를 붙이면서 아이가 찾아낸 글자의 개수를 시각화하면 더욱 그 행동을 강화할 수 있습니다.

이때 주의할 점은 단기간에 이 방법을 통해서 한글을 익히는 목적으로 쓰면 안 된다는 거예요. 정말 그냥 하는 겁니다. 그냥 즐겁게요. 그러다 보면 어느 순간 아이가 찾고 싶은 글자가 많아집니다. 아이스크림의 '아' 자를 찾고 싶어 할 수도 있고, 엄마 이름을 찾고 싶어 할 수도 있지요. 그렇게 아이가 한 글자씩 도전해서 알아 가게 하고, 아이가 알게 된 글자를 쭉 붙여 주세요. '나는 글 읽기를 좋아하는 아이야'라고 생각하게 되면 글 읽는 과정이 즐거워서 시키지 않아도 이미지를 통으로 다 외우고, 낱글자 조합 규칙을 스스로 터득하기도 합니다. 아주 흔한 일은 아니지만 이런 아이들의 공통점은 즐겁게! 부담 없이! 글자 놀이에 접근했다는 사실을 잊지 마세요.

나는 형아니까!
나는 언니니까!

 어릴 때는 빨리 어른이 되고 싶습니다. 내가 어른이 되면 뭐든 다 할 수 있다고 생각하니까요. 네 살 아이에게 "다섯 살 같아!" 하고, 다섯 살 아이에게 "여섯 살 같아!"라고 말하는 등 본래의 나이보다 한두 살 정도 위 같다고 이야기하며 칭찬하는 것이 영유아들에게 잘 통하는 이유도 여기에 있습니다. 그만큼 아이들은 성장하길 바라는 욕구가 크지요.

 아이들의 이러한 바람을 현실에서 이루어지게 도와주세요. 엄마 아빠만 해 오던 것을 아이가 할 수 있다고 여기면 자기 효능감은 쑥쑥 높아집니다. 물론 이것도 대단한 건 아닙니다. 집에서 이미 '우리 집 아이는 벌써 하는데?' 하는 것일 수도 있어요. 세 살 아이가 신발 끈을 스스로 묶으면 놀라운 일이지만 나이를 먹으면 누구나 어느 순간 결국 다 하게 됩니다. 중요한 건 아이가 어떤 기술을 익혔는가가 아니라 '무언가를 해냈을 때 어떤 말과 상호작용, 반응을 듣고 자랐는가'입니다. 즉, '자기 효능감을 높이는 상호작용을 했는가?'의 차이예요.

그러므로 아이에게 어른들이 하는 것을 직접 해 볼 수 있도록 기회를 주세요. 먼저 아이가 충분히 할 수 있는 쉬운 집안일, 일상생활에서의 일을 나열해 보겠습니다. 물 따르기, 신발 정리, 휴지 버리기, 테이블 닦기, 숟가락 놓기, 양말 짝 맞추기 등 생각해 보면 굉장히 많습니다. 그다음 이러한 행동들을 권유하면서 아이가 성장했다는 사실을 다음과 같이 확인시켜 주세요.

때가 되었구나!

진지하게 아이를 부릅니다. 마치 수련하던 제자에게 스승이 '이제 하산하거라' 하는 느낌으로 "이제 승현이가 네 살 형님이 되었잖아? 그래서 엄마가 중요한 일을 너한테 맡기려고 해.", "이건 세 살은 절대 할 수 없는 거야. 네 살이 돼서 할 수 있는 거지. 이쪽으로 와 봐."라고 한 다음 숟가락 젓가락 짝을 찾아 놓게 하는 거예요.

물론 아이가 거부할 수도 있습니다. 그럼 좋아하는 활동부터 찾아보세요. 대사는 똑같습니다. 그 대신 일을 맡기는 느낌이 아니라 어려운 놀이를 소개하는 느낌으로 접근할 수 있습니다. "이제 승현이가 네 살 형님이 되었잖아? 그래서 엄마가 세 살은 어려워서 못 하는 퍼즐을 준비했어. 이쪽으로 와 봐." 하고 재미있게 "두구두구두구~ 이 속에 뭐가 들어 있을까? 아니! 이건 세 살은 절대 할 수 없다던 그것? 네 살부터 할 수 있다는 우주선 퍼즐!"이라고 해 주는 거예요.

이런 대화를 나눈 뒤 아이의 행동을 살펴보면 아이가 숟가락을 놓으며, 퍼즐을 맞추며 뿌듯해하는 모습을 볼 수 있을 거예요.

혹시, 할 수 있겠니?

매번 진지한 말과 표정으로 이야기하면 재미없겠지요? 이번에는 긴 가민가한 느낌으로 물어봅니다. "음…… 혹시, 여기에 물 따를 수 있을까?"라고 물어보는 거예요. 그다음 아이가 물을 따르면 "어머! 할 수 있네! 엄마가 이건 다섯 살 정도 돼야 할 수 있다고 해서 '아직 어려울까?'라고 생각했거든. 그런데 이렇게 잘하다니! 하이 파이브!" 이런 식으로 말해 봅니다.

엄마 좀 도와줄래?

아이에게 직접 도움을 요청할 수도 있습니다. 예를 들면 집안일을 하다가 아이를 불러 "아들~ 이거 같이 하자~! 빨래할 때 탁탁 털어서 주는 거.", "딸~ 엄마 지금 달걀 섞는 중인데 같이 해 줄 수 있어?"라고 해 보세요. 아이가 심부름으로 느끼지 않게 둘만의 사인을 만들어 놓으면 더 좋습니다. "도와줘요, 티라노사우루스!" 엄마가 이렇게 부르면 아이가 달려와서 달걀에 소금을 착착 뿌리고 돌아가는 겁니다.

나는 노력해서 결과를 내는 아이야

제 아이가 다섯 살 무렵에 매일 제 얼굴을 그려 준 적이 있어요. 1번 엄마, 2번 엄마, 이런 식으로 번호를 매기던 게 어느 순간 100번 엄마까지 넘어갔지요. 엄마 얼굴을 백 장 넘게 열심히 그려 줬는데 버리기에는 마음에 걸려서 모으기 시작했더니 멋진 시리즈 작품 같았습니다. 나중에 이사할 때 정리하긴 했지만 한동안 아이는 1번부터 100번이 넘는 엄마 그림을 모아 놓고 꽤 뿌듯해했습니다.

주변을 살펴보면 이렇게 아이들이 자기 작품을 간직하려는 모습을 종종 볼 수 있습니다. 예를 들면 블록으로 무언가를 만든 후 그것을 만지지도 못하게 한다거나, 굳어 버린 점토를 못 버리게 하는 등의 모습입니다. 이제는 아이들의 이러한 모습을 노력의 결과로 만들어 주세요.

활동 이름 짓기

아이가 반복한 활동에 어울리는 이름을 만들어 보세요. 그림을 책으로 엮었다면 '서아의 여섯 살 기록', '꼬마 화가 그림책' 이렇게 이름을 만드는 겁니다. 아이가 집안일을 하는 사진을 모았다면 '집안일 백 번 도전', '언니가 된 최서아' 이런 식으로 재미있게 의미를 부여하는 겁니다.

누적 기록 보기

아이들의 그림을 책으로 엮고, 점토들도 영원히 정리하기 전에 사진으로 남겨 주세요. 이건 이미 많이 하고 계실 거예요. 하지만 유형의 결과가 아닌 경우에는 기록을 남기기가 어렵습니다. 그럴 땐 이렇게 적용해 보세요.

아이가 한 글자를 찾았을 때 그 글자를 사진으로 찍어 둡니다. '김'이라는 글자를 사진첩에서 모아서 보는 거예요. 아이가 엄마를 도와주는 모습을 찍어서 모아 볼 수도 있습니다. 사진 대신 부모님이 '달걀 섞기', '빨래 널기' 등으로 포스트잇에 메모해서 스케치북 가득 붙여 줄 수도 있어요. '아이스크림 새로운 맛에 도전하기'를 하고 있다면 아이스크림 먹는 모습을 찍어서 모으거나, 아이스크림 포장지 혹은 영수증을 모을 수도 있습니다. 이렇게 모은 것들을 한 번씩 꺼내어 쭉 살펴보는 거예요.

놀이 확장하기

반복한 활동과 관련된 확장 활동을 계획해 보세요. 아이가 엄마 얼굴을 많이 그렸다면 '다양한 표정이 나오는 그림책 읽기'나 '얼굴을 주제로 한 작품 감상하기' 등으로 연결할 수 있습니다. 이 활동을 통해 아이가 미술관에 흥미를 보이면 '얼굴 그림 그리기' 주제에서 '미술관 다니기'로 주제를 옮기는 겁니다. 또 아이가 아이스크림을 좋아한다면 아이스크림 만들기 체험을 직접 하거나 가족들에게 어울리는 아이스크림 맛 추천하기를 해 볼 수도 있습니다. 아이가 재미있어하면 '아빠에게 왜 이 아이스크림을 추천했는지'를 영상으로 찍거나 짧은 글을 써 볼 수도 있지요. 이처럼 아이가 즐겁게 꾸준히 시도한 주제에서 출발하여 다른 영역의 놀이로 확장하는 겁니다.

하지만 이 과정 역시 부모님의 일이 되지 않아야 합니다. 아이들도 일상에서 자연스럽게 경험하듯, 부모님들도 생각날 때 하시면 됩니다. 다만 이런 자료들이 아이의 자기 효능감을 높이고, 끈기를 키우는 데 도움이 된다는 사실은 인지하고 있어야겠지요. 부모님들의 힘을 덜어 드리기 위함도 있지만 그보다는 즐겁게, 오래 지속하기 위한 전제 조건이에요. 저는 엄마 얼굴 백 장을 이야기했지만 아이가 좋아서 그랬기 때문에 100번 엄마까지 가게 된 겁니다. 부모님의 권유나 계획으로 시작된 거라면 열 장도 충분합니다. 아이와 어떤 시점에 어떤 대화를 나누는지가 훨씬 더 중요합니다. 아이의 꾸준한 노력의 결과를 칭찬해 주고 싶다면 이렇게 상호작용을 해 보세요.

나는 책임을
다하는 아이야

여러분의 매일 저녁 시간의 모습은 어떤가요? 아이 밥 먹이고, 씻기고, 재우기 정신없으시지요? 그러다 보니 많은 부모님이 시작에 집중하고 마지막을 소홀히 하는 경우가 많습니다. 아무리 과정이 중요하다지만 성취감을 느끼는 건 마지막 순간이에요. 시작이 즐거웠더라도 끝에 의미를 느끼지 못하면 그 행동이 반복되기란 어렵습니다. 이번에는 우리 아이들이 할 일을 마쳤을 때 기쁨을 경험하도록 이끌어 보겠습니다.

아~ 좋은 냄새

영유아기의 아이들은 양치를 거부하는 경우가 많습니다. 양치 자체가 불편해서, 맛이 이상해서인 이유도 있지만 가장 큰 이유는 지금 당장 놀이를 멈추어야 하고, 자러 들어가야 한다는 점 때문이지요.

그러다 보니 아이를 화장실로 데리고 들어가는 일부터 양치를 시키는 과정까지 힘들어하는 부모님들이 많습니다. 그럴수록 우리는 마지막에 집중해야 합니다. 마지막이란 양치를 마치고 나온 순간이에요. "아 좋은 냄새~ 승주 입에서 좋은 냄새가 나네!", "지금 씩씩하게 양치한 사람 어디 있어요? 여기 있네!" 이런 식으로 양치를 마쳤을 때 즐거움을 느끼도록 상호작용을 해 줘야 합니다.

밥이 어디로 갔지?

우리 아이는 매일 먹는 밥에 대해 어떤 마음을 갖고 있나요? 종류에 관계없이 먹는 것을 즐기는 아이도 있지만 대부분의 아이들은 좋아하는 반찬이 있을 때만 즐겁게 밥을 먹습니다. 그러다 보니 '삼켜라, 씹어라, 빨리 먹어라, 앉아라' 등 부모님이 통제하는 상황이 많을 거예요. 매일 빠짐없이 겪게 되는 식사 시간, 서로 진을 빼면 하루의 마무리가 너무 서글프지 않나요? 잘 먹는 아이도 못 먹는 아이도 모두 밥 먹으며 성취감을 듬뿍 느끼게 해 줄 방법을 알아봅시다.

양이 적어도 편식을 해도 성취감을 주는 기본은 같습니다. '나는 밥을 싫어하는 아이야'라는 생각 대신 '나는 식사를 즐기는 아이야'라고 생각하게 해 주세요. 좋아하는 반찬을 먹을 때, 밥을 삼켰을 때, 식사를 마쳤을 때 어떻게 상호작용을 하고 그 식사 시간을 어떻게 평가하는지에 따라 아이의 생각이 달라집니다.

처음에는 의도적으로 아이가 좋아하는 반찬을 준비해 주세요. 양은 당연히 적어야 합니다. 많이 주면 남겨서 '나는 밥을 남기는 아이야'라는 생각을 하게 되고 어차피 안 먹을 음식을 주고 억지로 하나 먹여도 '엄마는 내가 싫어하는 음식만 줘'라는 부정적인 생각을 하게 될 겁니다. 그러니 다른 방법을 써 보는 것이지요.

먹는 양이 적은 아이에게는 음식을 조금만 주고 다 먹었을 때 "아니, 밥그릇에 있던 밥들이 다 어디로 숨어 버린 거야? 텅텅 비었네?" 해 주세요. 편식을 하는 아이라면 좋아하는 반찬만 주고 "어쩜 이렇게 두부를 맛있게 먹니? 뭐야! 벌써 다 먹은 거야?" 해 주는 거예요. 이를 통해 '먹는 즐거움'을 먼저 만들고 '나는 밥을 잘 먹는 아이야'라는 생각을 하게 해 주는 것이지요.

이것을 학습에 그대로 적용할 수 있습니다. 공부량이 부족한 아이에게 적은 양의 과제를 주고 "일기를 벌써 다 쓴 거야? 한 줄, 두 줄, 세 줄…… 한 줄 일기 쓰기로 했는데 세 줄이나 쓴 거야? 우아~!" 하는 거예요. 좋아하는 과목만 공부하는 아이라면 "어쩜 이렇게 집중을 잘하지? 국어책 보는 눈빛이 어우 뜨거워!" 해 주는 것이지요. 이를 통해 '공부하는 재미'를 먼저 만들고 '나는 공부를 좋아하는 아이야'라는 생각을 하게 해 주는 것, 그것이 부모님이 가장 먼저 해야 할 일입니다.

나는 어려운 과제에
도전하는 아이야

아이와 함께하는 저녁 일과에 도전 과제를 넣어 보세요. 장난감을 정리하고, 씻고, 잠드는 과정에서 쉬운 행동, 어려운 행동의 기준을 놓고 대화하는 거예요.

어려운 도전

양치를 할 때 "어금니를 스스로 닦아 볼래? 앞니를 스스로 닦아 볼래?" 합니다. 어금니를 선택하면 "안쪽에 있어서 꼼꼼하게 닦아야 하는데 예주가 해 볼 거야? 우아~!" 하는 거예요. 앞니를 선택하면 "앞니는 반짝반짝 여러 번 닦아야 하는데 예주 안 힘들겠어? 진짜? 이야~!" 어떤 대답도 어려운 도전 과제를 선택한 듯 이야기해 주세요.

"예주는 양칫물을 줄줄줄 흘릴 거야, 아니면 오그르르 한 다음 퉤! 하고 뱉을 거야?" 당연한 선택의 질문을 하면서 웃음을 유발할 수도 있습니다. 그다음 "진짜? 그럼 여기에 물이 쏙 들어가게 뱉을 수 있을까?" 하며 작은 도전의 과제를 주고, 잘 뱉으면 칭찬을 해 줍니다.

도전의 하루를 마치며

하루 동안 관찰한 아이의 모습 중 기억에 남는 이야기를 해 줍니다. 아이가 노래를 불렀다면 "오늘 나무 노래 불렀지? 노래 부르는 목소리가 너무 좋더라~! 엄마는 꽃 노래를 좋아하는데, 다음에는 꽃 노래도 부르면 어때?" 하며 기분 좋게 다른 노래도 권유해 보세요. 이때 아이가 긍정의 모습을 보이면 "꽃 노래는 더 큰 언니들이 부르는 건데, 그래도 도전하는 거야? 우아~ 우리 딸 노래 부르는 다섯 살 언니 같네?" 하며 성취감을 주세요. 아이가 좋아하는 주제로 대화를 시작하여 지금 당장 부담은 주지 않으면서 '해 보겠다는 의지'만 확인하는 겁니다.

아이가 미로 찾기를 좋아한다면 "오늘 미로 찾기 꼬불꼬불 찾아서 도착한 사람? 오~ 내일은 비슷하게 꼬불꼬불해 볼까? 아님 더 많이 꼬불꼬불해 볼까? 엄마는 생각만 해도 벌써 어지러워!"라고 말하는 등 마찬가지로 좋아하는 주제의 대화를 재미있게 시작해 보세요. 그런 다음 "그럼 내일 어질어질 미로 몇 장 해 볼까? 뭐? 한 장도 아니고 세 장이나?"라고 해 주세요. 부모님이 먼저 "꼬불꼬불 어지러운 거 해 볼래?", "몇 장 더 할 거야?"라고 어려운 활동을 먼저 제안하지만 아이가 이미 좋아하는 활동이라면 부담 없이 '스스로 어려운 과제에 도전하는 아이야'라고 생각할 수 있습니다. 여기에서 중요한 건 어렵다고 표현했지만 실제로는 비숱한 난이도의 과제를 주는 겁니다. 아이가 어렵다 느끼지 않도록 말이지요.

이 과정을 통해서 조금씩 더 높은 수준의 과제에 도전하게 해 보세요. 지금은 정말 어려운 것에 도전하는 것보다 할 수 있다는 믿음을 주는 것, 한 가지 주제에 대해 오랜 시간 탐색하며 흥미를 이어 나가는 경험이 필요합니다.

부모님은 자기 효능감과 끈기를 검토하는 사람이 아닙니다. 할 수 있도록 잠재력을 이끌어 주는 사람이지요. 아이의 능력을 평가하려는 마음이 올라온다면, 잘 조절하면서 우리 아이가 '스스로 잘하는 아이야'라는 생각으로 꾸준히 배우며 즐기고 도전하도록 도와주세요.

2장

스스로
선택하고
결정하는 아이

자율성의 방향과 진짜 의미

우리는 하루에도 많은 선택을 하며 살아갑니다. '지금 일어날까? 조금 더 잘까?', '요리를 할까? 외식을 할까?'와 같은 일상적인 일과에 관한 것부터 '이 회사를 계속 다닐까? 이직할까?', '이 사람을 계속 만날까? 헤어질까?'와 같은 미래를 결정짓는 진로나 관계에 대한 선택도 합니다. 결혼을 하고 아이를 낳으면 어린이집에 계속 보낼지, 미디어 노출을 언제부터 시작할지, 간식을 얼마나 줄지 선택할 게 더 많아집니다.

선택은 아이들의 세계에도 있습니다. 아이들도 무수히 많은 것을 선택하며 살아갑니다. 아기들은 안기고 싶을 때 울음으로 자기 의사를 표현하고, 젖을 물었을 때 혀로 밀어내거나 삼킬 수 있습니다. 점차 중추신경계가 발달하면 변을 참을지, 배출할지도 선택할 수 있고 놀이터에서 엄마 손을 잡고 집에 올지, 울면서 뒤집어질지, 또는 신발을 스스로 신을지, 도움을 요청할지도 선택할 수 있습니다.

처음에는 무의식적 본능에 의해 시작된 행동이라 해도 상황이 반복되면서 아이는 학습을 하고 점차 의지대로 자기 행동을 선택하는 것입니다. 하지만 아이들의 선택은 범위가 제한적이고 부모님의 통제를 받는다는 특징이 있습니다. 또한 선택에는 책임이 따르는데 통제가 높을수록 책임은 무겁고, 통제가 낮으면 책임의 무게도 가볍지요.

바람직한 통제와 책임의 중요성

갓 태어난 아기는 부모님이 아기 침대에 눕히고, 머리 위에 모빌을 달아 주고, 아기가 입에 넣어도 되는 장난감들을 침대 주변에 놓아둠으로써 환경을 통제합니다. 아기는 자신이 원할 때 장난감을 움직이거나 입에 넣을 수 있습니다. 아기가 위험한 상황에 놓였다면 그것은 환경을 통제했던 부모의 책임이 될 것입니다.

돌 이후의 아기가 걷기 시작하면 아이는 책꽂이에서 마음에 드는 책을 꺼낼 수 있고, 부모님이 기저귀를 갈자고 할 때 도망갈 수도 있습니다. 하지만 책꽂이에 꽂힌 책은 여전히 부모님이 골라 놓은 책이고, 기저귀도 결국 갈게 되겠지요. 아이의 의지대로 상황이 바뀌긴 하지만 결국 부모님의 통제 안에서 선택의 범위가 조금 넓어진 것뿐입니다.

아이가 학령기에 이르러 학교에 가면 친구와 어떤 놀이를 할지, 숙제는 언제 할지, 휴식 시간에 무엇을 할지 선택할 수 있습니다. 부모님이 부분적으로 관여할 수도 있지만 아이는 자신의 의지대로 선택하고, 그 결과에 따라 많은 영향을 받습니다. 즉, 연령이 높아짐에 따라 자신의 행동에 대한 책임의 비율도 점차 높아지는 겁니다.

아래의 표를 보면 통제와 책임, 두 개의 축이 있습니다. 아이 행동에 대해 부모의 통제가 높고 아이의 책임은 낮은 D는 돌 이전의 아기들에게 적합한 영역인데요. 아이가 나이를 먹을수록 부모의 통제는 점점 낮아지고, 아이의 책임은 높아지는 A로 나아가야 합니다.

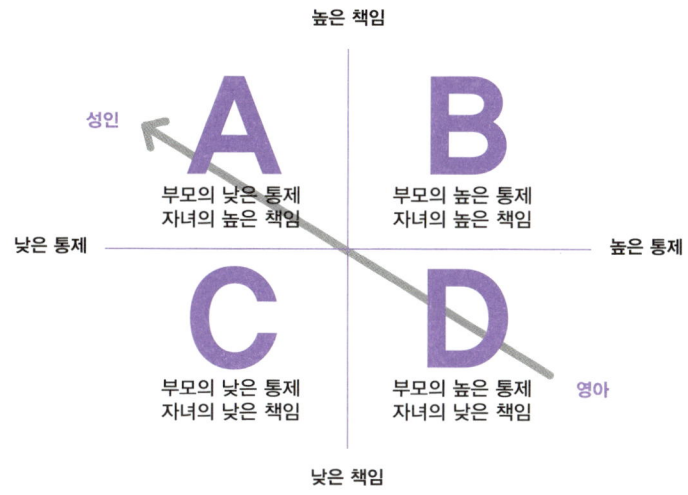

하지만 자녀가 나이를 먹어도 A로 나아가지 않고 D에 계속 머무르는 경우가 있습니다. 아이 의지대로 할 수 있는 것이 점점 많아지는데 부모의 통제 수준을 유지하면서 그 책임도 계속 부모가 지는 것이지요. 예를 들어 부모님이 자녀의 학원 스케줄을 꽉 채우고, 게임 할 수 있는 환경을 차단했으면(높은 통제) 학원 때문에 잘 놀지 못해 속상한 아이를 위해 함께 여행을 가거나 좋아하는 활동을 미리 마련해 주면서(부모 책임) 결국은 부모님 통제 안에 두는 겁니다.

이 경우 갈등 요소를 부모가 알아서 없애기 때문에 부모 자녀 관계에 당장 큰 갈등은 없을 것입니다. 하지만 아이가 스스로 선택하는 연습을 못 하기 때문에 부모에게 계속 의지하는 모습을 보이고, 결국 부모가 자녀의 독립을 필요로 하는 시기에 갈등이 불거질 수 있습니다.

마찬가지로 부모가 아이의 일거수일투족을 통제하는데, 그 책임까지도 아이에게 묻는 경우가 있습니다. 바로 B에 해당하는 경우인데요. 놀이할 시간도 마련해 주지 않고, 게임도 주말에만 잠깐 허용하는 식으로 아이의 행동을 강하게 통제하면서 아이가 숙제를 조금 미루거나 게임을 더 하고 싶어 하는 모습을 보일 때 그 행동을 강하게 비난하고 게임 시간을 줄이는 등 아이의 책임을 강조하는 거예요. 이 경우 아이는 어쩔 수 없이 부모의 통제에 따르지만, 속으로는 부정적인 감정이 계속 쌓이고 있을 뿐만 아니라 선택의 경험이 없으니 자율성도 기르지 못합니다.

그렇다면 C는 어떨까요? 아이에게 많은 선택권을 주는데 그 책임의 강도는 약합니다. 자율성은 제한된 범주 안에서 선택을 하고 그 행동의 결과를 책임지는 것입니다. 하지만 많은 부모님이 자율성을 C로 오해합니다. 자유를 누리는 것만으로는 자율성을 기를 수 없습니다. D에서 점차 A로 가야 하는데 D에서 C로, 또는 D에서 B로 간 뒤, 그다음에 A로 가려니 문제가 생깁니다.

선택의 범위가 지나치게 넓을 때 생기는 역효과

앞에서 에릭슨은 인간의 발달 단계별 과업을 여덟 개로 나누어 개념화하였다고 말씀드렸는데요. 그는 이를 통해 인간이 신뢰감을 형성한 이후에는 자율성, 주도성의 과업으로 나아간다고 설명합니다. 최근에는 이러한 발달 이론의 정보가 널리 알려지면서 많은 부모님이 아이의 연령별 발달 과업을 돕기 위해 노력합니다. 이때 영아기에 해당하는 자율성은 아이에게 많은 선택권을 주어야 한다는 의미로 잘못 해석되어 문제가 되기도 합니다.

어느 날, 32개월 자녀를 둔 한 어머니께서 양육 코칭을 받기 위해 찾아오셨습니다. 가정에서는 전혀 문제가 없는데 기관에만 가면 또래 관계 때문에 문제가 발생하여 고민이라고 하셨어요. 어머니와 코칭을 진행하면서 자녀를 독립된 인격체로서 존중하는 양육 신념이 반복적으로 나타나는 것을 발견하였습니다. 이 부분을 자세히 살펴보니 어머니는 생활 속에서 아이에게 너무 많은 선택권을 주고 있었습니다.

예를 들어 미술 도구 하나를 주더라도 다양하게 제시해 주고, 식사를 할 때도 아이가 먹고 싶어 하는 음식들을 놓고 아이가 선택하게끔 하였지요. 아이가 좋아하는 것으로 제2의, 제3의 여러 대안이 있었기 때문에 아이는 대부분 부모님이 주는 대안을 선택하고 만족해했습니다. 감정 표현도 풍부했던 어머니는 아이가 선택을 할 때마다 함께 기뻐하며 반응해 주었지요.

어머니 말에 의하면 가정에서는 문제 상황이 전혀 없는데, 기관에서는 선생님께 부정적인 피드백을 계속 들으니 난감해하는 상황이었습니다. 아이는 어린이집에서 친구의 장난감을 수시로 빼앗았고, 아이가 강하게 떼를 쓰다 보니 선생님도 더욱 다양한 대안으로 아이에게 먼저 선택권을 주었지만 아이의 문제 행동은 계속되었습니다. 집에서는 마음에 드는 여러 선택지 안에서 경쟁 상대도 없이 충분히 고민하는 시간이 있었는데, 기관에서의 선택 상황은 이러한 아이의 요구를 충족시키지 못했던 것입니다. 아이는 점점 더 장난감에 집착했고, 친구가 조금만 가까이 와도 마치 장난감을 빼앗기기라도 한 듯 경계하며 스트레스를 받았습니다.

그런데 기관에서 많은 문제 행동을 보이는 아이가 가정에서는 정말 문제가 없었을까요? 사실 부모님은 눈치채지 못했지만 가정에서도 훈육이 필요한 상황은 있었습니다. 특히 아이는 부모님의 행동을 통제하는 모습을 자주 보였는데요. 예를 들면 엄마의 옷부터 앉는 자리까지 자신이 원하는 대로 정해 주는 걸 좋아했고, 엄마는 어떤 옷을 입어도 어디에 앉아도 괜찮았기 때문에 별생각 없이 아이가 원하는 것을 들어주었습니다. 하지만 친구들의 반응은 달랐지요. 아이가 "너는 이거 해!"라고 친구에게 장난감을 주어도 친구는 따르지 않았거든요. 아이들은 보통 부모님과의 상호작용을 통해 사회적 관계를 배우는데, 이 아이는 자신이 가정에서 학습한 것과 기관에서의 상호작용 방식이 다르니 매우 혼란스러웠을 겁니다. 부모님은 얼마든지 허용해 줄 수 있다 해도, 그것을 또래

나 교사가 허용할 수 없다면 이는 기준을 명확히 알려 주어야 할 훈육 상황입니다. 하지만 이 아이의 부모님은 그 기준을 넘어서는 범위까지 아이에게 지나치게 많은 선택권을 준 것입니다. 따라서 문제 행동을 수정할 수 있도록 훈육 방침을 바꿔야 했고, '자율'에 대한 올바른 의미도 다시 알려 드리는 시간을 가졌습니다.

자율은
자유가 아니다

'자율'은 제한된 기준 안에서 자신의 행동을 선택하는 것이며, '자유'는 제약 없이 자신에게 주어진 것을 누리는 것입니다. 무언가 선택하고 결정하는 건 한계가 있음을 전제로 하기 때문에 자율과 자유는 다른 의미입니다.

저는 수영장에 가면 수심 표시를 보고 아이와 가장 즐겁고 안전하게 놀이할 곳을 찾습니다. 수심이 깊은 곳은 아이와 함께 갈 수 없는 통제 구역이지만, 기준이 있기 때문에 물에 들어갈 때 불안할 이유가 없지요. 이처럼 자율성은 명확한 한계 안에서 선택할 수 있는 기회와 권한을 주는 것입니다. 여기에서 명확한 한계란 통제이면서 동시에 가이드입니다.

많은 부모님이 아이에게 더 많은 자유를 줄수록 아이의 자율성이 높아질 것이라고 오해합니다. 하지만 한계 없이 많은 선택권을 줄수록 아이는 독립적이기보다는 오히려 더 불안하고 의존적인 모습을 보입니다. 이는 아이에게 자율이 아닌 자유만 주었기 때문입니다.

아무런 제한을 두지 않고 아이에게 열두 가지 색깔의 크레파스와 흰 도화지를 준다면 아이는 자유롭게 색을 칠할 것입니다. 물론 어떤 색을 칠할지 고민하고 선택할 수는 있지만 이는 자유입니다. 아무 색이나 칠해도 되기 때문이지요. 하지만 흰 도화지에 풍선 그림이 그려져 있다면 아이는 풍선과 관련된 그림을 그릴지, 풍선을 어떤 색으로 칠할지 생각할 것입니다. 이전보다 더 구체적인 목적을 가지게 될 것입니다. 또한 하나의 풍선 그림에 하나의 색만 칠해야 한다는 규칙이 있다면, 또는 풍선 그림이 열두 개가 아닌 한 개만 주어졌다면, 아이는 선택에 앞서 더욱 깊이 고민할 것입니다. 이것이 바로 자율 안에서의 선택입니다.

고민하고 선택한 뒤 만족감을 얻는 경험의 중요성

우리는 한계가 있는 세상에 살고 있습니다. 사람들은 하루에 24시간 이상 놀 수 없고, 간식을 무한정으로 먹을 수 없습니다. 다음 날 좋은 컨디션으로 여행을 가려면 충분히 잠을 자야 하고, 더 맛있는 간식을 먹으려면 오늘 먹을 간식의 양을 조절해야 합니다.

자율성이 중요한 이유가 여기에 있습니다. 우리의 현실은 항상 제한된 범주 안에서 선택하는 상황과 마주하기 때문에 어릴 때부터 연습을 해야 합니다. 매우 자유로운 상황에서 성장한 아이들은 제한된 환경에서의 선택을 불편하게 느낄 수 있습니다. 풍족한 상황에서 고민의 과정 없이 누리기만 했다면 풍족하지 않은 상황 자체에 불만을 느끼는 겁니다. 또한 자신이 마음대로 통제할 수 있는 상황은 편안하지만 환경을 통제할 수 없을 때는 불안해집니다.

하지만 우리가 살아가는 세상은 모든 변수를 통제할 수 있는 환경도 아닙니다. 같은 반에서 마음에 드는 친구만 만날 수 없고, 앞에 앉은 친구의 산만함을 내가 해결할 수 없으며, 시간이 없어도 차가 막히면 꼼짝없이 도로에서 시간을 보내는 상황도 생깁니다. 따라서 예측하지 못한 상황에서도 문제 해결을 위한 선택을 통해 감정을 조절하고 행동할 수 있어야 합니다.

이를 위해서는 어릴 때부터 선택하고 만족하는 경험을 만들어 주어야 하는데요. 선택이란 앞서 말씀드렸듯이 제한된 범위 안에서 결정을 하는 것입니다. 아무런 문제가 발생하지 않았거나 처음부터 선택의 범위가 넓어서 고민조차 필요 없는 경우와는 다른 겁니다. 제한된 범위란 장난감 공유나 간식 조절과 같은 물질적 요소일 수도 있고 언제 잘 건지, 책을 몇 권 읽을 건지에 대한 상황적 요소일 수도 있습니다.

예를 들어 친구와 내가 좋아하는 장난감이 달라서 갈등이 아예 없거나 넉넉한 장난감이 준비된 상황에서는 장난감 공유를 고민하고 선택할 이유가 없습니다. 하지만 친구와 좋아하는 장난감이 겹치는데 그 수가 부족한 경우라면 '함께 놀까? 혼자 놀까?', '이 장난감으로 놀까? 다른 장난감으로 놀까?', '기다릴까? 빼앗을까?' 등 여러 고민을 하겠지요.

아이들은 한계가 있을 때 고민을 시작하고 선택을 합니다. 그 선택이 만족을 줄 수도 있고 때로는 불만족을 줄 수도 있지요. 만족스러운 선택이었다면 아이는 그 행동을 반복할 것이고, 불만족스러운 선택이었다면 비슷한 상황에서 다른 선택을 할 것입니다. 주어진 범위 안에서 고민하고 선택함으로써 만족감을 주는 상황을 학습해 나가는 것, 이것이 바로 자율성을 기르는 훈련입니다.

한계의 기준

열두 가지 색깔의 크레파스 예시를 학습 상황에 대입해 볼까요? 아이에게 처음부터 열두 가지 색깔의 크레파스를 주는 건 공부를 처음 시작하는 아이에게 공부 계획을 짜 보라고 맡기는 것과 같습니다.

일상생활과 달리 공부만 놓고 볼 때 처음부터 아이에게 모든 권한을 주는 부모님이 몇이나 될까요? 자녀 교육에 조금이라도 관심 있는 부모님이라면 '무슨 과목을 어떻게 가르칠까?', '어떤 교재가 좋을까?', '우리 아이 수준은 어느 정도일까?' 등을 알아보고 가이드를 줄 것입니다. 예를 들어 연산 공부가 필요하다면 아이 스스로 필요성을 느끼고 깨칠 때까지 기다리는 경우보다 연산 학습을 위한 교구를 마련해 주고, 문제를 함께 풀거나 학원에 보내는 등 연산을 익히는 데 필요한 가이드를 주는 경우가 많겠지요.

명확한 기준 안에서 점차 자율성 높이기

앞서 일상생활의 태도를 형성하는 모든 과정이 배움이고, 이러한 배움에 대한 태도가 학령기 이후의 학습에 대한 태도를 만든다고 했습니다. 일상생활의 태도와 학습에 대한 태도를 분리해서 생각하면 안 된다는 뜻이었지요. 그러나 많은 부모님이 아이들의 자율성을 높인다는 명목하에 일상생활에서는 기준 없는 자유를 주고, 학습의 영역만큼은 명확한 가이드를 주려고 하니 아이들은 무척 혼란스럽습니다. 일상생활과 학습 모두 아이를 믿고 자유를 주는 경우도 있지만, 이 경우에도 아이가 좋아하는 과목만 공부하거나 밤늦게까지 숙제를 미루며 놀기만 하는데 '너의 선택을 응원해! 엄마는 믿어!'라고 얘기할 수는 없을 겁니다.

물론 처음부터 스스로 잘하는 아이들도 있습니다. 하지만 이 아이들은 공부에 대한 계획이 처음일 뿐, 일상생활에서 스스로 선택하는 방법을 알고 있습니다. 처음에는 공부 방법에 대한 기준이 없더라도 부모님이 믿고 기다려 주면 결국 바른 선택을 하는 아이들 역시, 주어진 상황에서 자신에게 더 좋은 선택이 무엇인지 고민하고 선택해 본 아이들입니다.

신입 사원으로 처음 회사에 들어갔는데 아무런 가이드 없이 영업 이익 증대를 위한 마케팅 기획안을 제출하라는 업무가 주어지면 어떨까요? 어디서부터 어떻게 시작해야 할지 막막할 겁니다. 물론 어떤 사람은 기발한 아이디어가 마구 떠오르면서 의욕을 불태울 수도 있겠지요. 하지만 이 경우에도 관련 업무의 경험이 없다면 시행착오를 거칠 겁니다.

반대로 가이드가 명확하면 어떨까요? 무엇을 하면 안 되는지 알기 때문에 오히려 선택할 때 주저함이 없고, 보다 효율적으로 일할 수 있습니다. 마치 업무를 구체적으로 지시하는 선배와 한 팀이 되어 기계처럼 시키는 일만 반복하는 것과 같지요. 신입 사원 입장에서는 일 처리가 훨씬 수월하겠지만 계속 이런 식으로만 일을 배우면 본인이 의사 결정권자가 됐을 때 주도적으로 문제를 해결하기가 어려울 겁니다.

따라서 가이드는 명확하되 그 안에서 자율성을 점차 높여야 합니다. 앞에서 봤던 '통제와 책임' 표를 다시 떠올려 봅시다. 진정한 독립은 D에서 시작해서 A를 향해 나아가야 한다는 것을 잊지 마세요.

건강한 독립을 위해 꼭 필요한 자율성

처음 두발자전거를 탈 때 부모님이 뒤에서 꽉 잡고 있으면 아이는 스스로 나아갈 수 없습니다. 처음부터 잡아 주지 않는 경우에도 타는 법을 익힐 수가 없지요. 넘어짐을 반복하다 두려운 마음에 포기할지도 모릅니다. 아이가 자전거 타는 법을 배우려면 처음에는 누군가 뒤에서 자전거를 잡아 준 상태에서 함께 움직이다가 점차 잡은 손에 힘을 빼면서 아이 쪽으로 중심을 옮겨야 합니다. D에서 A로 향한다는 건 이와 같습니다. 씻고 자는 일상생활이든 공부를 계획하고 실천하는 학습 과정이든 처음에는 부모님이 함께 참여하면서 자신감을 갖도록 도와주세요. 그러다 점차 힘을 빼면서 아이가 스스로 씻고, 잠들고, 계획하고, 실천하도록 이끌어야 합니다.

그러나 최근에는 부모님들이 처음부터 완벽한 계획과 맞춤형 시간표를 준비해 주는 경우가 많습니다. 그런 다음 동시에 아이 스스로 공부하는 모습을 바라지요. 아이가 자율성을 발휘하려면 부모와 자녀의 역할이 D에서 A로 나아가야 하는데, 부모님의 통제는 그대로인 채 아이가 독립하기를 바라는 겁니다. 부모님이 많은 것을 결정하고 아이가 따르길 원하면서 자율성까지 바라면 대부분은 처음부터 삐거덕거립니다. 처음엔 잘 따라오던 아이들도 고학년이 되고 사춘기에 접어들면 거부하는 모습을 보이며 갈등이 시작되지요. 물론 기질이 순한 아이 중에 부모와의 관계도 좋은 아이라면 부모님이 제안하는 계획대로 잘 따라가기도 합니다. 실제로 이렇게 해서 원하는 대학에 들어가는 경우도 보게 되는데요. 문제는 그다음입니다. 대입은 성인으로서의 시작일 뿐, 회사 생활이나 연애까지 부모님이 계획을 세워 줄 수는 없으니까요.

수년 전 서울의 한 대학 부설 평생교육원에서 학생들을 지도한 적이 있습니다. 평생교육원의 특성상 만학도가 많은 편이었지만, 그 당시 초임이었던 저는 비교적 젊은 학생들이 공부하는 반을 담당하게 되었습니다. 주로 20대 초반으로 구성된 이 반 학생들은 얼마 전까지 다른 학교에 다니다가 중간에 그만두고 학점 은행제를 통해 부족한 학점을 취득하러 온 경우가 많았습니다. 국내 유수의 대학에 다니다가 중간에 그만두고 온 학생들도 꽤 있었는데 상담을 하면서 그 이유를 알게 됐습니다.

학생들이 대학을 선택할 당시에는 분명 부모님과 상의하여 결정을 했는데, 그 과정에서는 오히려 갈등이 없었다고 했습니다. 당연하게 부모님이 제안하는 학과를 선택했고 학생들도 동의한 것이지요. 하지만 학교에 다니면서 고민이 생겼다고 했습니다. 대입이라는 중요한 관문을 넘어선 이후 그곳에서의 적응과 미래에 대한 선택이 오롯이 자기의 몫으로 남겨지자 그제야 자신의 삶에 대해 진지하게 고민하기 시작한 겁니다.

또 대입이 끝나고 아무것도 하기 싫어서 학교를 안 나가다가 부모님의 권유로 학사학위를 취득하러 온 학생들도 있었습니다. 이 학생들은 대부분 결석이 잦았습니다. 저는 담당 교수로서 이 학생들과 연락을 주고받았어야 했는데요. 이때 학생이 아닌 부모님으로부터 '아이가 아파서 수업에 못 간다'는 연락을 여러 차례 받았습니다.

이처럼 몸은 다 자라서 성인이 되었지만 정서적인 독립이 안 된 아이들, 선택해 본 경험이 없거나 언제나 최상의 선택지 안에서 쉽게 고르기만 했던 아이들은 진지하게 고민하고, 현명하게 선택하는 경험을 배우지 못합니다. 그러다 보니 자신의 미래에 대해 혼란스러울 때 함께 걱정하는 부모님이 대안을 제시하면 그런가 싶어서 바로 선택하고, 자신의 선택에 확신이 없으니 갈팡질팡하는 상황들이 계속되는 것입니다. 처음부터 한 장의 풍선 그림과 한 가지 색 크레파스를 받은 아이들은 선택할 이유가 없습니다. 이 아이들은 오히려 여러 가지 색깔의 크레파스를 받았을 때 혼란스럽습니다. 내 선택에 대한 확신이 없기 때문입니다.

그렇다면 우리는 아이들에게 무엇을 가르쳐야 할까요? 바르게 자율성을 길러서 건강하게 독립시키려면 부모로서 가장 먼저 해야 할 일은 무엇일까요? 항상 최선의 선택지를 주면 아이가 적응하기 힘들 테니 일부러 안 좋은 선택지도 주어야 하는 걸까요? 그렇지 않습니다. 지금 제가 이야기한 건 대입을 앞둔 청소년과 이제 막 성인이 된 아이들의 이야기였습니다.

지금 이 책을 읽는 부모님의 아이들은 이제 막 걸음마를 뗀 아기일 수도 있고, 유치원에 다니는 여섯 살 아이일 수도 있습니다. 이 시기 우리 아이들에게 안 좋은 선택지란 무엇일까요? 순간의 선택이 단 한 번의 입시를 결정할 만큼 심각한 상황들이 펼쳐지나요? 그렇지 않습니다. (사실 순간의 선택으로 대학이 결정돼도 그리 심각한 일은 아니지만) 아이의 눈높이에서 보면 청천벽력 같은 상황일지라도 부모님에게는 가벼운 일들이 대부분이기 때문에 우리는 여유 있게 아이의 연습 과정을 도울 수 있습니다. 아이가 사회라는 진짜 무대에 홀로 오르기 전, 어떤 선택을 해도 큰 문제가 없는 그런 상황들로 무대 뒤에서 열심히 리허설을 하는 거예요.

리허설이어도 큰 맥락에서 기준은 명확해야 합니다. 리허설이라고 마음대로 상상의 나래를 펼치면 본 공연을 망치게 될 테니까요. 여러 배우와 호흡을 맞추려면 스토리의 맥락은 벗어나지 않으면서 자신이 맡은 대사를 가장 실감 나게 표현하는 방법을 찾아야 합니다. 이를 위해 발성법을 배울 수도 있고, 거울을 보며 표정을 연습할 수도 있으며, 대사의 뉘앙스를 바꾸어 볼 수도 있지요. 이렇게 연습을 거친 후 가장 어울리는 표현법을 찾아 무대로 올라가는 겁니다.

자율성을
기르는 방법

자율성을 높이는 첫출발은 부담 없는 선택에서 시작합니다. '그럼 고민 없이 선택하지 않을까?', '그럼 이건 자율이 아닌 자유만 주는 거 아닌가?'라고 생각하실 수도 있습니다. 하지만 실제는 그렇지 않습니다. 고민할 기회조차 만들지 않는 것과 즐거운 고민을 하는 것은 다르니까요. 오히려 처음부터 무거운 주제의 고민만 주어지면 아이들은 선택하는 것에 부담을 느끼게 됩니다.

선택 프레임 씌우기

만약 아이에게 "엄마가 좋아? 아빠가 좋아?" 하고 묻는다면 아이는 곤란할 거예요. 하지만 "젤리 먹을까? 사탕 먹을까?"처럼 좋아하는 것을 놓고 질문을 하면 행복한 고민을 하겠지요. 지금 우리는 자율성을 높이기 위해 '나는 바르게 생각하고 선택하는 아이야'라는 자기 효능감부터 키울 겁니다. 잠깐 자기 효능감을 복습해 볼까요? 자기 효능감은 실제 능력이 아닌 자신의 능력에 대한 믿음이었습니다. 즉, 아이가 진짜 바른 선택을 하려면 그 전에 먼저 자신의 선택에 대한 확신을 가질 수 있도록 쉬운 선택의 경험을 주어 자기 효능감을 높이는 것부터 시작해야 합니다. 이를 위해 선택 프레임 씌우기를 합니다. 일상에서 자연스럽게 주어지는 일에도 선택권을 주는 거예요.

"젤리 먹을까? 초콜릿 먹을까?" 했을 때 사실 엄마는 젤리를 먹든 초콜릿을 먹든 상관없지만, 이 질문으로 인해 아이들은 '젤리가 좋을까, 초콜릿이 좋을까?' 진지하게 고민하게 됩니다. 그다음 아이가 하나를 선택하면 만족감 주기를 합니다. "우아~ 이 젤리 진짜 맛있는 건데 어떻게 알았지?" 하며 아이의 선택이 꽤 괜찮았다는 사실을 확인시켜 주거나 "음~ 파인애플 젤리, 오늘 입은 옷이랑 색깔이 똑같네?" 하며 긍정적인 관심을 표현해 주세요. 아이는 부담 없는 질문에 대한 선택을 하고, 그 결과에 만족감을 느끼면서 선택과 결정에 대한 긍정적인 경험을 쌓게 됩니다.

선택에 책임지기

이렇게 선택에 대한 성공의 경험을 쌓으면 다음으로 자기 선택에 책임지는 연습을 합니다. A를 선택하거나 B를 선택했을 때 어떤 결과가 이어지는지 설명해 주면서 아이가 선택의 결과를 예측하게 도와주는 겁니다. "젤리 먹을까? 초콜릿 먹을까?"라는 단순한 질문에서 한발 더 나아가 "젤리는 이게 마지막이야. 이거 먹으면 내일 아침에 먹을 젤리가 없어. 초콜릿은 여러 개 있어서 오늘도 먹고 내일도 먹을 수 있네?" 하는 거예요. 이 경우도 아이가 젤리를 먹든 초콜릿을 먹든 상관없습니다. 책임지기 연습에서는 '나의 선택이 이후의 상황에 영향을 미친다' 정도를 학습하면 됩니다.

아이는 선택하고 책임지는 경험을 반복하면서 점차 자신의 선택이 일상생활에 긍정적 또는 부정적 영향을 준다는 사실을 배웁니다. 집에 간식이 없는 날에도 무작정 떼를 쓰는 대신 부모님이 제시한 대안을 듣고 '어떤 선택을 할 것인지' 신중하게 고민할 것입니다. 자신에게 주어진 상황을 스스로 통제할 수 있다는 사실을 아는 것이지요.

예측하지 못한 상황에서도 자신의 선택에 대한 확신을 가지려면 성공과 실패의 경험이 많아야 합니다. 요리에 처음 도전할 때는 레시피가 필요하지만 여러 번 같은 요리를 하다 보면 레시피가 없어도 양념을 더하고 빼는 데 주저함이 없겠지요. 하지만 또 새로운 요리를 하게 되면 레시피가 필요할 것이고, 이 요리도 반복하다 보면 익숙해질 겁니다. 이러한 과정을 거치다 보면 새로운 요리를 하더라도 그동안 쌓은 노하우가 있으므로 레시피 없이 도전하는 요리가 많아질 겁니다. 요리를 하다가 예상했던 맛이 아니면 즉시 다른 양념을 추가해서 문제를 해결하고, '해산물 요리에 어울리는 간장'과 같은 자기만의 특별한 소스도 만들 수 있지요.

결단력, 문제 해결력, 창의성은 이렇게 무수히 많은 경험을 통해 그 틀을 갖추게 됩니다. 스스로 옷 입고, 스스로 밥을 먹고, 놀이를 주도하는 한 장면만으로 아이의 자율성을 평가할 수 없는 이유입니다.

좋아하는 영역에서 다른 영역으로 자율성 확장하기

사람이 모든 면에서 완벽히 자율성을 갖추는 건 불가능한 일입니다. 경험이 많은 영역에서는 높은 자율성을 발휘하지만 상대적으로 경험이 적은 영역에서는 주저하는 게 당연하지요. 한식 전문 요리사는 양식보다 한식을 만들 때 결단력과 자신감, 창의성을 더 많이 드러낼 것입니다. 고등학교 선생님은 초등학생보다 고등학생을 가르칠 때 결단력과 자신감, 창의성을 훨씬 더 많이 보여 줄 것입니다. 이처럼 한식이든 양식이든 음식을 만드는 행위는 같아 보이지만, 고등학생이든 초등학생이든 학생을 가르치는 행위도 같아 보이지만, 경험한 바에 따라 의사 결정 수준이 다른 겁니다.

제 딸은 어릴 적부터 자신이 좋아하는 것과 싫어하는 것을 세심하게 표현했습니다. 열 살인 지금도 "나는 물컹한 음식은 별로 안 좋아해.", "나는 부드럽게 말하는 친구가 좋아."라고 말하는 등 자신의 좋고 싫음에 대해 분명하게 이야기하지요. 아이는 선택권이 주어졌을 때도 A와 B의 경우의 수를 따져서 본인 스스로 대안까지 마련합니다. 제가 "15분에 씻으러 갈까?" 하고 물으면 "20분까지 놀고 자기 전에 책을 한 권만 읽는 건 어때?" 하는 식이에요. 이것만 보면 앞서 이야기한 자율성 높은 아이 기준에 해당합니다.

하지만 현재 열 살임에도 말하기 전에 스스로 숙제를 시작하거나 잘 시간이 되면 알아서 씻으러 가는 일은 손에 꼽을 정도입니다. 언제나 제가 먼저 "숙제할까?", "이제 씻으러 가자."라고 말을 꺼내야 움직이지요. 숙제를 안 하겠다고 버티거나 씻기 싫어서 짜증을 내는 일은 없지만 생활면에서는 수동적인 편입니다. 그도 그럴 것이 숙제나 씻기를 권유하는 상황을 보면 아이는 매 순간 놀이를 하고 있어요. 뮤직비디오를 찍는다며 노래를 부르거나 1인 인형극을 하면서 쉴 새 없이 떠들지요. 솔직한 부모 입장으로는 놀이보다 공부나 생활면을 더 챙겼으면 하는 마음이 있습니다. 하지만 아이가 놀이를 통해 선택하고 결정하고 만족하면서 자율성을 키우고 있는 것도 사실입니다. 우리는 이 점에 주목해야 합니다.

한식 요리사는 양식보다 한식 요리를 더 잘할 겁니다. 하지만 양식 요리도 일반 사람보다 한식 요리사가 더 잘할 확률이 높습니다. 고등학교 선생님은 초등학생보다 고등학생을 더 잘 가르칠 겁니다. 하지만 초등학생도 일반 사람이 가르치는 것보다 고등학교 선생님이 더 잘 가르칠 확률이 높습니다. 아이들도 마찬가지입니다. 놀이를 통해 자율성을 충분히 연습한 아이들은 학습보다 놀이를 할 때 선택하고 결단하고 만족하는 정도가 더 높을 겁니다. 하지만 자율성이 낮은 아이들보다 학습에 있어서도 자율적으로 시도할 확률이 높습니다.

아이의 자율성을 높이고 싶다면 '우리 아이가 자율성이 높은가, 낮은가?'가 아니라 '아이가 자율성을 발휘하는 영역이 무엇인가?'를 관찰해 보세요. 자기 효능감을 일상적인 영역에서 학습적인 영역으로 확장해 나갔듯이 지금 우리 아이가 스스로 선택하고 만족감을 느끼는 영역을 시작으로 하여 점차 다른 영역으로 자율성을 확장하는 겁니다.

예를 들어 아이가 피규어를 좋아한다면 "피규어를 어디에 놓으면 좋을까?"라는 선택 프레임을 만들고 "여기 놓으니까 눈에 잘 보이고 책장이 더 튼튼해 보이는 거 같아!"라고 하며 만족감을 줍니다. 피규어를 거실에 놓겠다고 떼를 쓰면 "피규어에 먼지가 쌓일 수 있어. 거실에 두면 청소할 때마다 치워야 해."라고 말해 주는 등 아이의 현재 선택이 어떤 상황을 만드는지도 설명하면서 선택에 책임지기 연습도 해 봅니다. 그리고 다시 "장식장에 넣으니까 청소할 때 안 치워도 되고 오래 둘 수 있겠다."라고 말하며 아이가 자신의 선택에 대해 만족감을 느끼도록 대화를 이끌어 주세요.

엉켜 있는 실타래를 보고 '이걸 어떻게 풀어야 하나' 고민만 하고 있으면 해결이 될까요? 일단 실마리를 찾아야 시간이 걸리더라도 실타래를 풀 수 있습니다. '우리 아이는 왜 이렇게 의존적이지?', '스스로 하는 게 없지?'라는 걱정은 잠시 내려놓고 아이가 자율성을 이미 발휘하고 있는 활동을 먼저 찾아보세요.

자기 주도적인 아이로
키우는 방법

자율성이 개인의 내부에서 나오는 동기와 결정에 의해 행동하는 능력이라면, 자기 주도성은 활동을 주도하여 목표를 달성하기 위해 적극적으로 노력하는 능력을 의미합니다. 자율성은 개인의 내적인 특성에 초점을 두고 있고, 자기 주도성은 외부적인 활동과 목표 달성에 초점을 두는 것이지요. 이를 학습에 대입해 보면 '내가 언제 공부할지, 어느 정도 분량을 할 것인지' 스스로 정하고 선택하는 것은 자율성입니다. 자기 주도성은 시험을 목표로 이를 달성하기 위해 좀 더 적극적으로 상황을 개선하고 움직이는 능력이라고 볼 수 있습니다.

학령기 이전에 키워야 하는 자기 주도성

에릭슨은 영유아기의 발달 과업을 신뢰감, 자율성, 자기 주도성의 순서로 설명하면서 이전의 과업을 이루지 못하면 다음 단계의 발달 과업을 이루는 데 어려움이 있다고 말합니다. 부모를 통해 세상에 대한 안정감을 경험하지 못하면(신뢰감), 자신의 생각이나 선택도 신뢰하기 어렵고(자율성), 자신의 생각과 선택에 대한 확신이 없다면 주도적으로 목표를 향해 나아가기 어려운 것입니다(자기 주도성). 관련 연구들을 통해서도 부모 자녀 관계의 정서적 안정성이나 자율성, 자기 주도성이 발달에 영향을 미치는 주요한 변수이며, 서로 깊은 상관관계가 있음을 알 수 있지요.

이 중에서도 자율성과 자기 주도성은 학업 성취도에 영향을 미치는 주요 변인으로 많은 연구가 이루어졌습니다. 특히 학업 성취도가 높은 아이들은 자기 주도적으로 목표를 설정하고, 계획을 세우며, 목표 달성을 위해 필요한 자원을 활용하는 특성을 보였기 때문에 자기 주도 학습에 대한 관심도 매우 높아졌지요. 이러한 관심은 점차 대상 연령이 낮아져 영아를 위한 교육 프로그램이나 교구에서도 '자기 주도 ㅇㅇㅇ'이라는 표현이 자주 등장하게 되었습니다. 그러나 자기 주도성은 안정적인 신뢰 관계와 자율성을 경험한 이후인 유아기부터 길러집니다. 따라서 영아기의 자기 주도성으로 일컫는 것들은 자기 주도성을 기르기 전 단계인 자율성을 연습하는 것으로 이해하는 게 좋습니다.

어쨌든 자기 주도성이 이처럼 많은 관심을 받는 이유는 앞서 밝힌 바와 같이 높은 학업 성취도에 기여하기 때문일 겁니다. 그러나 자기 주도성은 학습에만 국한되는 능력이 아닙니다. 자기 주도성은 어린 월령일

수록 일상생활 속에서 길러야 합니다. 그렇다면 유아들의 자기 주도성은 어떻게 기를 수 있을까요?

자녀의 학습 문제로 고민하는 학령기 부모님을 만나 이야기를 나누다 보면 "게임은 지치지도 않고 스스로 하는데 숙제는 자리에 앉는 것부터 힘들어요."라는 말을 자주 듣습니다. 노는 거 반만이라도 노력했으면 좋겠다고 말이지요. 아이들이 놀이에는 주도적으로 참여하지만 학습에는 수동적인 이유가 여기에 있는데요. 놀이와 학습, 두 가지 상황에서 부모님의 상호작용을 비교해 보겠습니다.

[놀이]

"제발 좀 놀아!"라고 말하는 부모는 없습니다. 즉, 놀이는 억지로 시키지 않지요. 아이가 어떤 방식으로 놀이하든 크게 관여하지 않습니다. 위험하지만 않으면 됩니다. 아이가 너무 오래 놀면 "자자!", "씻자!" 말하며 놀이를 통제합니다.

[학습]

학습은 부모님의 권유로 시작되는 경우가 많습니다. 부모는 아이의 학습 과정과 방법에 관여합니다. 아이가 책상에 앉아 과제를 하는 중에도 부모는 지적할 일이 많습니다. 아이가 너무 많이 공부해도 "이제 그만해." 하며 공부를 못 하게 통제하지 않습니다.

놀이는 스스로 시작하고 스스로 방법을 구상하고 실현하는 데 제약이 없습니다. 오히려 더 놀고 싶을 때 방해를 받지요. 반면 학습은 부모님의 권유로 시작되고, 정해진 방식을 따라야 할 때가 많습니다. 공부를 못 해서 아쉬운 상황도 거의 없고요. 자기 주도 학습이 되려면 공부도 이렇게 접근해야 합니다. 공부가 놀이처럼 재미있어야 한다는 의미가 아니라 부모님이 시키지 않아도 아이가 시작하고 싶도록 상황을 만들고, 공부 방식을 아이와 함께 결정하고, 공부를 더 하고 싶은데 못 해서 아쉬운 상황이 있어야 합니다.

이해를 돕기 위해 놀이와 학습으로 나누어 설명했지만 어떤 주제가 와도 마찬가지입니다. 요리가 취미인 사람도 누군가 조리법에 훈수를 두기 시작하고, 쉬고 있는데 갑자기 음식을 만들어 달라고 주문을 하는 등 통제를 한다면 더 이상 요리가 즐겁지 않을 겁니다. 따라서 자기 주도성은 목표를 갖는 것부터 자원을 활용하여 목표에 도달하기까지, 시작부터 마무리 과정에 나의 의지가 있어야 합니다. "왜 관심이 없니?", "스스로 안 할 거야?"라는 질문은 시작부터 아이의 자기 주도성을 방해하는 상호작용인 것이지요.

그러나 놀이와 학습을 같은 방식으로 접근해야 한다는 논리는 이해가 되지만 놀이는 부모님이 노력하지 않아도 자연스럽게 흥미를 느끼는 반면, 학습은 그렇지 않다는 게 문제입니다. 스스로 한글을 깨치고, 알려주지 않아도 수학 문제를 놀이처럼 풀던 아이들도 학교라는 틀 안에서, 혹은 테스트를 거치면서 점차 흥미를 잃어 가니까요. 물론 지식을 탐구하는 활동 자체에 즐거움을 느끼는 아이들도 있지만 이는 극소수의 경우입니다. 대부분의 아이들은 공부라는 행위 자체에 흥미를 느끼기 어렵지요. 그렇기 때문에 흥미를 느끼고 도전하게 만드는 자원이 필요한 겁니다.

자기 주도성을 키우기 위한 유아들의 3단계 활동

자기 주도성은 스스로 계획하고, 목표를 향해 주도적으로 실행하는 능력입니다. 하지만 아이들이 처음부터 계획을 세우고 목표를 향해 달려가는 건 무리가 있겠지요. 그래서 이 과정을 계획 세우기, 정보 활용하기, 목표 달성하기로 나누어 연습합니다. 목록만 보면 거창하게 느껴지지만 이미 아이가 경험하고 있는 일상 속에서 상호작용 방법만 조금 바꾸면 쉽게 접근할 수 있습니다.

계획 세우기

여러분 모두 긴 연휴를 앞두고 아이들과 무엇을 할까 고민해 본 적이 있을 겁니다. '놀이터에 데려갈까?', '여행을 갈까?', '마트에 가서 장 보고 키즈 카페에 다녀올까?' 생각하고 있는 것들을 아이와 함께 공유해 보세요. 부모님이 생각한 몇 가지를 알려 주고, 아이와 함께 이야기하는 것만으로도 계획 세우기가 됩니다. 특별한 장소가 아닌 집 앞 놀이터를 가더라도 밥 먹고 갈지, 들렀다가 어떤 간식을 사 올지 이야기 나눌 수도 있습니다. 이 활동이 자율성의 선택권 주기와 다른 점은 선택권을 주고 바로 실행하는 게 아니라 활동의 목표가 있다는 겁니다. "우리 놀이터 갈까? 마트에 맛있는 거 사러 갈까?"에서 더 나아가 '엄마랑 아빠랑 재미있게 놀기'라는 목표를 공유하며 "엄마랑 아빠랑 오늘 재미있게 놀까? 뭐가 재미있을까? 놀이터 가서 노는 게 좋을까? 마트에서 맛있는 거 사 올까?" 하는 거예요.

정보 활용하기

계획을 세웠다면 이제 목표를 달성하기 위한 정보를 제공해야 합니다. 놀이터에 가면 어떤 놀이를 할 수 있는지 말로 설명하거나 마트에서 어떤 물건을 파는지 사진을 보여 주면서 '어디에 가야 재미있을까?'라는 목표를 상기시켜 주세요. 그다음 아이가 자료를 보고 선택하도록 잠시 기다려 줍니다. 목표가 있는 선택과 정보 제공하기 이후에는 목표 달성으로 인한 성공의 경험을 만들어 줍니다. 이는 자율성 키우기에서 긍정적 만족감 주기와 같습니다.

목표 달성하기

아이가 마트 장보기를 선택했다면 "우아~ 마트에 오니까 맛있는 게 많네."라고 말해 줍니다. 여기에서 자기 주도성을 키우기 위한 포인트는 목표를 강조하는 것입니다. "우아~ 마트에 오니까 맛있는 게 많네. 간식 먹으면서 우리 아들이랑 재미있게 놀아야지!" 하는 것이지요. 아이는 이벤트의 첫 시작부터 과정을 지나 마무리까지 '엄마 아빠와 재미있게 놀기'라는 하나의 구체적인 목표로 상호작용을 하고, 목표를 이루는 소중한 경험도 한 것입니다.

이를 학습에 적용하면 계획하고, 정보를 활용하고, 목표를 이룸으로써 성공의 경험을 하는 것이 곧 자기 주도 학습입니다. 그러나 학습 역시 처음부터 아이 스스로 이 과정을 진행하기 어렵기 때문에 3단계로 나누어 적용해야 합니다. 처음에는 아이가 좋아하는 활동 중심으로 목표가 확실한 것부터 계획을 세워 보세요.

유아라면 '캐릭터 친구에게 편지 보내기', 초등학생이라면 '포켓몬 카드 열 장 모으기'를 목표로 합니다. 예를 들어 한글 떼기, 구구단 떼기 등을 목표로 하면 완료 시점을 명확히 할 수 없고, 흥미 요소보다는 학습이 강조된 느낌을 주기 때문에 '캐릭터 친구에게 편지 보내기', '포켓몬 카드 모으기'라는 아이가 좋아하는 주제를 목표로 잡는 겁니다. 그다음 캐릭터 이름은 어떻게 쓰는지, 구구단은 어떻게 공부해야 하는지 찾아보고 캐릭터 이름 쓰기와 구구단 퀴즈 놀이를 실행합니다. 이 과정을 거쳐서 캐릭터 친구에게 편지 보내기, 포켓몬 카드 열 장 모으기 목표를 달성하는 것이지요.

그런데 이 과정을 상상해 보면 모든 과정에 부모님의 역할이 필요해 보입니다. '자기 주도 학습은 아이 스스로 하는 것인데 내가 너무 많은 개입을 하는 건 아닐까?'라고 생각하실 수도 있어요. 하지만 이러한 생각은 자기 주도 학습을 실패하게 합니다. 목표를 갖고, 계획하고, 정보를 활용하여 실행하는 자기 주도성은 스스로 시도하고 만족감을 느끼는 자율성보다 더욱 연습이 필요한 영역이에요. 또한 일상생활에서 충분히 연습을 한 이후에 학습의 단계로 넘어가야 최소한의 도움으로 아이 스스로 계획하고 실천하며 목표를 향해 나아갈 수 있습니다.

자율성, 주도성 하면 아이가 독립적으로 알아서 해야만 할 것 같은 느낌이 듭니다. 하지만 아이가 '나의 선택을 믿어!'(자율성), '내가 계획하고 실천할 거야!'(주도성)라는 생각을 하고 실천까지 하려면, 먼저 방향을 잡아 주는 부모님의 역할이 필요합니다.

모든 발달은 완성된 점이 아닌 무한히 뻗어 나가는 반직선입니다. 지금도 계속 뻗어 나가는 중이고, 그것이 바른 이치이기 때문에 완성형이 아니라고 불안해할 필요는 없습니다. 특히 지금 이 시기의 자율성은 생각하고 선택하는 과정을 연습하는 시작점이며, 자기 주도성 역시 계획하고 실천하는 과정을 연습하는 것이지 완성하는 시기가 아닙니다. 이 점을 기억하고 지금부터 알려 드리는 방법을 일상 속에서 실천해 주세요.

2

실전!
스스로 선택하고
결정하자!

스스로 선택하고 결정하는 하루를 만드는 방법

'순간의 선택이 평생을 좌우한다'라는 말이 있습니다. 실제로 잘못된 선택은 좋은 기회를 놓치게 하고, 대인 관계를 어렵게 만들기도 하고, 여러 불편한 상황을 만들지요. 옳은 선택은 어떻게 해야 할까요? 선견지명이 있는 사람만 할 수 있을까요? 아닙니다. 현명한 선택은 누구나 할 수 있어요. 당장의 결과가 만족스럽지 않더라도 주어진 결과를 받아들이고, 그 결과 안에서 다음 스텝을 위한 또 다른 선택을 반복하면 됩니다. 그러다 보면 결국 마음에 드는 결과를 얻게 되고, 마지막 선택이 만족스럽다면 지나온 실패의 순간은 성공을 위한 과정이 되는 것이지요.

어떤 결과가 오더라도 의연하게 받아들이고 또 다른 선택을 하는 게 쉬운 일은 아닙니다. 하지만 선택의 결과가 무겁지 않다면 얼마든지 시도해 볼 수 있는 것이기도 해요. 예를 들어 짬뽕을 먹을까 짜장면을 먹을까 고민하다가 짬뽕을 시켰는데 친구가 시킨 짜장면이 맛있어 보이는 거예요. 선택의 결과가 마음에 안 들지만 이러한 현실이 우리에게 큰 영향을 주진 않습니다. 내 선택이 실패했다면서 다시는 중국요리를 시키지 않겠다고 다짐하는 사람은 없을 테니까요. 다음번에는 짜장면을 시켜 먹으면 그만이지요.

전 생애에 걸쳐 선택의 결과가 가장 가벼울 때가 언제일까요? 바로 영유아기입니다. 연령이 높아질수록 책임의 무게는 점점 커지겠지만 양치를 먼저 할지, 세수부터 할지, 놀이터에 먼저 갈지, 도서관부터 갈지 선택한 결과가 아이의 삶에 큰 영향을 주진 않습니다. 그래서 부담 없이 많은 선택의 연습을 해 볼 수 있어요.

성공적인 선택의 경험이 많을수록 실패는 과정 속에 사라지고 성공만 남습니다. 지금부터 알려 드리는 놀이를 통해 우리 아이들의 하루를 성공으로 가득 채워 주세요.

선택하고 결정하는 하루를 만드는 방법

- ☑ 아이가 선택한 것에 대해 기쁨을 표현해 주세요.
- ☑ 선택의 과정에서 다양한 결과를 예상하게 해 주세요.
- ☑ 아이의 선택이 어떤 결과를 만들었는지 이야기해 주세요.
- ☑ 사소한 것이라도 아이의 계획에 기대감을 표현해 주세요.
- ☑ 목표를 이루었다면 아이가 노력한 부분을 이야기해 주세요.
- ☑ 아이가 목표를 이루는 데 필요한 정보를 충분히 제공해 주세요.
- ☑ 부모님이 아이의 생각을 궁금해한다는 사실을 알려 주세요.

나의 선택을 믿어

특별해 보이진 않아도, 매번 같은 상황에서 비슷한 선택을 하고 비슷한 결과를 얻는 과정이 아이들의 자율성을 높여 줍니다. 결과를 알기 때문에 주저함이 없고 확신에 찬 선택을 하는 것이지요.

아이가 자신의 선택에 대한 결과를 통해 만족감을 느꼈다면, 부모님은 아이의 탁월한 선택 능력에 기뻐하는 모습을 보여 주고 아이가 확신을 갖도록 해 주세요. 만약 선택을 후회한다면 만회할 수 있는 또 다른 선택이 있다는 사실도 알려 주면서 아이의 선택이 해결의 방향으로 나아갈 수 있도록 도와주세요.

탁월한 선택

일상생활에서 아이가 자주 사용하는 것 중 부모님이 아이에게 묻지 않고 알아서 사 주는 것들을 떠올려 보세요. 칫솔이나 치약, 색연필, 베갯잇, 비누 등 여러 물품이 생각날 거예요. 앞으로는 이러한 물건을 구입할 때 선택 프레임 질문을 사용해 보세요.

예를 들어 새 물품을 구입할 계획이라면 "고래 그림 베갯잇이랑 구름 그림 베갯잇이 있는데 어떤 게 마음에 들어?" 하면서 아이의 생각을 들어 보고, 비누 향을 맡게 하며 "어떤 향이 더 좋아? 손 씻을 때 네가 좋아하는 향으로 닦자!"라고 하는 거예요.

모든 과정에서 아이의 의견을 물어보라는 것은 아닙니다. 오늘은 베갯잇에 대한 이야기를 했다면 내일은 비누 향을 고르고, 다음 날엔 밥을 포크로 먹을지 수저로 먹을지 정도를 정하는 겁니다.

양육 과정에서 아이의 의견을 존중하고 자율성을 키운다는 명목하에 과도한 선택권을 주는 경우가 있는데요. 이런 상황을 주의해야 합니다. 부모님이 "밥 먹고 씻을래? 씻고 먹을래?"라고 했을 때 "밥 먹고 씻을래."라고 말한 다음 "알았어." 하고 끝나 버리면 아이가 이 상황의 결정권자가 된 느낌이 듭니다. 그래서 선택하는 질문을 한 후에는 만족감 주기로 부모님이 인정해 주는 말을 해야 합니다.

만족감 주기는 아이 스스로 자신의 선택에 대한 만족을 느끼게 하는 목적도 있지만, 무엇보다 그 말을 전하는 부모님의 권위도 높여 줍니다. 예를 들어 아이가 "고래 그림 베갯잇으로 할래."라고 한다면 "아, 고래! 알았어. 엄마가 고래 그림 베갯잇 사 줄게."라고 답하고, 상품을 구입한 뒤에는 "이야, 고래 베개랑 이불이랑 찰떡같이 잘 어울리네? 이걸로 고르길 잘했다~!" 하면서 아이가 자신의 선택에 만족함을 느낄 수 있게 해 줍니다.

물론 아이가 하는 모든 선택이 이렇게 진지할 필요는 없습니다. 다음에 소개하는 방법은 이보다 좀 더 가벼운 선택권 주기입니다.

이거 할까? 저거 할까?

이 대화법은 놀이를 강조한 방식입니다. 두 개 정도의 숟가락을 들고 "이걸로 할까? 아님 이걸로 할까?" 묻고 아이가 하나를 선택하면 "오케이! 오늘은 파란색 숟가락!"이라고 말하는 거예요. 아이가 선택한 숟가락으로 밥을 먹으면 "우리 아들이 고른 파란 숟가락이 입에 쏙쏙쏙 잘 들어가네~!" 하면서 긍정적인 감정을 표현합니다.

씻을 때도 "양치부터? 세수부터?"라고 말한 다음 "세수!"라고 답하면 잠시의 틈도 주지 않고 빠르게 "오케이~ 오늘은 세수부터!"라고 말합니다. 다 씻고 나면 가끔 "세수하고 양치만 했는데 오늘따라 얼굴이 왜 더 반짝거리는 거 같지?"라는 말도 해 보세요. 가벼운 선택권 주기에는 '너의 선택이 긍정적인 영향을 주는 거야'라는 의미까지 진지하게 들어갈 필요는 없습니다. 선택권 주기를 놀이처럼 적용하면서 기쁨을 나누는 목적이 더 크지요. 맛집에 가서 '어떤 메뉴를 먹을까?' 같은 느낌으로 가볍게, 고르는 자체는 즐겁지만 어떤 걸 골라도 크게 상관없는 그런 선택인 거예요.

가벼운 선택권 주기는 월령이 어릴수록 더 유용한 대화법입니다. 그러므로 2~3세는 가볍게 선택권 주기부터 적용해 보시고, 연령이 높아질

수록 가볍게 선택권 주기의 비율을 조금씩 낮추어 진지하게 고민하도록 이끌어 보세요.

프로 N잡러

부모님이 다른 사람의 도움이 필요할 때 아이의 의견을 한번 들어 보세요. 어떤 날은 부모님의 스타일리스트가 되고, 어떤 날은 북 큐레이터가 되고, 또 어떤 날은 기미 상궁이 되는 거예요. 부모님이 아이의 의견을 중요하게 듣고 부모님의 생활에 실제로 적용한다는 사실을 알려 주는 겁니다.

예를 들면 "엄마 오늘 친구들 만나러 가는데 어떤 옷을 입으면 좋을까?"라고 물어봅니다. 아이가 옷을 골라 주면 그 옷을 입고 외출합니다. 단, 아이가 골라 준 옷을 입고 외출하려면 먼저 두세 가지 코디를 준비한 뒤 아이에게 고르도록 하는 센스가 필요합니다. 그다음 집으로 돌아와서 이렇게 얘기하는 거예요. "친구들이 엄마 옷 너무 예쁘다고 칭찬해 줬어. 이거 누가 골라 준 거지? 이제 우리 딸이 엄마 스타일리스트야! 다음에 친구들 만날 때 또 골라 줘야 돼. 알았지?" 이렇게 아이에게 도움을 요청하고, 아이의 의견대로 행동한 뒤, 고마움을 즐겁게 표현하는 것! 이것이 바로 선택 프레임을 만든 뒤 만족감을 느끼게 하는 방식을 적용한 겁니다.

독서를 할 때에는 "북 큐레이터님, 어떤 책이 좋을지 소개해 주실래요? 저는 오늘 아주 기분이 좋아지는 책을 보고 싶어요." 하고 아이가 골라 준 책을 재미있게 읽습니다. 요리를 한 날에는 "기미 상궁~ 맛 좀 봐 주세요. 맛있어요? 우리 상궁님이 맛있다고 하면 무조건 오케이~!"라고 하는 것이지요.

위 예시처럼 여러 상황에서 도움을 주었다면 이렇게 말해 볼 수 있겠습니다. "아니, 우리 딸은 직업이 도대체 몇 개야? 옷도 잘 골라 주는데, 책도 잘 골라 줘? 간도 잘 보다니, 어떻게 그래!"라고 말하며 고마움을 표현하는 것이지요. 이때 눈을 마주치고 끌어안으며 말해 주면 효과가 더 좋습니다. 위의 예시들은 부모님의 요청을 아이가 따르면서 이루어지는 선택이에요. 아이가 부모님에게 "엄마, 여기 앉아! 아빠, 이 컵에 먹어."라는 식으로 말하는 '지시'와는 다르지요.

아이들이 부모님에게 '도움'을 주고 '인정'을 받는 경험을 통해 자신의 선택에 자신감을 갖도록 이끌어 주세요.

알아서 척척
외출 준비

유아기 자녀를 키우는 집의 평일 아침 풍경은 어떤 모습일까요? 대부분 아침에는 출근 준비하랴, 등원 준비하랴 늘 시간에 쫓길 겁니다. 부모님이 챙겨 주는 대로 아이가 잘 따라오면 그나마 다행인데 '더 놀겠다', '이 옷은 싫다', '발이 아프다', '더 자고 싶다', '밥 먹기 싫다' 하며 아이가 떼를 쓰면 부모님은 결국 폭발하기도 하지요.

돌 이후 아이가 걷기 시작하고 스스로 하고 싶은 마음이 더 커지는 18개월이 지나면 부모님이 의도한 대로만 아이를 데리고 외출하기 어려워집니다. 그렇다고 아침마다 전쟁을 할 수는 없겠지요? 뭐든지 '내가, 내가' 하려는 아이들과 갈등하는 대신에 이 발달적 특징을 활용하여 외출 준비를 수월하게 진행할 수 있습니다. 더 나아가 아이의 자기 주도성까지 키우는 방법을 알려 드립니다.

그다음은?

외출 준비가 수월하려면 외출하는 목적이 명확해야 합니다. 아이가 좋아하는 장소를 갈 때 이 놀이를 먼저 적용해 보세요. 예를 들어 자동차 박물관에 가기로 했다면 박물관 사진을 보여 주면서 기대감을 주고 "자동차 박물관 가고 싶은 사람?" 하고 묻습니다. 그러면 아이가 "저요!" 대답을 하면서 질문과 답을 계속 나누는 겁니다. "박물관에서 빨간 전기 자동차 만날 사람?", "저요!", "박물관에 제일 먼저 가서 제일 오래 있을 사람!", "나!" 핑퐁핑퐁 즐거운 대화가 이어지게 해 주세요.

그다음 "우리 내일 아침에 자동차 박물관에 일찍 가야지? 그럼 일어나서 빨리빨리 준비하는 거 연습할까?" 하며 진짜 목적 대화가 나오는 겁니다. 아이가 동의하면 "일어나서 그다음은?" 하고 묻습니다. 아이가 대답을 해도 좋고 안 하면 엄마가 이어서 "쉬를 하고 그다음은?", "맞았어. 치카치카를 하고 그다음은?", "밥을 먹고 그다음은?" 이런 식으로 아침에 외출 준비를 해서 나가기까지의 과정을 '그다음은?'이라는 재미있는 말놀이를 하며 머릿속에 떠올립니다.

여유가 된다면 아침 준비 과정을 그림 카드로 만듭니다. 그림 카드 대신 아침 준비 과정을 사진으로 한 장씩 찍어서 준비해도 좋습니다. 이렇게 만든 작은 그림 카드를 플래시 카드 넘기듯 빠르게 "그다음, 그다음~?" 할 수도 있고요. 스마트폰에 저장된 사진을 보여 주며 "그다음, 그다음~?" 할 수도 있지요. 한쪽 벽면에 그림 카드나 사진을 출력해서 순서대로 붙이고 엄마가 "그다음, 그다음?" 할 때마다 아이가 손으로 콕콕 짚으며 놀이해도 좋습니다. 대표적인 아침 준비 과정으로는 무엇이 있을까요?

일어나기 → 소변보기 → 손 씻기 → 아침밥 먹기 → 양치하기 → 세수하기 → 로션 바르기 → 머리 빗기 → 옷 입기 → 신발 신기

아침에 해야 할 일이 정말 많지요? 가정마다 조금씩 추가되고, 순서가 바뀌고, 빠지는 부분은 있겠지만 위에 적은 건 아침에 대부분 해야 하는 과정이에요. 아이들이 한두 가지는 잘 따라도 끝없이 펼쳐지는 할 일에 지칠 만합니다. 그래서 그다음 그다음 넘어가는 과정을 재미있게 표현함으로써 처음부터 끝까지의 과정을 공유하는 거예요.

청개구리 리액션

다음 날 아침이 되면 전날 이야기 나눈 내용을 확인합니다. "우리 자동차 만나러 가야지! 일어나서 그다음은?" 했을 때 아이가 "소변~ 쉬이~!" 하고 말하면 "오! 기억하고 있다니! 자는 동안 안 잊어버린 거야?" 합니다. 그다음 소변을 보면 "소변본 다음은 뭔지 모르지? 소변보고 그다음은?" 하면서 모를 것이라는 전제로 질문합니다. 이때 아이가 "손 씻기!" 라고 대답하면 "어떻게 알았어! 아니 누가 얘기해 준 거야!" 합니다. 그다음 질문을 했을 때 아이가 또 대답하면 "안 돼! 다 알고 있다니! 오늘 너무 빨리 준비해서 제일 먼저 도착하는 거 아니야?", "문 열기 전에 도

착하면 안 돼~! 신발은 천천히 신어야 해."라고 말합니다.

이렇게 다음 순서로 넘어갈 때마다 아이가 이미 알고 있는 것을 질문한 다음, 아이가 답을 말하면 '모를 줄 알았는데 어떻게 알았지?'의 느낌으로 "어떻게 알았어? 누가 알려 준 거야? 왜 이렇게 기억력이 좋아! 설마 이건 모르겠지? 안 돼~! 하나만 기억해! 엄마는 아직 준비 안 됐어~!"라고 반응해 주세요. 그러면 "빨리 양치하자~ 시간이 없어. 빨리해. 자동차들이 기다리고 있어."라고 말할 때보다 훨씬 더 빠르게 움직이는 아이를 만나게 될 거예요.

원 포인트 플랜

앞서 두 가지 상호작용은 아침에 일어나서 외출하는 과정을 하나의 흐름으로 계획하고 실천하는 놀이입니다. 이번에는 하루에 한 가지를 계획하고 실천하는 상호작용이에요. 마찬가지로 전날 밤(모든 아침 관련 훈육은 전날 밤에 물밑 작업이 필요함)에 기대감 주기를 먼저 해 주세요.

"우리 내일 친구랑 개미 보러 갈 건데! 개미 많이 보러 뛰어다닐 사람?"이라고 말했을 때 아이가 반응을 하면 "우리 그럼 튼튼한 신발 신고 갈까? 구멍 나서 개미들이 쏙쏙 들어오면 안 되니까. 개미들이 간질간질하면 안 되니까 튼튼한 신발 찾아볼까?" 하는 거예요.

그다음 아이와 함께 어떤 신발을 신고 갈지 미리 계획을 합니다. 신발 바닥을 보여 주며 "오~ 바닥이 울퉁불퉁하네! 내일 우리 이거 신고 개미 보러 가자~!" 해 주고요. 잠들 때도 개미 구경에 대한 이야기를 신나게 하면서 신발 이야기도 해 줍니다. 자연을 좋아하는 아이라 산에 자주 간다면 산에서 사용하는 물건을 고를 때 유용한 기능에 대한 정보를 주고 골라도 좋습니다. 그렇게 고른 신발이라면 "우리 내일 튼튼한 신발 신고 갈까?"가 더 크게 와닿을 거예요.

같은 방법으로 다음 날 외출할 때 무엇을 할지 하나의 계획을 세우고 실천해 봅니다. 간식을 좋아하는 아이라면 "아침에 어떤 간식 먹으면서 갈까? 알았어. 엄마가 신발 신으면 바로 입속에 쏙! 넣어 줄게." 할 수도 있고, 꾸미기를 좋아하는 아이라면 "내일 머리에 어떤 핀을 꽂을까? 오케이! 반짝이 리본 두 개 예쁘게 묶고 가자!" 할 수도 있습니다.

이외에도 선크림 바르고 나가기, 새로운 치약 맛보기, 엄마랑 똑같은 신발 신기 등 외출하는 과정에서 일어나는 모든 상황에 의미를 부여해 보세요. 누군가 시켜서 움직이는 것과 직접 계획하고 실천하는 건 다릅니다. 작은 기대감이 아침 시간 전체를 수월하게 만드는 경험을 해 보세요.

나는 스스로 잘하는 아이야

　돌 이후 걷기 시작하면서 아이는 부모와 자신을 분리하고 나를 확인하고 싶어 합니다. 이때부터 자율성을 길러 나가는데요. 두 돌 무렵이 되면 뭐든지 '내가, 내가'를 외치는 상황에 이르지요. 이때 부모님이 아이가 스스로 할 수 있도록 기다려 주면 아이는 성취감을 느끼고 자율성을 획득해 나갑니다. 하지만 시간에 쫓길 땐 마냥 기다려 줄 수 없고, 아직은 아이의 손길이 서툴러서 부모의 도움이 꼭 필요한 순간도 있습니다. 매 순간 아이에게 선택권을 줄 수는 없지요.
　그런데 부모님이 도움을 줄 때마다 당연하게 받아들이고, 아이가 스스로 하려는 모습을 보이지 않으면 '내가 너무 다 해 주는 거 아닌가?'라는 생각이 듭니다. 반대로 부모님이 손만 대도 뒤집어지는 아이들도 있는데요. 이 아이들은 '한계 없이 다 내가 하겠다'는 마음이 너무 큰 거예요. 즉, 자율이 아닌 자유를 외치는 것이지요. 이 경우에는 '스스로 하는 행동'을 통해 성취감을 얻기보다 당연한 것, 못하면 억울한 것으로 느끼게 돼요. 스스로 하려는 의지가 없는 아이들이든, 모든 것을 다 스스로 해야만 직성이 풀리는 아이들이든 모두 건강한 자율성을 길러 주어야 합니다.

나도 모르는 사이

아이가 굳이 노력하지 않고 생리적인 현상에 의해 자연스럽게 스스로 한 것을 칭찬해 주세요. 아이가 대변을 보았다면 "아니! 엄마가 응가를 부르지도 않았는데 언제 나왔어? 엄마한테 말도 안 하고 언제 이렇게 스스로 응가를 한 거야?" 하는 겁니다.

잠을 잘 때도 "어제 잘 때 엄마가 '어서 자' 하지 않았는데 눈을 스르르 감더라? 엄마가 '눈 붙여!' 하지도 않았는데 어떻게 눈이 스르르 착 붙어서 아침까지 안 떨어졌지?" 해 주고요.

밥을 먹을 때도 '스스로 먹지 않는 것'에 대한 지적은 잠시 내려 두고 스스로 삼킨 것을 칭찬해 주세요. 삼키는 건 누가 도와줄 수 없기 때문에 당연한 거지만 그래도 "굵은 고기가 목으로 넘어간 거야? 엄마가 도와주지도 않았는데 큰 고기가 목으로 꿀떡 넘어갔어? 진짜야? 우리 아들 형님 목구멍 됐네? 분명히 이~만한 고기였는데!" 해 줍니다. 잘 안 먹는 아이라면 좋아하는 간식을 먹을 때나 쉽게 삼킬 수 있는 음료를 마셨을 때 "벌써 다 먹었어? 입에 넣자마자 없어지네?", "엄마가 '삼켜!' 하지도 않았는데 스스로 잘 삼켰네!" 하며 칭찬해 주세요.

밥을 다 먹었다면 빵빵한 배를 만지며(빵빵하지 않아도 만지며) "와, 배가 많이 나왔네? 배야! 너 누가 이렇게 우뚝 솟으라고 했어? 너 많이 먹었다고 스스로 나온 거니?" 하면서 의인화하여 재미있게 표현도 해 보세요. 어린 월령의 아이라면 '정말 내가 이걸 해냈어!'라는 뿌듯함을 느낄 것이고, 이 상황을 이해한 아이라면 웃으면서 부모님의 사랑을 느낄 겁니다. 또한 다른 부분에서도 스스로 하고 싶은 마음이 점점 더 커질 거예요.

매의 눈으로 발견

일상생활 속에서 아이가 이미 스스로 하고 있는 것들을 발견해서 이야기해 줍니다. 아이가 블록 놀이를 한다면 "와~ 승준이가 블록으로 엄청 큰 집을 만들었네. 블록 하나하나 승준이가 다 쌓은 거야?" 합니다. 잠자리에 안고 잘 인형을 골라 왔다면 "채은이 오늘 핑키랑 같이 잘 거구나! '엄마가 갖다줘~' 하지도 않고 채은이는 스스로 인형도 잘 골라 오네." 하는 거예요.

이미 아이가 스스로 하던 것들은 의식하지 않으면 지나치기 쉽습니다. '우리 아이가 스스로 하는 모습을 매의 눈으로 관찰할 거야!'라는 의지를 가지고 아이를 관찰해야 발견할 수 있어요. 그래야 아이가 함께 집 만들기 놀이를 하자고 조를 때도 "혼자 할 수 있잖아."라는 말 대신 "블록 하나하나 쌓은 거야?"라고 말해 줄 수 있고, 혼자 잠들지 못하는 아이에게는 "언니들은 스스로 자는 거야."라는 말 대신 "스스로 인형도 잘 골라 오네~!"라고 말해 줄 수 있습니다.

따라쟁이 엄마

아이가 아이스크림을 선택하면 "엄마도 이거 좋아하는데! 우리 아들 오렌지 맛 아이스크림 맛있는 거 알고 있었어?" 합니다. 아이가 물을 먹으면 "엄마도 목말랐는데! 지금이 밥 먹고 물 먹기 딱 좋은 타임이야! 엄마도 물 먹어야지~!" 하고, 아이가 누워서 뒹굴뒹굴하고 있으면 함께 누우며 "이렇게 누워 있는 것도 좋네. 우리 아들이 누워 있으니까 엄마도 같이 눕고 싶다." 해 주세요. 마치 셀럽들이 무언가 하기 시작하면 유행처럼 번지듯 '왠지 저 사람이 쓰는 제품은 믿음이 가' 이런 느낌으로요.

이처럼 부모가 선택형 질문을 하지 않아도 아이가 스스로 자신의 행동이나 필요한 것을 선택했을 때 동의하는 모습을 보여 주는 것도 아이의 선택에 힘을 싣는 겁니다.

나는 계획대로 할 수 있어

지금까지 매일 반복되는 가정 내 상황에서 스스로 하기와 주도권 키우기 방법을 알아봤습니다. 이처럼 스스로 씻고, 옷 입고, 신발 신고 나가는 등의 상황은 가정에서도 반복될 뿐만 아니라 동화책에서도 자주 볼 수 있고, 어린이집에서 또래 친구들이 스스로 하는 행동도 직접 보게 됩니다. 지금 스스로 하지 않더라도 언젠가는 내가 스스로 해야 할 목록에 있음을 알 수밖에 없는 상황이지요.

이번엔 시시한 거 말고, 당연한 거 말고, 조금 더 높은 수준에 도전해 봅니다. 엄마나 아빠, 어른들만 할 것 같은 그런 일을 아이에게 맡기는 거예요. 아이가 좋아하는 것과 관련되면서 평소에 아이에게 권한은 주지 않았던 일을 찾아보세요.

여기에서는 간식을 좋아하는 아이와 마트에서 장 보는 상황을 주제로 주도성 기르기를 적용해 보겠습니다.

간식 식단

아이가 일주일 동안 먹을 간식을 아이 스스로 정하게 해 보세요. 간식의 종류를 열 가지 정도 놓고, 한 번에 먹을 수 있는 양을 젤리 다섯 개, 아이스크림 한 개, 과자 반 봉지 등으로 정해 주는 거예요. 그다음 일주일 간식 표에 하나씩 넣게 합니다.

옷을 좋아하는 아이라면 일주일 치 입을 옷을, 인형을 좋아하는 아이라면 일주일 동안 어떤 인형이랑 같이 잘지 정할 수도 있어요. 레고를 좋아하는 아이라면 무엇을 만들지, 그림을 좋아하는 아이라면 어떤 그림을 그릴지 정할 수도 있습니다. 계획을 지키면 스티커를 붙이거나 엄마가 사인하며 목표를 점검하는 것도 좋습니다.

최애 음식 장보기

아이가 가장 좋아하는 음식이 무엇인가요? 아이와 함께 최애 음식을 찾고 그 음식을 만드는 데 필요한 재료를 적어 봅니다. 이 중에서 집에 있는 식재료와 새롭게 구입해야 할 식재료를 나누고, 마트에 가서 목록을 보면서 함께 구입해 보세요. 부모님이 식재료를 찾아 카트에 담으면 아이가 하나씩 목록을 지우면서 놀이합니다. "찾았다! 불고기 재료가 모두 모이고 있어!" 이렇게 장을 본 재료를 이용해 음식을 만든 뒤 맛있게 먹으면 계획이 실천된 거예요. 아이가 어려서 함께 장을 보기 어려운 경우라면 간단한 간식 목록을 적고 하나씩 지우는 것도 좋습니다.

동선 가이드

아이와 함께 마트에서 살 물건이나 식품 목록을 만듭니다. 그다음 "야채 코너에서 파는 것끼리 묶어! 동그라미! 초록으로 동그라미!" 이런 식으로 같은 식품군끼리 묶고, "아이스크림이 녹으면 될까? 안 될까? 좋아! 그럼 아이스크림은 가장 늦게 사야겠네.", "시금치랑 상추 먼저 산 다음에 해산물 코너에 가서 새우를 사자!"와 같이 어떤 순서로 구입할지 도함께 정합니다.

처음에는 부모님이 이야기를 하고 아이가 Yes or No 답만 하는 형식으로 접근해 보세요. 중요한 건 마트에 갔을 때! 부모님이 아이에게 확인하면서 장을 보는 겁니다. "우리 다음에 뭐 사지? 그럼 어디로 갈까?" 하는 식으로요. 목록은 아이가 들고 있고 하나씩 살 때마다 지우게 합니다. 부모님이 "저기인가? 맞아?" 하는 식으로 확인해도 좋습니다.

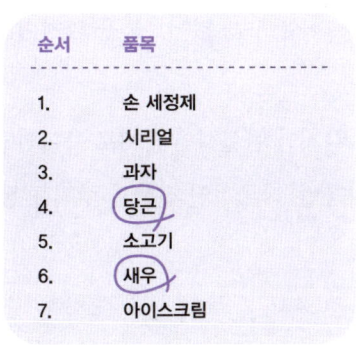

장보기 목록 예시

내가 만드는 놀이

놀이란 아이들의 삶 자체입니다. 아이들은 놀이를 통해 상상하고, 감정을 표출하고, 삶의 기술을 연습하고, 관계를 경험합니다. 또한 진정한 놀이는 한계 없는 자유로움을 전제로 하지요. 하지만 육아 현실은 "벽에 낙서하면 안 돼. 바닥도 안 돼!", "지금은 청소하니까 이따 읽어 줄게.", "사고 싶은 장난감을 다 살 수는 없어." 등을 외치며 아이를 계속 통제하는 상황이 생깁니다.

놀이의 중요성은 알지만 현실적인 문제로 아이의 놀이를 마냥 지켜볼 수만은 없는 상황이라면, 적극적인 선택권 주기를 통해 아이의 놀이 자율성을 높여 보세요.

내 맘대로 갤러리

아이만의 특별한 공간을 만들어 주세요. 이 공간만큼은 누구의 통제도 받지 않고 아이 맘대로 그리고, 꾸미고, 만드는 거예요. 예를 들어 그림 그리기를 좋아하는 아이라면 벽의 한쪽 면에 그림을 그리도록 대형 도화지를 붙여 주거나, 만들기를 좋아하는 아이라면 전시할 공간을 마련해 주고, 인형을 좋아하는 아이라면 인형을 담는 큰 상자를 마련하는 겁니다.

'유나 갤러리', '시크릿 상자' 등으로 이름을 붙여 특별함을 더하고 "오늘은 유나 갤러리에 어떤 그림이 있나?" 하고 자주 관심을 표현해 주세요. 설거지하러 가다가 다시 돌아와서 그림을 뚫어지게 쳐다보기도 하고, 예쁘고 좋은 것을 사진으로 남기듯 아이가 놀이한 결과물을 카메라로 찍는 모습도 보여 주세요.

아이에게 "나중에 그림 정리할 때 이 그림은 엄마한테 선물로 주면 안 될까?"라고도 해 보세요. 정말 좋은 건 소장하고 싶은 마음이 들잖아요? 부모님이 아이의 놀이 결과에 가치를 더해 주면 아이는 놀이 활동에 더욱 적극적으로 참여할 뿐 아니라 이 특별한 공간을 더욱 고민해서 꾸미게 됩니다.

두구두구 오늘의 책

책을 놓아둘 수 있는 장소를 마련합니다. 그다음 아이가 부모님과 함께 읽고 싶은 책을 고른 뒤 이 장소에 올려놓기로 약속합니다. 책이 잘 보이지 않게 상자를 놓거나 천으로 덮어도 좋습니다. 그럼 부모님은 떨리는 듯한 표정과 몸짓으로 상자 속을 만지며 "두구두구~ 오늘은 어떤 책이 왔을까? 나와라, 나와라~!" 하는 거예요.

책이 없다면 "어머, 아직 없네." 실망스러운 표정을 짓거나 "아이 궁금해. 오늘의 책이 언제 오나요?" 하면서 웃음을 유발합니다. 책 놓는 장소를 지나칠 때 아이가 지켜보고 있으면 긴장한 듯, 궁금한 듯 주변을 살피며 걷거나 괜히 다가가서 상자 냄새를 맡거나 천을 살짝 들다가 내려놓고 "아니야, 아니야! 꾹 참았다가 밥 먹고 봐야지!" 하면서 기대하는 모습을 표현해도 좋습니다.

책이 도착했다면 "오, 오늘은 《무지개 물고기》 책이네! 반짝이 물고기 목소리 많이 연습해야겠다~!", "아기 돼지 삼 형제 꿀꿀! 오늘 밤엔 꿀꿀이로 변신!" 하면서 재미있게 반응해 주세요. 아이는 부모님의 이러한 모습을 보면서 흥미를 느끼고 '오늘은 어떤 책을 고를까?' 즐거운 고민과 선택을 할 거예요.

장난감 투표

생일, 어린이날 등 장난감을 살 계획이 있다면 후보군을 마련합니다. 우리 아이가 좋아하는 캐릭터 인형, 변신 로봇, 클레이 점토 등을 장난감 후보로 선정하고 "우리 아들 다음 주에 생일이지? 다섯 살 되는 동안 밥도 많이 먹고, 놀이도 많이 하고, 책도 많이 읽었잖아. 이제 여섯 살 더 큰 형아에 점점 가까워지는 거야. 엄마가 생일 축하하고 싶어서 선물을 주고 싶은데 어때?" 묻습니다. 온라인 상점 화면 속 선물 후보군을 보여 주며 각각의 상품에 어떤 장점이 있는지, 어떤 놀이를 할 수 있는지 살펴보세요. 그다음 각 장난감에 번호를 붙이고 종이 위에 적은 다음 스티커로 투표를 합니다.

아이가 어떤 것을 살지 바로 결정했다면 "다음 주까지 시간 있으니까 한 번 더 생각해 봐. 지금은 변신 로봇에 한 표!" 하면서 변신 로봇 그림이나 글씨 아래에 스티커를 붙입니다.

아이가 어떤 것을 살지 결정하지 못하고 고민할 때는 "아직 시간이 있으니까 생각해 보고 결정하면 돼. 생각이 바뀔 때마다 그림 아래에 스티커를 붙여 줘." 하는 거예요. 아이가 결정했을 때 바로 선물을 사러 갈 수도 있지만 이삼일 정도의 여유를 주어 아이가 어떤 장난감을 살지 고민하는 경험을 만들어 주세요.

나는야 놀이 기획자

이번에는 내가 만드는 놀이에서 한 단계 더 나아가 놀이를 구체적으로 계획하고 정보를 활용하여 실행하는 주도성 놀이로 확장해 봅니다. 통제가 필요한 순간 직접적으로 통제하는 대신 놀이 안에서 자율적으로 선택하는 기회를 만드는 거예요.

작품 월드컵

'내 맘대로 갤러리'라고 해서 무한대로 그림을 놓을 수 있나요? 만들기 작품을 끝없이 쌓아 놓을 수 있나요? 없습니다. 그러므로 놀이에 적극적으로 선택권을 주어도 한계가 있어야 합니다. 열 개의 액자에 그림을 넣어 전시했는데 더 이상 자리가 없다면, 아이가 열 개 그림 중 어떤 그림을 보내고 새로운 그림을 넣을 것인지 정하는 거예요. 한때 방송에서 유행했던 이상형 월드컵을 하듯 나의 작품끼리 놓고 대진을 시키는 겁니다.

이때, 부모님은 "액자에서 빠이빠이 하는 그림은 사진첩에 둘 거야." 하면서 아쉬운 상황을 또 다른 문제 해결의 기회로 삼아 보세요. 언제든 사진첩 그림이 다시 갤러리로 돌아올 수 있다는 사실도 알려 주고, 은퇴한 그림들을 위한 멋진 사진첩을 꾸며 볼 수도 있습니다.

이러한 과정을 의식처럼 반복하다 보면 아이는 갤러리를 꾸밀 때 더욱 신중하게 계획하고 고민할 것입니다.

신간 준비

앞서 자율성을 기르기 위한 활동이었던 '오늘의 책'에서 한발 더 나아가는 활동입니다. 아이가 부모님과 함께 도서관이나 서점에 방문하여 부모님에게 소개할 나만의 신간을 고릅니다. 부모님이 먼저 추천 목록을 마련해도 좋습니다.

아이가 스스로 잘해 나가면 한 단계 한 단계 실행할 때마다 감탄하며 반응해 주시고, 어려워하면 "뭐가 좋을까? 이 책이랑 이 책 중에서 고르면 좋을 것 같은데……." 이런 식으로 조금씩 가이드를 주면서 최종 선택과 행동은 아이가 하게끔 이끌어 주세요.

아이가 추천 목록에서 읽고 싶은 책을 선택하거나 직접 읽고 싶은 책을 발견하면 집으로 가져와서 오늘의 책 장소에 놓는 과정을 세심히 살펴봅니다. 처음에는 부모님의 의지와 달리 전혀 스스로 할 생각이 없어 보이는 경우가 많을 것입니다. 하지만 누구나 연습이 필요합니다. 그 연습을 해 나갈 수 있는 연료는 즐거움이고요. 자율성 기르기의 '오늘의 책 소개'를 통해 웃어 본 경험이 많은 아이라면 신간 준비도 더욱 수월하게 해 나갈 것입니다.

네버엔딩 장난감

아이들에게 장난감은 사도 사도 더 사고 싶은 아이템입니다. 하지만 부모님은 경제적인 상황도 무시할 수 없고 사 주고 싶어도 물질적 가치를 모르는 아이로 자랄까 봐 걱정이 됩니다. 그런데 대부분의 부모님은 아이에게 무언가 계속 사 주고 있어요. 그 점을 활용해 보세요.

돈을 주고 사는 것만 장난감일까요? 폼 나고 비싼 것만 장난감일까요? 그렇지 않습니다. 놀이를 위한 도구는 무엇이든 관계가 없어요.

물론 아이들의 마음을 사로잡는 장난감은 있습니다. 비싸기까지 하지요. 하지만 매번 장난감을 사 달라고 할 때마다 그런 장난감을 사 줄 필요는 없습니다. 그것만 장난감이라고 한계를 짓는 순간, 매번 장난감을 살 때마다 통제해야 하는 상황이 벌어집니다.

앞으로 장난감은 놀이를 위한 다양한 도구라고 넓은 개념으로 접근해 보세요. 그러면 아이는 지금보다 더욱 자주 장난감을 선물받을 수 있습니다. 어린이를 위한 전형적인 선물인 블록, 소방차, 인형도 있고, 아이가 좋아하는 캐릭터를 출력할 수도 있고, 종이접기를 위한 반짝이 색종이가 장난감이 될 수도 있습니다. 하지만 이 또한 한계는 있어야 해요. 아이와 함께 매달 어떤 장난감을 새롭게 들여올지(살지, 만들지, 뽑을지) 계획을 세워 보세요.

기간 대신 횟수로 정해서 '내가 꼭 만나고 싶은 장난감 열 개' 이런 식으로 목표를 잡을 수도 있어요. 어린이날이나 생일에 "어떤 선물을 받고 싶어? 열 개를 찾아 이 중에서 골라 볼까?"라고 해 보세요. 그러면 그중엔 터닝메카드 로봇도 있지만 터닝메카드 퍼즐도 있고, 색칠 공부도 있을 수 있지요.

넓은 범주에서 한계를 정하고 자율권을 주면 아이는 나의 놀이를 더욱 재미있게 만들 도구들을 즐겁게 채워 나갈 겁니다. 목록에 있는 장난감을 만날 때마다 내가 계획한 것이니 더욱 의미 있게 느낄 거고요. 단, 아이에게 모든 권한을 넘길 경우 장난감의 종류가 한쪽으로 치우칠 수 있으니 예산도 고려하여 아이가 마음에 들 만한 다양한 장난감(놀이 도구)들의 목록과 이미지들을 먼저 자료로 준비하는 센스도 잊지 마세요.

선택은
언제나 즐거워

 선택의 결과가 언제나 만족스러우면 좋겠지만, 매번 그럴 순 없겠죠? 그런데도 또 다른 문제를 만났을 때 진지하게 그 고민과 마주하여 선택할 수 있는 사람은 문제 해결의 경험이 많은 사람일 겁니다. 또한 그 문제 해결의 과정으로 나아가려면 자신의 선택에 대한 확신과 결정력, 즉 자율성이 높아야 하지요.

 이번에는 선택의 과정에서 부정적인 경험을 하더라도 다시 긍정적인 생각으로 전환하는 상호작용 방법을 알아보겠습니다.

행복한 선택

 아이가 좋아하는 두 가지 중에서 선택하는 상황을 만들어 보세요. 마치 짜장 대 짬뽕, 치킨 대 피자를 고민하듯 놀이터 대 키즈 카페, 아이스크림 대 도넛 이런 식으로 행복한 고민에 빠지게 하는 질문을 하는 거예요. 이때, 아이가 둘 다 원하면 "엄마도 둘 다 가고 싶은데, 저녁 먹기 전에 한 곳만 갈 수 있어."라는 식으로 한계를 얘기하고, 둘 다 가겠다고 떼를 쓰면 "시간이 가고 있네. 하나도 못 가면 어쩌지?" 한 번 더 한계를 설정합니다.

만약, 이 중에서 하나를 결정하고 슬퍼하면 "놀이터도 가고 싶은데 못 가서 속상하지? 오늘 키즈 카페 갔다가 놀이터 언제 갈지 엄마랑 정해볼까?" 하며 다른 하나는 또 언제 할 수 있는지 알려 주세요. 고민의 과정 없이 처음부터 기분 좋게 "키즈 카페!" 하더라도 "그래~ 키즈 카페 가자!" 함께 기뻐하고 다시 "우리 다음에는 놀이터 언제 갈지 정해 볼까?"라며 다른 하나의 선택지도 미래의 계획으로 넣어 줍니다.

둘 다 좋은 건 행복한 고민입니다. 뭘 선택해도 기뻐할 수 있어야 해요. 간혹 하나를 선택하면 선택하지 못한 나머지 하나 때문에 속상해하거나 계속 감정이 안 좋은 경우들이 있는데요. 지금의 선택이 끝이 아니라는 사실을 알려 주어야 해요. 지금 시기는 "하나를 취하면 포기해야 하는 것도 있는 거야." 하며 인생의 쓴맛을 알려 줄 때가 아닙니다. 한계는 영원히 못하는 것이 아니라, 지금 이 순간 나에게 가장 필요한 것을 선택하는 중요한 기준이 된다는 사실을 알려 주세요.

감정 선택

감정을 선택할 수 있을까요? 네! 감정은 조절함으로써 내가 어떤 표현을 할지 선택할 수 있습니다. "엄마는 내일 기쁨이 넘치는 감정을 많이 느끼고 싶어. 그러면 맛있는 음식도 하나 먹고, 우리 딸한테 뽀뽀 세례도 받아야겠는데? 딸은 언제? 어떤 감정이 좋을까? 눈물? 안 돼~! 웃음? 좋아!", "우리 딸이 그냥 미소~ 말고 아하하~ 깔깔깔~ 웃다가 배꼽이 빠져서 어머머머 할 정도로 웃으려면 뭐가 있어야 할까? 엄마가 젤리를 입에 쏙! 넣어 줄까? 오케이!", "윤설이는 그럼 내일 하루 신나는 감정을 선택한 거야? 그럼 엄마도 내일 신나는 감정 많이 느껴 봐야겠다. 신나는 노래도 듣고 우리 같이 춤출까? 오예~ 내일 같이 춤만 춰도 신나는 점수 100점 되겠다! 나이스~!"

이런 식으로 기대감을 표현해 주세요. 아이가 감정이 안 좋을 때 기분 전환을 하는 건 정서 조절의 영역이지만 내가 내일 아침 어떤 감정으로 일어날지, 나는 잠들 때 어떤 기분으로 잠들고 싶은지, 나는 놀이를 하면서 어떤 기분을 느낄 건지는 미리 선택할 수 있습니다.

성인이 되어도 누구나 자신의 감정을 통제할 수 있는 건 아니지요. 이 부분은 4장에서 깊이 있게 다룰 예정인데요. 이 장에서의 감정 선택은 '자율성'에 기반하여 감정에 대한 긍정적인 경험을 이끌어 주는 방법으로 이해해 주세요.

잠이 오는 기계

잠자기 전에는 루틴이 있어야 아이가 수면 의식에 익숙해지고, 스스로 쉽게 잠들 수 있습니다. 하지만 원하지 않는 상황에서 잠을 청하면 불만이 쌓이고 잠들기는 더욱 어려워져요.

이럴 때는 큰 루틴을 만들고 그 안에서 작은 선택권을 주세요. 자장가 불러 주기, 토닥토닥 마사지하기 등의 큰 순서는 약속된 상태에서 어떤 노래를 들을지, 어디를 마사지해 주면 좋은지 세부적인 선택권을 주는 겁니다.

이때 재미를 주기 위해 부모님은 잠이 오는 기계로 변신합니다. "노래방 변신~ 오늘은 어떤 노래를 불러 드릴까요?" 한 다음 자장가를 부르는 거예요. "마사지 기계로 변신~ 오늘은 어디를 집중적으로 눌러 드릴까요? 누를까요? 문지를까요? 두드릴까요?" 한 다음 주문대로 마사지를 하는 겁니다.

이렇게 수면 의식을 적용하면 아이는 큰 루틴 안에서 움직이지만 스스로 선택하기 때문에 만족감을 느끼고, 즐겁게 잠드는 습관을 익힐 수 있습니다.

나는 최적의 선택을 하는 아이야

한계 없는 자유는 고민도 없고, 선택도 없습니다. 아이가 주어진 상황에서 깊게 고민하고 선택하는 과정을 연습할 수 있도록 한계를 명확히 설정해 주세요. "이제 자야 해!"처럼 경고식으로 한계를 알리는 게 아니라 "지금 자면 엄마랑 《백설 공주》 책을 읽을 수 있어."라는 사실을 알리는 겁니다. 아이가 명확한 한계 안에서 더 나은 선택을 하도록 도와주는 느낌이에요.

시간 요정

아이가 놀이를 중단해야 할 때 미리 남은 시간을 말해 줍니다. 놀이를 시작하기 전 "몇 분 남았을 때 얘기해 줄까?" 미리 이야기해서 아이의 의견도 들어 봅니다. 남은 시간을 알려 줄 때는 "30분 남았어. 이제 4시야. 가야 해." 등으로 말하면 서운할 테니, 마치 시간을 알려 주는 요정처럼 말해 보는 거예요. "주인님, 30분의 시간이 남았습니다. 30분 동안 어떤 놀이를 해야 더 즐거울지 생각해 보세요." 하는 것이지요.

아이가 좋아하는 캐릭터로 변신해서 말을 걸어도 좋습니다. "(뽀로로 인형을 들고) 안녕? 난 뽀로로야~! 이제 곧 모래 친구들과 헤어질 시간이야. 긴 아빠 바늘이 6에 도착하면 '안녕~! 내일 또 만나~!'라고 할 수 있지? 아빠 바늘이 6에 도착하면 또 올게." 하며 시계 보는 법을 눈높이에 맞추어 표현할 수도 있습니다.

상황 알리미

좀 더 어린 연령이라면 시간 대신 상황으로 알려 주세요. "인형들이랑 뭐 할 거야? 아~ 밥 먹고 코 잘 거야? 그럼 냠냠냠 밥 먹고 코 재운 다음 치카치카하고 책 읽으러 가자." 하는 겁니다. 양치가 목적이더라도 마무리는 언제나 아이가 좋아하는 활동을 넣어 소개합니다.

씻어야 할 시간이 다가오는데 여전히 놀이를 이어 가고 있다면 "정민아, 책들이 '나를 읽어 줘~' 하면서 기다리고 있어." 다음에 이어질 상황을 알려 주면서 현재 놀이 시간이 얼마 남지 않았음을 말해 줍니다. 그 다음 "냠냠냠 밥 먹고, 코 재웠는데 이제 뭐 하지?" 하며 아이가 계획했던 상황을 다시 언급합니다.

여기서 주의할 점은 이러한 제안을 시간에 쫓겨서 하면 안 된다는 점입니다. 이야기를 한 다음에도 10분 이상 여유 있게 기다릴 수 있어야 해요. 그래야 아이도 놀이를 곧 그만해야 한다는 사실을 인지한 상태에서 자신의 놀이를 마무리할 수 있습니다.

알리미 상호작용은 아이가 떼를 써서 "10분만 더 노는 거야." 하고 말하는 것과 달라요. 아이에게 씻기를 회피할 명분을 주는 게 아니라 미리 약속한 기준 안에서 놀이를 마무리 짓는 연습을 하는 것입니다. 따라서 여러 번 놀이 시간을 안내한 이후에도 놀이를 멈추지 못한다면 일상생활과 관련된 효능감 높이기, 자율성 높이기 상호작용을 먼저 적용해 보세요.

10분 놀이 카드

30분, 1시간이라는 기준을 주어도 아이들은 그동안 어떤 놀이를 얼마나 할 수 있는지 잘 모를 것입니다. 어느 정도 시간의 개념이 있더라도 막상 놀이를 시작한 후에는 '왜 이렇게 시간이 빨리 지난 거야' 할 수도 있고요. 이럴 때 필요한 것이 10분 놀이 카드입니다. 아이가 10분 단위로 할 수 있는 놀이를 알려 주는 거예요. 상황에 따라 시간차는 있겠지만 대략적인 기준을 알게 도와주는 겁니다.

아이가 평소 좋아하는 놀이를 노래 영상 세 곡 듣기, 색칠 공부 한 페이지, 숨바꼭질 세 번, 끝말잇기 두 번, 클레이로 토끼 만들기 등 10분 놀이 카드로 소개하는 겁니다. 그다음 30분 놀이 시간이 있다면 "카드를 세 장 고를 수도 있고, 한 장의 카드를 반복할 수도 있어." 하고 말해 주세요. 만약, 물놀이를 원하는데 물놀이가 30분 정도 소요된다면 "그럼 오늘 숨바꼭질 아홉 번 할 시간 동안 물놀이할까? 그게 30분이야." 하고 말해 줍니다.

놀이 카드가 많을 필요는 없고, 아이가 평소에 좋아하는 몇 가지 놀이로 구성하는 게 좋습니다. 그러면 이전에 어떤 놀이를 했더라도 마지막에는 카드 속 놀이로 전환되어 자연스럽게 좋아하는 놀이로 마무리할 수 있습니다.

어렵게 느껴지나요? 맞습니다. 이러한 놀이는 6~7세, 최소 5세 후반은 돼야 가능합니다. 주도성이라는 발달 과업 자체가 유아기에 이루는 것이에요. 주도성 관련 놀이가 어렵게 느껴진다면 자율성부터 단단히 쌓아 주세요. 주도성 높이기 상호작용을 하더라도 '점이 아닌 반직선이다', '완성이 아닌 나아가는 과정이다' 이 말을 꼭 기억해 주세요.

3장

스스로 목표를 향해 나아가는 아이

1

동기와 성취 목표 지향성

즐거워야 생기는 동기

지금까지 우리는 자기 효능감과 끈기, 자율성과 자기 주도성을 높이는 방법을 알아보았습니다. 이를 한 문장으로 정리하면 '할 수 있어'라는 생각으로 목표에 도전하고, 끈기 있게 파고들며, 자신이 선택한 목표를 이루기 위해 계획하고 실천하는 능력이라 할 수 있습니다. 자녀가 배움에 있어 이러한 자세를 지닌다면 부모도 더할 나위 없이 기쁘겠지만 아이 자신이 느끼는 성취감과 기쁨은 그보다 더욱 클 것입니다.

하지만 실제로 배우고, 도전하고, 해결하는 과정이 간단하지는 않습니다. 도전해서 성취하고 싶지만 시작조차 못 하거나 시작했더라도 금방 포기하는 경우도 있고, 가벼운 마음으로 시작했는데 그 일을 오래 유지하여 뜻밖의 좋은 결과를 만들어 내는 반대의 경우도 있습니다. 이 둘은 어떤 차이가 있는 걸까요? 배우고, 도전하고, 해결하는 과정에서 포기하지 않고 끝까지 목표를 이루기 위해 필요한 능력은 무엇일까요?

자발적으로 행동하는 이유

최근 일주일 동안 누가 시키지 않았는데 자발적으로 한 일을 생각해 보세요. 출근, 요리, 독서 등이 있겠지요. 그다음 그 일을 왜 했는지 이유를 찾아보세요.

- 출근 : 직장에 나가 일을 해야 급여를 받을 수 있음
- 요리 : 아이들 등원 전에 식사를 챙겨 주어야 함
- 독서 : 육아 지식을 쌓아 아이를 잘 키우고 싶음

물론 이 중에서는 자발적으로 시작했으나 그 과정이 고통스러운 일도 있을 거예요. 그렇다면 그 일을 안 했을 때는 어떤 일이 생길지 생각해 보세요. 출근이 하기 싫다면 이렇게 생각해 보는 겁니다. '해고를 당하는 건 괜찮나?' 요리가 너무 싫다면 아침에 아이들이 아무것도 안 먹고 등원하는 장면을 상상해 봅니다. '그때 마음은 어떨까?' 아마 해고를 당하는 것보다는 출근하는 게, 아침밥을 안 먹고 등원시키는 것보다는 간단한 식사라도 준비하는 편이 나을 거라는 생각이 들 겁니다.

- 출근을 안 하면? 해고 및 경제적 어려움을 겪을 예정임
- 요리를 안 하면? 아이들이 아무것도 안 먹고 등원함
- 독서를 안 하면? 육아가 점점 더 어려워짐

출근은 휴식과 비교했을 때 하기 싫은 일이므로 자발적 즐거움을 얻기 위한 행동으로 보여지지 않습니다. 하지만 출근과 해고를 비교하면 출근이 더 나은 일입니다. 출근 자체가 즐거운 일은 아니지만 현재 누리는 것을 유지하게 해 주는 긍정적인 활동인 겁니다. 즉, 자발적인 행동은 만족을 느끼기 위해 하기도 하지만 불편함을 느끼지 않기 위해서 하기도 합니다.

자녀 교육서를 읽는 과정이 즐겁지는 않더라도 아이에게 좋은 엄마가 되고 싶어서(만족을 얻기 위해) 또는 아이의 울음을 멈추고 싶어서(불편함을 피하기 위해) 그 행동을 하는 겁니다. 멀리 있는 맛집에 가서 줄을 서는 건 맛있는 음식을 맛보고 싶기 때문이고(즐거움을 얻기 위해), 가까운 길이 있는데 멀리 돌아간다면 마주치기 싫은 누군가가 있는 것이겠지요(불편함을 피하기 위해).

이처럼 모든 행동에는 이유가 있습니다. 우리는 이것을 '동기'라 말합니다. 동기란 어떤 행동을 실행하게 만드는 계기입니다. 동기가 작동을 해야 어떠한 행동을 하게 되는 겁니다.

목표를 향해 꾸준히 달리게 하는 원동력 '즐거움'

아이들은 저마다 목표를 세움으로써 동기를 가집니다. "밥을 많이 먹고 키가 클 거야.", "공부를 열심히 해서 성적을 올릴 거야."처럼 말입니다. 하지만 동기가 있더라도 실행하는 과정에서 "오늘은 반찬이 마음에 안 들어서 밥 먹기 싫어.", "친구랑 조금 더 놀고 싶어." 등 여러 방해 요인을 만나게 됩니다. 따라서 동기에 의해 시작된 행동이 유지되기 위해서는 목표 행동 다음에 즐거움이 뒤따라야 합니다.

  만약 유명한 맛집에 한 시간을 줄 서서 겨우 들어갔는데 맛이 별로였다면? 다음에는 그 식당에 가고자 하는 동기는 발현되지 않을 것입니다. 처음엔 맛있는 음식을 먹고 싶다는 동기가 작동하여 오래 기다릴 수 있었지만 결과가 만족스럽지 않으니 앞으로는 그 행동을 할 이유가 없는 거예요. 또한 목표 행동을 통해 만족감을 느끼기까지 처음에는 그 시간이 짧아야 합니다. 예를 들어 운동을 시작했을 때 체중의 변화가 없는 것보다는 조금씩 체중이 줄어드는 걸 경험할 때 만족감을 느끼고 더 오랜 기간 운동을 이어 나갈 수 있을 겁니다. 음식을 기다리는 과정이나 운동을 하는 과정은 힘들지만 입안에 퍼지는 그 맛을 다시 느끼고 싶은 마음, 건강한 몸으로 멋진 옷을 입고 외출하고 싶은 마음이 동기가 되어 또다시 줄을 서게 만들고, 운동을 하게 만드는 것입니다.

  아이들의 배움도 마찬가지입니다. 높은 성적을 받아 본 아이들은 그 성적을 유지하고자 더 많이 공부합니다. 높은 성적이 곧 동기가 되는 것입니다. 하지만 처음부터 공부가 즐거운 아이들은 소수입니다. 대부분은 다른 영역에서 만족감을 느끼기 위해 공부를 시작하고, 그 과정에서 좋은 성적을 거둠으로써 공부 자체에 대한 동기로 옮겨 가지요. 즉, 아이들은 즐겁고 만족스러운 경험이 있어야 목표 행동을 유지할 수 있고, 그 꾸준한 행동이 습관으로 굳어지게 됩니다.

학습 동기가
높은 아이들

　모든 아이들은 무엇이든지 다 잘하고 싶어 합니다. 생활도 공부도 운동도 게임도 다 잘하고 싶어 하지요. 하지만 모든 영역을 다 잘할 수는 없습니다. 특히 교과 공부는 여러 과목을 고루 잘해야 하고, 긴 시간 동안 반복되며, 입시라는 단 한 번의 평가를 위해 달려가는 과정이다 보니 동기를 가졌더라도 유지하는 게 쉽지 않습니다. 하지만 이러한 상황에서도 높은 학습 동기를 유지하여 높은 학업 성취를 이루는 아이들이 있습니다. 이 아이들은 어떠한 목표를 갖고 학습에 임하는 걸까요?

성취 목표 지향성의 유형

　학업 성취도가 높은 최상위권 아이들의 공부 목표에는 공통점이 있습니다. 다음의 A, B, C그룹 중에서 학업 성취도가 높은 그룹의 아이들은 어떤 목표를 지녔을지 생각해 보세요.

[A그룹]

자신의 능력보다 무리해서 공부할 필요는 없다. 적당히 공부해서 미래에 평범한 직업을 갖는다면 충분하다. 중간 정도 성적이라면 스트레스도 안 받고 좋을 것이다. 학교에서 배우는 수준보다 더 깊이 공부할 필요는 없다.

[B그룹]

공부는 더 높은 사회적 지위를 얻으려고 하는 것이다. 남들이 부러워할 직업을 가지면 공부한 보람을 느낄 것이다. 요즘은 능력이 뛰어난 친구들이 많아서 공부를 더 열심히 해야 한다.

[C그룹]

스스로 보기에 만족스러운 어른으로 성장하려고 공부한다. 새로운 지식을 확실히 이해하기 위해서 공부한다. 어려운 내용을 자세히 알고 싶어서 포기하지 않고 공부한다.

이 중에서 높은 학업 성취도를 보인 그룹은 바로 **숙달의 목표를 가진 C그룹**입니다. 학습 자체를 중시하여 새로운 지식과 기능의 습득, 과제의 심층적인 이해를 지향하는 아이들이지요.

B그룹은 공부하는 목적이 외부적 요인에 있습니다. 외부적 성취 결과

와 다른 사람과의 비교를 통해 자신의 능력을 입증하려는 것이지요. 이러한 B그룹 아이들이 지닌 목표 성향을 수행 접근 목표라고 합니다. 연구 결과에 따르면 B그룹에 속하는 아이들의 학업 성취도도 높은 편입니다. 그러나 최상위권의 성적을 유지하기는 어렵고 성적을 유지하더라도 학업 스트레스가 높은 것으로 나타났습니다.

마지막 A그룹은 수행 회피 목표를 가진 아이들입니다. 이 아이들은 학습 과제를 이해하고 실행하는 측면에서 소극적인 목표를 지향하며, 상대적으로 학업 성취도가 낮은 편입니다.

아이마다 공부하는 목적에 차이가 생기는 이유가 무엇일까요? 왜 어떤 아이들은 배움에 있어 숙달의 목표를, 어떤 아이들은 수행 접근 목표를, 또 어떤 아이들은 수행 회피 목표를 가지는 걸까요? 이는 앞서 이야기 나누었던 배움의 자세와 관련이 있습니다. 또한 배움의 자세는 부모와의 상호작용을 통해 형성되지요.

숙달 목표를 위한 대화법

최근에 아이들과 주고받은 대화를 떠올려 보세요. 아이의 배움과 관련하여 숙달의 대화를 나누고 계신가요? 아이가 스스로 양치를 마치고 나온 순간 "우아~ 옆집 친구는 양치 못하는데 우리 아들은 벌써 양치를 혼자 하네?"처럼 수행 접근 목표로 대화하고 있지 않나요? 또는 "먹은 거 별로 없으니까 대충 닦아도 돼."라며 수행 회피의 대화를 하고 있나요?

아니면 "예전에는 앞니만 열심히 닦았는데 오늘 보니까 어금니도 꼼꼼히 잘 닦더라!" 하며 숙달의 대화를 나누고 있나요?

이러한 대화는 일상생활뿐만 아니라 학습 상황에서도 그대로 이어집니다. "네 친구들은 벌써 스스로 책 읽더라.", "좋은 대학을 나와야 인정받는 거야."와 같은 수행 접근 목표의 대화, 많이 들어 보셨지요? 물론 아직 어린아이들에게 이런 대화를 하진 않으실 거예요. 하지만 또래보다 말이 빠른 아이, 한글을 뗀 아이, 영어 공부를 시작한 아이를 보면서 '우리 아이만 너무 늦은 거 아닌가?' 하는 조급한 마음이 들긴 합니다. 부모님 마음속에 이러한 생각이 자리하고 있다면 학령기 즈음 본격적인 학습을 시작할 때는 아이에게도 수행 접근 목표의 가치가 전해질 것입니다.

아이의 수행 회피 목표를 키우는 부모의 잘못된 가치관

우리 아이가 좀 더 앞서길 바라는 마음은 누구에게나 있을 수 있는 감정입니다. 이 마음까지 억지로 없앨 수는 없지요. 그러니 부모님이 나의 마음을 알아차리고 아이에게 왜곡되어 전달되지 않도록 주의해야 합니다. 부모님 스스로도 수행 접근 목표가 아닌 숙달 목표를 염두에 두고 아이와 대화하는 연습을 해 보세요.

요즘에는 수행 접근 목표를 부정적으로 인식하는 부모님이 많이 있습니다. 문제는 수행 회피 목표인데요. 이 경우엔 문제로 인식하지 않는 경우가 많습니다. 이를테면 "엄마가 너 100점 맞으라고 한 적 없어.", "공부가 인생의 전부는 아니야."라는 말들이지요. 그냥 하는 말이 아니라 진심으로 "중간 정도만 해도 좋겠어요.", "저는 아이 공부에 큰 욕심이 없어요."라고 말씀하시는 부모님도 많이 만납니다.

맞습니다. 학교 공부가 인생의 전부는 아니지요. 그러나 삶의 공부는 인생 그 자체입니다. 그런데도 계속 학교 공부를 예로 드는 이유는 영유아기, 학령기, 청소년기를 막론하고 대부분의 부모님이 '학교 공부'에 온통 관심을 쏟기 때문입니다. 수많은 공부 중에서도 특히 학교 공부를 예로 들 때 가장 이해하기 쉽고 공감도 될 겁니다.

또 다른 이유는 실제로 학령기와 청소년기 아이들에게 학교 공부는 매우 중요한 영역이기 때문입니다. 부모님이 학업 성취도를 중요하게 생각하지 않더라도 아이가 학교에 다닌다면 공부로 평가받는 현실을 배제할 수 없습니다. 상위권의 성적을 유지해야 한다는 이야기가 아닙니다. 좋은 성적을 받지 못하더라도 진로에 대한 다른 목표가 있거나 성취감을 느끼는 다른 영역이 있다면 이 아이는 건강하게 자랄 것입니다. 하지만 여기에 해당하는 경우가 아니라면 이 아이들에게 중요한 건 무엇일까요?

아이들은 매일 아침 학교에 가서 공부를 하고 저녁이 되면 집으로 돌아옵니다. 하루의 대부분을 공부하며 보내는 아이들에게 공부는 중요하지 않다고, 인생의 전부가 아니라고, 대충 중간만 하라고 얘기하면 안 됩니다. 이는 수행 회피 목표를 키우는 지름길이니까요.

학습 동기가
낮은 아이들

　학습 동기가 높은 아이들은 학업 성취도가 높습니다. 공부를 해야 할 이유(동기)가 공부라는 행동으로 이어져서 자연스럽게 높은 성적을 받는 겁니다. 이 중에는 공부 과정이 즐거운 아이도 있을 것이고, 공부 과정은 힘들지만 성취감을 느꼈던 경험이 만족감으로 이어져 다시 공부를 하는 아이도 있을 겁니다. 낮은 성적, 부모님의 압박 등이 두려워 이를 피하기 위해 공부하는 아이들도 있겠지요. 어찌 됐든 아이가 공부를 한다면 공부를 했을 때 얻는 이득(불편을 피하는 것도 이득)이 있는 겁니다.
　반대로 학습 동기가 낮은 아이들은 공부로 인해 얻는 이득도, 불편함도 없다는 뜻입니다. 공부를 해 봤자 성적이 안 나와서, 공부보다 더 즐거운 게 있어서, 공부를 안 해도 불편함이 없어서 등등 공부를 하지 않아야 할 이유만 있을 뿐이지요. 오히려 공부를 하면 할수록 나의 부족함을 확인하고, 내가 좋아하는 게임을 할 수 없는데 왜 공부를 해야 할까요?

이런 생각을 하는 아이라면 당연히 공부를 안 하는 선택을 할 것입니다.

공부할 이유를 찾지 못한 아이

여기에서 중요한 건 우리 아이들이 공부를 포기한 게 아니라 '공부를 해야 할 이유가 없다'는 점입니다. 학습 동기가 낮은 아이들은 학습을 포기한 아이들이 아닙니다. 아직 공부할 이유를 찾지 못한 아이들입니다. 또한 공부의 이유를 꼭 대입을 준비하는 시험에서만 찾아야 할 이유는 없습니다. 이 책에서 공부란 대입 공부이자 동시에 삶의 공부라는 점을 다시 한번 강조합니다.

이 관점에 따르면 내가 좋아하는 게임을 하느라 교과 수업을 소홀하게 하는 건 그래도 괜찮습니다. 이 아이들은 교과 과정에 대한 학습 동기가 낮은 것이지 배움 자체에 대한 동기가 낮은 건 아닙니다. 무언가 배우려는 의지가 있는 거니까요.

반면 학교 공부를 포함한 일상생활 전반에서 배움의 동기가 부족한 아이들은 무기력합니다. 어려우면 포기하고 안 배우면 그만인데 왜 무기력할까요? 배우고 도전하고 성취하는 게 인간의 본능이기 때문에요. 배우고 도전하면서 꿈꾸고 미래의 나를 그려야 하는데 도무지 나의 미래가 긍정적으로 그려지지 않으니 점점 더 아무것도 할 수 없고 하기 싫어지는 것입니다.

배움의 동기가 부족해서 무기력한 아이들은 일상생활에서도 특별히 좋아하는 게 없습니다. 자신이 무엇을 할 때 즐거운지 모르고 영상을 봐도, 게임을 해도 기계적으로 시간을 보냅니다. 똑같이 영상을 보고 게임을 하더라도 자기만의 목표가 있고, 공략집을 공부하는 등 좋아하는 것에 파고드는 아이들과는 다른 겁니다.

학령기, 청소년기 과업 달성은 유아기에 달려 있다

사회심리학자 에릭슨에 따르면 청소년기의 과업은 자아 정체성을 확립하는 것입니다. 내가 누구인지, 나는 무엇을 잘하는지, 어떤 모습으로 살아갈 것인지 끊임없이 고민하고 확인하는 과정을 거쳐야 하지요.

하지만 내가 무엇을 좋아하는지, 어떤 걸 잘하는지 모른 채 반복된 실패만 경험한 아이들은 두렵습니다. 자아 정체성을 확립하지 못하고 역할 혼란을 경험할 가능성도 큽니다. 또한 청소년기에 건강한 자아 정체성을 형성하려면 그 이전에 학령기의 과업인 근면성을 경험해야 합니다. 근면성은 내가 좋아하고 잘하는 영역에서 꾸준히 도전하고 성취하는 경험을 통해 획득할 수 있습니다.

학령기에 근면성이 갖춰지지 않으면 반대로 열등감을 경험하게 되는데, 이때 아이들에게 열등감을 주는 가장 대표적인 것이 바로 학업 성취도입니다. 지금은 초등학교부터 중학교 1학년 자유학기제까지 공식적인 시험이 없어져 표면적으로는 아이들을 성적으로 줄을 세우지 않습니다. 하지만 단원평가나 각종 대회, 수행평가, 학원에서의 레벨 테스트

등을 통해 아이들은 친구와 나를 비교할 수밖에 없는 상황에 놓여 있습니다.

이러한 환경이 문제라는 의미는 아닙니다. 어떻게 해서든 아이들이 비교되지 않고 자신의 가치를 확인하는 방향으로 교육의 방향이 나아가는 건 매우 긍정적입니다. 그러나 아이들이 발달적으로 자신의 강점을 드러내고 싶고, 우위에 서고 싶은 본능까지 없앨 수는 없습니다.

1장에서 언급한 대로 유아부터 초등 저학년 아이들은 틀리는 것을 두려워합니다. 틀린 문제를 비 내리듯 채점하는 걸 보기 싫어하는 아이도 많습니다. 그래서 저는 그런 아이들을 코칭할 때 틀린 문제는 채점 없이 비워 두라고 합니다. 이 아이들은 잘하고 싶은 겁니다. 점차 고학년이 되고 청소년기에 접어들면서 공부에 관심이 없는 듯 보이는 건 아이가 잘하고 싶었으나 자신의 객관적 위치를 파악한 후 외면하는 거예요. 못한다고 생각하는데 자꾸 하라고 부추기니까 분노하거나 회피할 수밖에 없는 겁니다.

만약 청소년기 자녀가 공부를 포기했다고 말한다면 이는 지금까지 수없이 실패를 경험해 왔다고 해석해야 합니다. 그동안 부모님이 전혀 모르고 있었다면 그 과정을 아이 혼자 감내한 것이지요. 학령기의 자녀가 아무것도 하기 싫다고 말한다면 아이는 좋아하는 것을 스스로 선택하고 성공해 본 경험이 없는 것입니다.

따라서 유아기부터 다양한 경험을 쌓게 해 주고, 아이가 좋아하는 것을 함께 찾으면서 열등감 대신에 성취감을 느끼게 해 주어야 합니다.

아이가 열등감에 빠지지 않으려면

아이들은 저마다 가지고 있는 강점이 다릅니다. 따라서 모든 아이가 학교생활의 모든 면에서 우위에 설 수는 없습니다. 상대적으로 못한다고 느끼는 활동도 있고, 잘한다고 느끼는 활동도 있겠지요. 여러 사람과 단체 생활을 하다 보면 상대적인 열등감을 전혀 안 느낄 수는 없습니다. 이 또한 자연스러운 감정이고 소중한 경험이지요. 하지만 아이가 열등감 속에서 살아가는 건 문제입니다. 열등감을 느끼는 순간도 있지만 다시 타인이 아닌 '나'에게 집중하는 연습이 필요합니다.

단 몇 방울의 기름이 바다를 오염시키지 못하듯 아이의 바다가 열등감으로 물들지 않도록 우리는 성공이라는 맑은 물을 계속 보내 주어야 합니다. 그러려면 아이가 자신을 알아야 하고, 자신이 좋아하고 잘하는 것에 집중해야 하며, 그것을 더 잘하고 더 많이 하기 위해 노력해야 합니다. 이것이 바로 우리 아이에게 동기가 꼭 필요한 이유입니다.

동기와 보상에 관한 오해

공부하는 게 즐거운 아이들은 공부 자체가 동기지만 이는 극소수입니다. 그러므로 나의 자녀가 공부라는 행동 자체에 의미를 두고, 그 과정을 즐길 거라는 기대는 내려놓아야 합니다.

생활 습관도 마찬가지입니다. 즐거운 마음으로 양치질이나 방 정리를 하는 아이들이 얼마나 될까요? 엄마와 잠자리에서 읽을 책, 내일 먹을 간식 등에 대한 기대로 정리도 하고 양치도 하는 겁니다.

하지만 모든 행동에 읽을거리와 간식, 즉 외적 보상이 필요한 건 아닙니다. 정리하고, 양치하면서 성취감을 느끼면 '나는 정리를 잘하는 아이야', '귀찮아도 양치를 하는 게 좋아'라는 생각의 틀이 생기고 바른 습관이 자리 잡게 됩니다. 외적 보상을 얻기 위해 시작된 행동으로 내적 보상을 경험하는 것이지요. 나중에는 외적 보상이 없어도 목표 행동을 이어 나갈 수 있습니다.

이때도 부모님은 아이가 정리를 즐기고, 양치를 즐길 것이라는 기대를 내려놓아야 합니다. 즐기지 않아도 습관이 될 수 있고, 과정이 힘들어도 결과적으로 만족감을 느낄 수 있습니다.

과정이 즐겁지 않은 건 아이들의 잘못이 아니에요. 여러분은 청소가 즐겁나요? 대청소의 날이 손꼽아 기다려지나요? 만약 그렇다면 청소를 깨끗이 마친 후 정돈된 거실에서 먹는 커피를 즐긴다던가, 깔끔한 거실 사진을 SNS에 올릴 계획이 있다든가 하는 어떤 이유가 있을 겁니다.

외적 보상은 나쁘다?

'엄마와 책 읽기, 맛있는 간식, 커피 한잔의 여유, SNS의 좋아요'는 모두 외적 보상입니다. 아이들뿐만 아니라 어른들도 일상 속에서 외적 보상을 동기로 행동하는 사례는 많습니다. 매우 자연스러운 현상이지요. 하지만 생활 습관이나 공부가 외적 보상과 연결되면 무언가 불편한 마음이 듭니다. 특히 공부에서는 더욱 높은 기준을 적용하지요.

코칭을 받으러 온 부모님들은 제게 "우리 아이는 게임을 하려고 공부해요.", "숙제만 끝나면 계속 놀려고 해서 화가 나요."라는 말씀을 종종 합니다. 힘든 공부의 과정을 마치고 외적 보상을 누리는 걸 문제인 양 바라보는 것이지요.

그런데 만약, 여러분이 청소를 마친 뒤 커피를 마시고 있는데 누군가 "커피 마시려고 청소해?"라고 하면 어떨까요? 청소한 사진을 SNS에 올렸는데 친구가 "사진 찍으려고 청소했군!"이라고 댓글을 달면 어떨까요? 기분이 매우 언짢을 겁니다. 설령 그게 사실이라 해도 이건 지적받을 일이 아닙니다. 해야 할 일을 마치고 만족감을 느끼는 중이니까요.

아이가 공부를 한 뒤 쉬는 것까지 통제하면 이는 부모의 사명감만으로 집안일을 하라고 다그치는 것과 같습니다. 그럴수록 집안일은 더 하기 싫겠지요. 방을 한 번 덜 닦더라도 커피를 마시면서 여유를 갖고, 아이들이 "엄마! 이불에서 좋은 향기가 나."라고 이야기해야 힘들어도 다음 날 또 청소를 하는 겁니다.

외적 보상 vs 내적 보상

보상이란 행동의 결과로 얻어지는 매력적인 대가로, 외적 보상과 내적 보상으로 구분됩니다. 외적 보상은 선물이나 칭찬과 같이 다른 사람을 통해 외부로부터 받는 보상입니다. 내적 보상은 만족감, 흥미, 성취감 등 자기 스스로 부여한 가치를 통해 긍정적인 감정을 느끼는 것이지요. 즉, 외적 보상과 내적 보상은 보상을 제공하는 주체가 외부에 있는가, 내부에 있는가에 따라 나뉩니다.

그렇다면 아이가 "엄마! 이불 세탁했어? 좋은 향기가 나."라고 말하자 아이의 부모가 뿌듯함을 느꼈을 때 이건 외적 보상일까요, 내적 보상일까요? 시험에서 좋은 성적을 받은 아이가 성적 우수상을 받고 그동안 노력한 자신에 대해 만족감을 느꼈다면 그리고 이 과정을 통해 공부를 더 열심히 하게 되었다면, 이건 외적 보상에 의한 행동일까요, 내적 보상에 의한 동기가 작동한 걸까요?

이처럼 외적 보상과 내적 보상의 경계는 명확히 구분 짓기가 어렵습니다. 외적 보상과 내적 보상은 각각의 차이가 있지만 둘은 서로 깊은 관련이 있지요. 그런데도 많은 부모님이 외적 보상은 부정적인 것, 내적 보상은 긍정적인 것으로 인식하고 있습니다. 이러한 인식은 '자발적으로 시작된 행동에 외적 보상이 주어지면 더 이상 내적 동기가 작동하지 않는다', '외적 보상에 계속 노출되면 내성이 생겨 더 큰 외적 보상이 없을 시 목표 행동을 하지 않는다'는 맥락의 연구 결과들이 알려지면서 더욱 확산되었습니다.

그러나 연구에서는 많은 변수를 통제한 상태에서 각 요소의 효과성을 검증한다는 점을 생각해야 합니다. 또한 연구 결과의 해석에도 주의가 필요합니다. 연구가 이루어진 배경이나 방법론, 결과에 대한 연구자의 해석은 모른 채 문장 하나만 보고 이해를 하면 오류가 발생하기 때문입니다.

'외적 보상이 주어지면 더 이상 내적 동기가 작동하지 않는다'는 문장에서는 외적 보상이 어떻게 주어지는가에 대한 내용이 나와 있지 않습니다. 예를 들어 아이가 "엄마, 이번 시험 잘 보면 게임기 사 주세요!"라고 하거나 부모님이 먼저 "목욕하고 오면 영상 보여 줄게."라고 하는 건 모두 외적 보상을 조건으로 사용하는 겁니다. 이와 같은 조건식 외적 보상은 내적 동기에 부정적인 영향을 줍니다. 하지만 아이가 노력한 과정과 의미 있는 결과에 대해 축하의 의미로 부모님이 선물을 주는 건 오히려 아이의 학습 동기에 긍정적인 영향을 줄 수도 있습니다.

내적 보상도 마찬가지입니다. 항상 긍정적인 영향만 주는 건 아니에요. 내적 보상은 스스로 가치를 부여하고 만족감을 느낄 때 의미가 있는 것인데 이를 잘못 이해하여 "공부를 다 해서 뿌듯하겠다.", "성적이 오르면 자신감이 생길 거야." 등으로 타인인 부모님이 내적 보상을 강조하면 아이는 부담을 느끼게 됩니다.

따라서 외적 보상과 내적 보상은 옳고 그름의 개념으로 접근하면 안 됩니다. 외적 보상과 내적 보상 모두 아이의 동기를 불러일으키는 주요한 요인임을 인식하고, 각각의 요소가 어떻게 사용될 때 긍정적인 효과를 낼 수 있는지 살펴야 합니다.

상황에 따라 알맞게 조절해야 할 보상

실제 교육 현장에서는 외적 보상 없이 아이들의 행동을 통제하기 어렵습니다. 1:1, 2:1 정도 소수의 아이들을 지도하는 경우라면 가능할지 모르겠으나 이 또한 외적 보상으로부터 우리 아이를 완벽히 차단할 수는 없습니다. 또한 더 중요한 사실은 외적 보상이 아이의 학습 동기를 자극하는 중요한 요인 중 하나라는 점입니다. 오히려 적극적으로 사용을 해야 하지요.

그런데도 무언가 불편한 마음이 든다면 이렇게 생각해 보세요. 아이가 또래 관계에서 아끼는 장난감을 친구에게 모두 나누어 주고 양보한 자신에 대해 성취감만 느끼면 이대로 괜찮은가요? 우리 아이가 사회 초년생이 되었을 때 열정 페이만으로 자신의 일에 만족하고 외적 보상 없이 일해도 괜찮은가요?

물론 학교 공부를 하는 것과 친구를 사귀는 것, 직장 생활을 하는 건 상황이 다릅니다. 때로는 외적 보상을 당당하게 요구해야 할 때가 있고, 내적 보상으로 만족해야 하는 시간도 필요하지요. 다만 제가 여기에서 강조하고 싶은 건 생각의 전환입니다. 외적 보상과 내적 보상은 상황에 따라 알맞은 선택과 조절이 필요한 부분이지 '외적 보상은 나쁘고, 내적 보상은 좋다'는 이분법적인 개념이 아니라는 점입니다.

좋은 보상의 기준 '자발성'

아이가 행동하는 동기의 원천이 '외적 보상에 있느냐, 내적 보상에 있느냐'보다 중요한 것은 바로 자발성입니다. 외적 보상을 얻고자 자발적으로 외적 동기를 가졌다면 이는 긍정적입니다.

예를 들어 좋아하는 가수의 콘서트에 가려고 미리 숙제를 했다면 이것은 외적 보상(콘서트 참여)을 얻기 위한 자발적 행동(숙제)이 됩니다. 하지만 좋아하는 가수의 콘서트는 가고 싶은데 숙제는 하기 싫은 상황이라면 어떨까요? 이때 부모님이 "콘서트에서 마음 편안히 즐기려면 숙제를 해야 하잖아? 어떤 숙제가 있는지 같이 볼까?" 이런 식으로 아이가 외적 보상의 즐거움을 인지하도록 이끌어 주세요. 그다음 아이가 숙제를 시작한다면 이는 적극적이지는 않더라도 자발적 행동이 됩니다.

하지만 부모님이 "숙제 안 하면 콘서트도 못 가!"라고 외적 보상을 조건으로 제시하여 억지로 숙제를 하면 이는 비자발적 행동입니다. 이처럼 외적 보상 때문에 어쩔 수 없이 행동하는 상황이 바로 부모님들이 외적 보상에 대해 부정적으로 인식하는 이유입니다.

반면 내적 보상은 스스로 가치를 부여하는 것이므로 그 자체로 자발성이 있습니다. 성취감을 얻고자 스스로 계획한 활동이라도 실행하는 과정에서 스트레스를 받고, 부정적인 감정을 느낀다면 점점 비자발적으로 참여하게 될 것입니다.

칭찬 스티커와 훈육 제대로 활용하기

외적 보상과 내적 보상의 자발성에 따라 효과가 달라지는 대표적인 사례가 바로 칭찬 스티커입니다. 칭찬 스티커는 유아 교육 현장에서 많이 사용되는 행동 수정 도구로, 부모라면 한 번은 들어 봤을 정도로 많이 알려진 방법입니다. 하지만 잘못 사용하면 오히려 역효과가 나는 경우도 많습니다.

칭찬 스티커는 스티커를 붙이는 행동 자체가 외적 보상입니다. 보통은 칭찬 스티커를 다 붙이면 선물을 주는데 이것 역시 외적 보상입니다. 작은 외적 보상이 반복되면서 큰 외적 보상을 기다리는 연습을 하는 구조이지요. 이때 아이를 움직이는 힘은 자발성입니다. 외적 보상인 스티커와 선물을 받고 싶은 마음 때문에 스스로 특정 행동을 하는 것이지요.

그런데 많은 부모님이 아이가 목표 행동을 거부하는 순간, 아이의 자발성을 간과하고 외적 보상을 강조하는 실수를 합니다. 더 놀고 싶은 아이에게 "양치하고 칭찬 스티커 붙여야지! 곰 인형 안 살 거야?" 하는 거예요. 곰 인형을 받고 싶어 한 아이가 놀이를 멈추고 양치를 하더라도 이는 비자발적인 모드에서 외적 보상을 강조한 것이니 칭찬 스티커의 효과가 약해집니다.

어찌어찌 스티커 한 판을 다 붙이더라도 비자발적인 참여가 많았다면 곰 인형만 받고 양치 습관은 그대로 머무를 가능성이 높습니다. 따라서 칭찬 스티커 활동을 성공적으로 활용하려면 다음과 같은 조건이 필요합니다.

칭찬 스티커와 외적 보상

아이 스스로 외적 보상을 원할 때 칭찬 스티커와 외적 보상을 강조합니다. 양치를 안 하고 놀기만 하는 아이라면 '양치하자'라는 말은 빼고 '곰 인형'에 대한 기대감만 주는 거예요. "곰 인형 만나려면 얼마나 남았지? 새로운 곰 인형이 나왔네? 어떤 게 마음에 들어?" 이런 식으로요. 칭찬 스티커로 아이의 놀이를 멈추고 목표 행동을 직접 요구하는 게 아니라 자연스럽게 '내가 어떤 행동을 해야 하지?'라는 생각이 들게 하는 겁니다. 아이가 관심을 보이면 "우리 언제 스티커 붙일까?" 하면서 아이 스스로 언제 목표 행동을 할지 이야기하도록 이끌어 줍니다.

아이가 심하게 거부를 하고 떼를 쓰면 단호하게 훈육해야 합니다. 예를 들어 양치질을 하면서 훈육을 할 때는 주제가 '양치'여야 해요. '칭찬 스티커'나 '곰 인형' 얘기가 나올 이유는 없습니다.

외적 보상에 대한 언급을 하더라도 "양치를 안 해서 충치 벌레들이 집 지어도 괜찮아?", "이가 튼튼해야 초콜릿을 또 먹을 수 있어!"와 같이 아이의 직접적인 욕구와 관련된 이야기를 해 줍니다. 양치를 함으로써 생기는 부정적인 혹은 긍정적인 결과를 알려 주는 것입니다. 그렇지 않고 "양치를 안 해서 스티커 못 붙여도 괜찮아?"라고 하면 양치를 왜 해야 하는지 본질적인 가치 전달이 안 되고 "양치를 해야 곰 인형을 만날 수 있어."라고 하면 이 자체가 조건이 되기 때문입니다.

따라서 아이가 떼를 쓰는 등의 문제가 발생한 순간에는 그 문제를 해결하는 데 집중하고, '양치하고 싶은 마음이 들도록' 동기를 갖게 하는 건 문제가 발생하지 않았을 때, 대화의 주제가 문제 행동(양치 거부)이 아닌 외적 보상(곰 인형)이 되어도 관계없는 상황에서 만들어야 합니다.

내적 보상 추가하기

칭찬 스티커가 성공하기 위한 두 번째 조건은 내적 보상을 함께 주는 것입니다. 가장 좋은 타이밍은 양치를 마친 후 더 이상 양치를 해야 한다는 부담이 없을 때입니다. "어머 좋은 냄새! 이렇게 양치를 깨끗하게 한 사람 누구지? 스티커 금방 다 붙여서 곰 인형 빨리 데려오는 거 아니야?" 하는 거예요.

　만약 단호한 훈육을 통해 양치한 이후라면 "엄마는 네가 끝까지 양치 안 한다고 할 줄 알았는데 입을 크게 잘 벌리더라!" 이렇게 아이가 양치를 할 때 보인 작은 행동을 발견해서 이야기해 주고 "칭찬 스티커 붙이러 갈까?"라고 할 수도 있습니다.

　이때의 외적 보상은 양치(목표 행동)를 해야 받을 수 있는 것(조건)이 아닌, 입을 잘 벌리고 양치를 한 아이로서(이미 이루어진 상태, 자연스럽게 따라오는) 받는 것이라는 차이가 있습니다. 똑같은 보상을 주지만 전자는 부모님에 의해 움직이는 것이고 후자는 스스로 바람직한 행동을 한 것, 또는 스스로 한 것처럼 느껴지게 하는 상호작용입니다.

동기의 유형은 다양하다

앞에서 외적 보상과 내적 보상은 옳고 그름으로 판단할 영역이 아니라고 말씀드렸습니다. 오히려 외적 보상의 긍정적인 부분도 살펴보았습니다. 하지만 외적 보상에는 치명적인 단점이 있습니다. 바로 한계가 있다는 점입니다.

우리는 아이가 원하는 모든 것을 해 줄 수 없고, 부모님은 해 주고 싶어도 우리가 살아가는 사회에서는 불가능한 일입니다. 결국 아이는 외적 보상 없이도 내적 동기를 찾아 생각하고 선택하는 힘을 길러야 합니다. 따라서 외적 보상과 내적 보상이 흑과 백의 논리로 옳고 그름을 따져야 할 영역은 아니지만, 외적 보상에 의한 동기에서 내적 보상에 의한 동기로 나아가는 방향성은 존재해야 합니다.

자기 결정성에 따른 동기의 수준 차이

자기 결정성 이론에 따르면 스스로의 결정 의지 정도에 따라 동기의 수준이 결정됩니다(Deci & Ryan, 2000). 동기의 수준을 확인할 때는 외적 동기와 내적 동기를 이분법적으로 바라보면 안 되고, 질적인 측면에 집중해야 합니다. 즉 외적 동기가 내면화되어 내적 동기의 수준으로 나아가야 한다는 뜻입니다.

동기의 유무	무동기	유동기 (외적 동기)				유동기 (내적 동기)
자기 결정성 (조절 방식)	무조절	외적 조절	내사 조절	확인된 조절	통합된 조절	내적 조절
자발적 의도		타율 동기		자율 동기		

위 표를 살펴보면 동기의 유무에 따라 무동기와 유동기로 나뉘고, 유동기는 다시 동기의 근원이 무엇인가에 따라 타율 동기와 자율 동기로 나뉩니다. 무동기는 말 그대로 아무 동기가 없는 상태입니다. 무동기를 외적 동기 방향으로 이끌기 위해서는 거쳐야 할 단계가 있습니다. 지금부터는 어떠한 단계를 거쳐 무동기가 외적 동기를 거쳐 내적 동기에 이르게 되는지 알아보겠습니다.

유동기는 외적 동기와 내적 동기로 나뉘고 외적 동기는 다시 자기 결정성 정도에 따라 외적 조절, 내사 조절, 확인된 조절, 통합된 조절로 구분됩니다.

외적 조절

보상을 받거나 처벌을 피하기 위해 동기 부여를 받는 것입니다. 시험을 잘 보면 게임기를 받기로 했거나, 성적이 안 좋을 경우 혼날 것이 두려워서 공부를 한다면 외적 조절에 의한 행동입니다. 영유아기의 아이들이 비타민을 받기 위해 정리를 하거나 '돌아다니면 간식을 먹을 수 없다'는 말을 듣고 자리에 앉는 것이 여기에 해당합니다.

내사 조절

동기의 원인이 외부에 있지만 이를 판단하는 자아가 개입됩니다. 예를 들면 '칭찬을 받고 싶어', '1등이 좋은 거야'라는 생각에 초점을 두어 누군가의 인정을 받기 위해 또는 친구와의 경쟁에서 이기기 위해 행동하는 것이지요. "앉아서 비타민 먹는 언니가 누구지?" 등의 말에 아이들이 반응하는 건 내사 조절의 동기가 작동했기 때문입니다.

확인된 조절

자신이 중요하게 생각하는 외부의 가치나 원칙에 따라 동기 부여를 받는 것입니다. 학교에서 매일 아침 책 읽는 시간이 있을 때 아이 스스로 이를 옳다고 인식하며 책 읽기 행동을 하는 것입니다. 보상이 있거나 누군가와의 경쟁이 없지만 스스로 중요하다고 생각하는 가치에 따라 행동하는 것이지요.

영유아기 생활 습관을 형성할 때도 이는 그대로 적용됩니다. 어떤 아이는 간식을 줘야 자리에 앉고(외적 조절), 어떤 아이는 칭찬해 주면 자리에 앉고(내사 조절), 어떤 아이는 앉아서 선생님 말씀에 집중해야 한다는 규칙을 중요한 가치로 여기기 때문에 자리에 앉습니다(확인된 조절).

통합된 조절

외적 동기의 마지막 단계로, 내부적인 가치와 평가에 기반해 행동을 조절하는 상태입니다. 예를 들면 누구도 책을 읽어야 한다고 강요하지 않았지만, 책 읽는 습관이 스스로 중요하다고 생각하여 매일 아침 책을 읽는 것이지요. 또한 흘리지 않고 간식을 먹어야겠다는 생각으로 앉아서 간식을 먹는 겁니다.

통합된 조절은 외적 동기 중에서 가장 자율적이며 가장 완전하게 내재화된 형태입니다. 그렇다면 내적 동기와의 차이는 무엇일까요?

내적 조절(내적 동기)

내적 조절은 활동 자체가 주는 만족감이 있어야 합니다. 책을 읽는 목적이 '습관이 중요해서'가 아니라 '즐거워서', '재미있어서'가 되는 것이지요. 매일 소파에 앉아서 간식을 먹는 그 시간이 편안하기 때문에 앉아서 먹는 겁니다. 그게 좋아서요. 이것이 바로 내적 동기입니다.

지금 우리 아이에 대한 크고 작은 고민들을 생각해 보세요. 우리 아이의 동기는 여섯 단계 중 어디에 해당하나요?

유아기의 가장 흔한 고민인 양치질을 예로 들어 보겠습니다. 그리고 양치질과 공부 습관도 알기 쉽게 아래 표로 정리해 보았습니다.

우리 아이의 양치 동기는 어디쯤인가요? 공부 습관과 비교했을 때는 어떤가요? 무동기인가요, 유동기인가요?

		양치질(생활 습관)	공부 습관
내적 동기		양치를 하면 개운하고, 그 느낌이 좋아서 양치한다.	배우는 과정이 만족스럽고 재미있어서 공부한다.
외적 동기	통합된 조절	충치 없는 건강한 치아를 유지하기 위해 양치한다.	진학하고 싶은 학과에 들어가기 위해 공부한다.
	확인된 조절	양치의 중요성을 알고 있으며, 이 부분을 언급하면 양치를 한다.	학생의 본분은 공부이며, 이 시기를 성실하게 지내야 한다고 생각하여 공부한다.
	내사 조절	칭찬을 받기 위해, 동생보다 먼저 씻기 위해 양치한다.	타인의 인정을 받거나 친구를 이기기 위해 공부한다.
	외적 조절	자일리톨 사탕을 먹기 위해 또는 강하게 이야기를 할 때 양치한다.	보상을 받거나 처벌을 피하기 위해 공부한다.
무동기		양치하려는 의지가 없다.	공부하려는 의지가 없다.

• 회색 글씨 타율 동기 • 보라색 글씨 자율 동기

일반적으로 외적 동기라 하면 외적 조절을 떠올리는데요. 외적 조절뿐만 아니라 내사 조절, 확인된 조절, 통합된 조절 모두 외부적 요인에 의해 영향을 받는 외적 동기입니다. 그리고 외적 조절에서 통합된 조절 방향으로 나아갈수록 외적 동기가 내면화되어 내적 동기에 가까워집니다. 같은 외적 동기라 하더라도 자기 결정성 정도에 따라 행동의 의도가 다른 것입니다.

또한 동기의 유형은 자발성 유무에 따라 타율 동기와 자율 동기로 나눌 수 있는데요. 확인된 조절과 통합된 조절은 동기의 근원이 외재적 요인에 있지만 그것을 이유로 행동을 결정하는 데에 자기 결정적 요소가 높기 때문에 자율적 동기로 구분됩니다.

청소년기의 학업 성취도를 분석한 연구 결과를 보면, 자율적 동기로 학습에 임하는 아이들의 학업 성취도가 더 높음을 알 수 있습니다. 동기의 근원이 외부에 있더라도 더 높은 수준의 외적 동기를 갖도록 도와준다면 아이들이 배움을 대하는 동기가 긍정적으로 내면화되는 것입니다.

그러나 처음부터 높은 수준의 동기를 갖기란 어렵습니다. 어느 날 갑자기 '공부가 하고 싶어졌어!', '나 오늘부터 갑자기 시금치가 먹고 싶어졌어!'라고 하지 않는다는 거예요.

자랄수록 명확해져야 할 목표와 동기

초콜릿 맛을 모르는 아이들은 초콜릿을 먹고 싶은 동기가 없습니다. 무동기예요. 그런데 우연히 초콜릿을 맛보고 맛있다고 느낀다면 그다음부터 먹고 싶은 욕구가 생길 겁니다. 초콜릿을 먹으려면 무엇을 해야 하는지, 어디에 가면 초콜릿이 있는지 관심을 갖고 찾겠지요. 만약, 초콜릿이 너무 강해서 쓴맛이 났다면 어떨까요? 여전히 초콜릿을 먹고 싶은 동기는 0에 가까울 겁니다. 오히려 '초콜릿은 안 먹어!'라는 반대의 요구와 동기가 생길지 모릅니다.

학습도 이와 같습니다. 학습을 경험하지 못한 아이들은 학습에 대한 동기가 없고, 어설프게 부정적인 경험을 하면 오히려 그것을 나쁘게 인식하기 때문에 동기를 갖기 어렵습니다. 이처럼 어떤 영역이든 욕구가 자극되면서 목표가 생기고 동기도 생기는 것입니다. 여기에서 목표는 외적 보상 또는 내적 보상이 되겠지요. 그리고 보다 쉽게 가질 수 있는 목표는 외적 동기 중에서도 타율적 동기입니다. 양치를 하면 '내일 맛있는 초콜릿을 먹을 수 있다'는 엄마의 말이 '양치해 볼까?'라는 생각으로 아이를 이끄는 거예요(외적 조절). 양치한 이후에 칭찬받는 친구의 모습을 보면서 '나도 꼼꼼하게 양치해야지'라고 생각하고 행동을 이끄는 겁니다(내사 조절).

그러다 양치를 하는 나의 모습이 자랑스럽게 느껴지고, 양치를 하면 어떤 좋은 일이 있는지 알게 되면서 그 중요성이 내면에 자리 잡고(확인된 조절), 이후에는 누가 시키지 않아도 건강한 치아를 유지하기 위해 열심히 치실까지 사용하면서 양치하는 성인으로 자라게 됩니다(통합된 조절).

우리는 바람직한 습관이라 할 때 확인된 조절이나 통합된 조절, 내적 동기에 의한 행동만 떠올리지만 누구나 '양치? 그게 뭐야?'라는 무동기의 시기가 있었고, 외적 조절과 내사 조절의 시간을 거쳐 자율적 동기를 갖는다는 사실을 기억해야 합니다. 처음에는 단순한 보상과 처벌 때문에 시작한 행동이지만 시간이 갈수록 목표와 동기가 명확해지는 것입니다. 그 과정에서 자신에 대한 믿음과 기대, 계획을 실천함으로써 얻게 되는 즐거움과 성취감에 젖어 들면 자연스럽게 내적 동기의 지분이 높아집니다.

이처럼 동기의 각 요소는 밀접한 관련이 있기 때문에 외적 동기와 내적 동기를 이분법적으로 나누어 판단하는 대신 무동기에서 유동기로, 외적 동기에서 내적 동기로 올바른 방향을 잡아야 합니다. 그다음 계단을 오르듯 무동기에 있는 아이들을 외적 조절로 이끌고 한 단계 한 단계 더 높은 수준의 동기를 가지도록 이끌어야 합니다.

내적 동기로 이끄는 방법

무동기에서 내적 동기에 가까워지려면 각각의 단계를 넘어가야 합니다. 그러려면 먼저 우리 아이가 어떤 수준의 동기를 가지고 있는가 파악해야 하지요. 우리 아이가 책 읽기는 내적 동기(재미있어서 읽음) 수준을 갖고 있는데, 한글 쓰기(관심 없음)는 무동기일 수 있습니다. 샤워는 내사 조절(칭찬받기 위해 씻음) 동기 수준을 갖고 있지만 머리 감기는 무동기(불편해서 거부)일 수 있습니다.

책 읽기를 좋아한다는 이유로 한글 공부도 좋아할 거란 생각, 샤워를 무리 없이 하니 머리 감기도 당연히 해야 한다는 생각은 아이의 동기를 방해하는 요소가 됩니다. 무동기인 아이에게는 외적 조절의 단계가 먼저 주어져야 하고, 내사 조절 수준이라면 확인된 조절의 메시지를 넣어 주면서 점차 다음 단계로 나아가도록 도와야 합니다.

영유아기에는 행동의 동기가 외적 조절, 내사 조절 수준에 머물러도 조급할 필요는 없습니다. 아이가 씻고, 정리하고, 식사를 할 때 아이 스스로 중요성을 알고 움직이는 것까지 기대할 필요는 없다는 뜻이지요.

생활 습관의 중요성은 책을 통해, 부모님과의 대화를 통해 간접적으로 접하면서 서서히 내면에 쌓이도록 도와주세요. 실제로 씻고, 정리하고, 식사하는 그 순간에는 보상이나 칭찬을 목표로 움직여도 괜찮습니다. 그렇다고 자율 동기에 해당하는 확인된 조절, 통합된 조절, 내적 동기가 필요 없다는 뜻은 아닙니다. 아직은 자율 동기만으로 스스로 깨닫고 행동하기 어렵기 때문에 접근하는 방법이 조금 다른 거예요.

타율 동기인 보상과 칭찬을 통해 성공의 경험을 하면 '나는 잘 씻는 아이야', '나는 정리를 좋아하는 아이야', '나는 밥을 골고루 먹는 아이야' 등 자연스럽게 자기 효능감이 높아지면서 마치 확인된 조절, 통합된 조절, 내적 조절을 한 것과 같은 효과를 줄 수 있습니다.

아이는 엄마와 숨바꼭질을 하기 위해 정리를 했지만 정리를 마친 후 "어머나~ 정리를 하니까 방이 깨끗해졌네. 이렇게 정리할 생각을 어떻게 한 거야?"라며 정리의 중요성을 강조하면 아이는 마치 '스스로 중요성을 깨닫고 정리한 것처럼(확인된 조절)' 느끼게 됩니다. "정리할 때 바구니에 쏙~ 퐁당! 재미있게 넣던데?"라고 하면 아이는 마치 '자신이 정리를 즐긴 것처럼(내적 동기)' 동화됩니다. 이것 역시 인위적 성취감입니다. 엄밀히 따지면 진짜 성취가 아니지만 작은 노력을 발견하여 인정해 줌으로써 아이 스스로 마치 해낸 것과 같은 성취감을 경험하도록 해 주는 전략이지요.

실제로 아이들의 행동 변화는 작은 성취감에서 출발합니다. 이러한 이유로 저는 자녀의 학습 문제로 고민하는 부모님에게 먼저 아이들이 즐겁게 학습에 참여하는 방법을 안내합니다. 공부 자체에 대한 중요성보다 외적 동기로 활용하여 성취감을 주려는 것이지요.

공부하는 과정을 즐겁게 만들어 주니 처음에는 아이도 부모님도 반응이 꽤 좋습니다. 그러다 "언제까지 부모가 옆에서 이렇게 해 줘야 하나요?", "아이가 '엄마 나 왜 칭찬 안 해 줘?' 하면서 칭찬을 당연하게 생각해요."라며 걱정을 하십니다. 맞습니다. 언제까지 부모가 옆에 있어 줄 수 없고, 칭찬 세례를 해 줄 수 없고, 공부는 외롭고 힘든 혼자만의 싸움이므로 견디는 법도 배워야 합니다. 하지만 이건 최종 목적지에 대한 이야기입니다.

목적지로 출발하기 전에 미리 준비해야 할 것이 있습니다. 특히 연료가 충분해야 목적지까지 안전하게 갈 수 있습니다. 아이는 지금 무동기 혹은 외적 조절의 단계에 있는데, 부모님은 내적 동기의 단계에서 아이를 끌어올리려는 건 아닐까요?

따라서 부모는 항상 현실을 직시하고 아이가 어느 수준에 머무르고 있는지 살펴봐야 합니다. 부모님의 동기와 아이의 동기 사이에 큰 차이가 있다면 아이들이 안전하게 목적지에 도착할 수 있도록 부모님이 아이의 현재 수준으로 다가가 주세요. 아이가 있는 곳부터 한 계단 한 계단 오르면 목적지에 도착할 수 있습니다.

2
실전! 즐겁게 목표를 성취하자!

목표를 성취하는 하루를 만드는 방법

 부모가 되고, 아이를 키우며 어떤 목표를 세우고 이루었는지 떠올려 보세요. '친구 같은 엄마가 될 거야', '아침은 꼭 챙겨 줄 거야' 각각의 목표를 생각할 때 어떤 감정이 느껴지나요?

 아이와 놀이하는 게 즐거운 부모는 '친구 같은 엄마' 목표를 떠올릴 때 기분이 좋습니다. 아이와 놀이를 하면서 목표가 이루어진 느낌도 받을 거예요. 요리를 잘하는 엄마는 아침밥을 준비할 생각에 들뜨고, 아이가 밥 먹는 모습을 보면서 뿌듯한 마음이 들 겁니다.

 하지만 아이와 함께하는 놀이가 어렵게 느껴지고, 요리에 자신이 없는 부모라면 아이와 더욱 친밀한 관계가 되고 싶고, 건강도 챙겨 주고 싶은 마음에 목표를 잡더라도 부담이 될 것입니다. 물론 부담이 되는 목표들도 그 무게를 잘 견디면 목표를 이루었을 때 큰 성취감을 느낄 수 있습니다.

하지만 우리 아이들은 달라요. 영유아기는 무거운 목표를 견딜 수 있는 힘을 먼저 기르는 시기입니다. 지금은 부담을 주는 목표보다는 들었을 때 두근두근 기대되고, 시작도 하기 전부터 당장 실천하고 싶은 욕구를 자극하는 그런 목표를 만나야 해요. 아이들과 놀이를 잘하는 부모가 친구 같은 부모가 되고 싶다는 마음을 품을 때, 요리를 좋아하는 부모가 아침밥을 챙겨 주고 싶다는 목표를 삼을 때 목표를 향한 행동이 자연스럽게 나오듯 우리 아이들의 목표도 그래야 합니다.

매일 반복되는 일상 속에서 작은 목표를 세우고, 목표를 이룬 아이의 모습을 발견해서 말해 주세요. 아이가 잘하고, 좋아하는 것부터 출발하면 시간이 지날수록 아이 스스로 자신의 동기를 발견하고, 깊게 탐구하는 모습을 보여 줄 거예요.

목표와 동기를 성취하는 방법

- ☑ 내적 동기는 외적 동기를 거쳐 완성된다는 점을 기억하세요.
- ☑ 행동을 이끌기 위해 외적 보상을 조건으로 사용하지 마세요.
- ☑ 외적 보상을 받았다면 내적 보상도 함께 언급해 주세요.
- ☑ 아이가 알아낸 사실에 대해 관심을 표현해 주세요.
- ☑ 아이가 좋아하는 것을 깊이 있게 탐색하는 기회를 주세요.
- ☑ 아이가 행복한 어른으로 성장한 모습을 자주 이야기 나누세요.
- ☑ 다른 사람과 비교하지 말고, 아이의 성장에 집중하세요.

나는 목표를 향해 움직이는 아이야

'이 책을 읽고 실천하면 부모로서 성취감이 높아집니다'라는 말과 '이 책을 읽고 실천하면 우리 아이가 스스로 책을 꺼내 읽게 됩니다' 둘 중에서 어떤 쪽에 마음이 더 끌리나요? 전자는 내적인 동기를 자극하는 말, 후자는 외적인 동기를 자극하는 말입니다.

앞서 살펴본 바와 같이 무동기에서 동기로 가는 출발점은 외적 동기입니다. 그중에서도 외적 보상에 의해 움직이는 외적 조절이 가장 첫 단계인데요. 지금부터 외적 보상을 활용하여 내적 동기로 나아가게 하는 방법을 소개합니다.

내가 좋아하는 ㅇㅇㅇ

외적 보상을 조건으로 사용하지 않으려면 평소에 아이가 좋아하는 것에 대해 조건 없는 대화를 자주 나누어야 합니다. 한번 생각해 보세요.

부모님은 아이에게 어떠한 행동을 요구할 때만 외적 보상 얘기를 꺼내지 않나요? 평소에도 정말 아무 이유 없이 아이가 좋아하는 것에 대한 이야기를 하고 있는지 말이에요.

엄마, 아빠, 인형, 간식, 놀이 등 아이가 좋아하는 것을 떠올린 후 적어 보세요. 다음으로는 적은 내용을 엄마랑 숨바꼭질, 아빠랑 아이스크림 사러 가기, 그네 타기, 물놀이 등과 같이 구체적으로 풀어서 씁니다. 그래도 몇 가지 생각이 안 난다면 평소 아이의 행동을 관찰하면서 자주 하는 말, 오래 지속하는 행동을 적어 보세요. 아이가 기쁨, 즐거움의 감정을 강하게 표현하지 않아도 자주 혹은 오래 하는 것이라면 좋아하는 것일 수 있습니다. 그다음 이렇게 적은 내용들을 아이와의 대화에서 의식적으로 사용해 보세요.

아이가 좋아하는 것을 발견했을 때 "우리 아들이 좋아하는 블루베리 맛이네.", "우리 딸이 좋아하는 파란색이다!"라고 하거나, 아이가 좋아하는 것을 주면서 "밥 먹고 수연이가 좋아하는 그네 타러 갈까?", "지우가 요즘 그림 그리기를 자주 하길래 색연필 세트를 준비했어!" 하는 거예요. 아이가 좋아하는 것을 제공해 주면서 "밥 먹고 놀이터 가자."나 "색연필 사 놨어." 등 짧게 말하는 경우들이 있는데요. 이럴 땐 필요해서 주는 것이라도 '아이가 좋아하는 것을 부모님이 알고 준비한 것'이라는 점을 강조하는 것이 좋습니다.

'엄마니까 이런 걸 해 주지' 이렇게 생색을 내라는 의미는 아닙니다. 아이가 좋아하는 것을 준비해 주면서 부모님도 함께 기쁜 감정을 아이의 눈높이에서 표현하는 것입니다. 줄 때는 당연한 것처럼 전해 주고, 행동을 통제해야 하는 훈육 상황에서만 "이렇게 하면 놀이터 못 가!" 한다면 '놀이터 그네'는 바람직한 행동을 해야만 얻을 수 있는 조건이 돼 버립니다.

외적 보상이 통제하는 대화에 자주 등장한다면 외적 보상이 곧 조건이 될 수 있기 때문에 이를 주의해야 합니다. 평소에 아이가 좋아하는 것에 대해 이야기를 많이 나누어 내적 동기를 강화하는 방향으로 나아가게 해 주세요.

두근두근 목표 달성

'목표'라는 단어를 생각하면 어떤 감정이 떠오르나요? 뭔가 해야 할 일처럼 무겁게 느껴질 수도 있고, 두근거리는 감정이 느껴질 수도 있지요. 우리는 의식적으로 아이들이 목표를 설렘으로 느낄 수 있게 상호작용을 해야 합니다. 그러려면 목표가 너무 높으면 안 되겠지요.

일상생활에서 편하게, 익숙하게 하고 있는 것들을 목표화 하면서 기대감을 가지게 해 주세요. 마치 대단한 일을 하는 듯 "오늘은 민트 맛 아이스크림을 먹는 거야!" 합니다. 새로운 맛을 거부하는 아이일 경우 이와 같은 목표를 이야기하면 안 됩니다. 아이스크림의 다양한 맛을 좋아하는 아이에게 이 방법을 써야 하지요. 물놀이를 좋아하는 아이에게는 "내일은 물이 허리 높이까지 오는 수영장에 들어가 보는 거야! 어때?" 하는 겁니다. 언제나 구명조끼를 입고 있기 때문에 수심은 상관없더라도,

그래도 그냥 그렇게 목표를 잡아 봅니다.

그다음 부모님이 더 떨리는 듯 기대감을 표현해 주세요. "아! 민트 맛 처음인데 어떨까? 우리 아들 민트 맛 아이스크림 드디어 도전하는구나!", "(박수 치며) 오! 허리 높이! 물에 둥둥 뜨는 느낌이 더 잘 날 거 같아! 우리 돌고래 가족처럼 움직일 수 있을 거야!" 하는 겁니다.

목표 달성 방법으로 아이스크림과 수영을 예로 들었는데요. 이 방법에서 사용하는 소재는 아이가 평소 좋아하는 것이어야 합니다. 이처럼 그 자체로 외적 보상이면서 동시에 목표가 되는 것을 찾아 기대감을 주면 아이는 즐겁게 목표에 도전하고 성취하는 경험을 할 수 있습니다.

나는 생각하고 행동하는 아이야
-확인된 조절, 통합된 조절

하루를 마무리하며 '오늘 뭐 했지?'라는 생각에 의기소침했던 적 있나요? 할 일은 많은데 제대로 마친 일이 없는 것 같은 기분이 들면 '더 열심히 해야지'라는 생각보다 그 목표가 무겁게 느껴질 겁니다. 목표가 없으면 또 그냥 그렇게 다음 날도 똑같이 흘러가겠지요.

하지만 하루를 돌아보면 의미 있는 일들이 많습니다. 어떻게 생각하는가에 따라 굉장히 중요한 일이 될 수도 있어요.

아이가 타인에 의해 시작한 행동, 아무 의미 없이 당연히 행동한 것들에도 중요한 가치를 부여하면서 아이의 하루를 의미 있는 시간으로 만들어 주세요. 그럴수록 아이는 자신이 행동하는 이유를 타율적인 것에서 자율적인 것으로, 외적인 것보다 점차 내적인 것에서 찾으려 할 것입니다.

오늘의 한 줄

아이가 한 일 중 의미 있는 한 가지 일을 반복해서 알려 주세요. 예를 들어 새 운동화를 샀다면 "오늘 산 운동화 편안해 보이네. 아주 잘 고른 거 같아."라고 해 주는 거예요. 그다음에도 "운동화랑 공룡 티셔츠랑 잘 어울리겠다.", "발이 편안하니까 놀이터에서 오래 놀아도 되겠는데?"라는 식으로 운동화와 관련된 이야기를 해 줍니다.

아이가 관심을 보이면 더욱 구체적으로 대화해도 좋고, 관심이 없다면 흘리듯 지나가면서 이야기합니다. 그리고 잠들기 전 "오늘 운동화 진짜 잘 샀어. 그렇지? 우리 이거 신고 내일은 어디 갈까?"라는 식으로 대화를 해 보세요.

이 정도 특별한 일이 없다면 매일 반복되는 일상에서 이야깃거리를 찾아보세요. "오늘 콩나물국 잘 먹더라. 콩나물국을 먹어서 그런가? 키가 더 커진 거 같아!", "콩나물국이랑 밥 말아 먹으니까 밥 먹는 시간이 줄어드네?"라는 식으로요.

그다음 잠들 때 "오늘 오랜만에 콩나물국 했는데 우리 딸이 잘 먹어서 정말 좋다. 많이 놀고 싶은 날은 콩나물국 먹자! 그럼 후루룩 먹고 놀면 되잖아. 어우, 잘 먹는 우리 딸!" 해 주는 겁니다.

높은 미끄럼틀 타기에 도전했거나, 두꺼운 책을 끝까지 읽는 등 좀 더 특별한 일이 있다면 그때는 특별한 주제로 똑같이 상호작용을 해 주면 됩니다. '새로 운동화를 산 날'처럼 특별한 일이 있으면 있는 대로, 없어도 '콩나물국 먹은 일'과 같이 작은 행동 하나가 하루를 의미 있게 만들어 줄 거예요.

의미 발견하기

아이가 어려운 일을 마쳤거나 모르던 사실을 알아냈을 때 이 사실을 발견해서 확장해 주세요. 의미 있는 발견임에도 아이들은 모르고 지나칠 수 있기 때문입니다. 예를 들면 이런 거예요. 책을 보며 같은 그림을 찾아 "엄마! 이거랑 이거랑 똑같아!" 했을 때 "와~ 진짜 이거랑 이거랑 똑같네." 해 주는 겁니다. 별거 아니지만 아이가 발견한 것 자체에 의미를 두고 반응해 주는 것이지요.

아이가 일어나서 씻고, 밥 먹고, 등원하고, 잠드는 일상생활에서도 모두 의미를 찾을 수 있습니다. 아이가 엄마와의 책을 읽기 위해 장난감을 정리하면 "우리 딸이 장난감 정리하니까 먼지 벌레들이 다 도망가네." 해 주고, 놀이터에서 실컷 놀고 집에 돌아갈 때도 "우리 아들 집에서도 재미있게 놀려고 에너지 조절 잘하네!" 하는 겁니다. 아이가 외적 보상 때문에 혹은 당연히 하고 있는 행동은 보고도 그냥 지나치기 쉽습니다. 그런 것들을 놓치지 마시고 의미를 발견해서 말해 주세요.

감사가 넘쳐흘러요!

아이와 함께 감사한 일을 찾아보세요. 처음에는 아이가 스스로 감사한 일을 찾기 어려울 거예요. 익숙해지기 전까지는 부모님이 아이 대신 이야기해 주어도 좋습니다.

"오늘 장난감 사러 갔을 때 지윤이가 좋아하는 핑크색 토끼가 딱 하나 남아 있어서 감사합니다.", "엄마가 마트에서 어떻게 마시멜로를 사 올 생각을 했을까? 그 생각이 나서 또 감사합니다." 이렇게 아이가 좋아하는 외적 보상과 관련된 이야기를 감사 항목에 넣으면 귀가 쫑긋하면서 집중하는 모습을 보일 거예요.

이때 진지한 분위기보다는 웃음이 나오는 상황이나 즐거운 분위기 속에서 대화하는 게 좋습니다. "오늘 화장실에서 응가가 바로 나와서 감사합니다. 하하, 이런 것도 감사할 일인가?", "응가가 나와서 아이스크림 들어갈 자리를 만들어 주어 또 감사합니다." 해 주고요.

앞에서 배운 오늘의 한 줄, 의미 발견하기에서 사용했던 문장들도 감사하기 방법에 적용할 수 있습니다. "콩나물국이 술술 들어가서 감사합니다. 감사할 일이 왜 이렇게 많아?", "또 생각났어. 두꺼운 책 읽는데 눈꺼풀이 안 무거워지고, 졸음이 안 와서 감사합니다!" 합니다. 마지막에는 "우리 딸 오늘 맛있게 먹고, 응가도 잘하고, 재미있는 책도 읽고 좋은 일이 많았네?" 하면서 조금 차분하게 정리하면서 생각할 시간을 가져 보세요.

나는 계속 성장하는 아이야

아이들은 점점 자라면서 자신과 주변 환경을 비교하게 됩니다. 유아기에는 '내가 제일 먼저 할 거야!', '가장 많이 가져야 해' 등 타인과 비교하여 자신의 순서나 양에 집착하는 모습을 보이지요.

특히 학령기에는 학습이라는 평가 도구에 의해 성적에 따라 서열화가 되면서 친구와 자신을 더욱 비교하게 됩니다. 부모님이 아이를 누군가와 비교하지 않아도 아이들은 자연스러운 발달 과정에서 나와 타인을 비교하는 환경에 놓이는 것입니다.

따라서 우리 아이가 타인과 함께 어우러지며 만족스러운 삶을 영위하기 위해서는 다른 사람과의 비교가 아닌, 자신의 성장에 집중하는 연습을 해야 합니다. 비교는 과거의 나 자신하고만 하게 하는 겁니다.

그 아이 어디 갔어?

아이가 평소와 다른 행동을 했거나 성취감을 느낀 순간 "잠깐만! 그 애 어디 갔어?" 누군가를 찾는 듯 행동합니다. 그다음 아이의 과거 행동과 현재 행동을 비교하면서 "양말 벗어서 안방에 하나, 거실에 하나 던져 놓던 그 아이 어디 갔어?", "책 거꾸로 들고 '다 읽었어요~' 하던 걔는 어디 가고 똑바로 들고 또박또박 읽는 애만 있네? 너 누구세요!" 하며 함께 웃어 봅니다.

별명은 여러 개

아이가 평소와 다른 행동을 했거나 성취감을 느낀 순간 별명을 불러 줍니다. 아이가 반찬을 골고루 먹었다면 "이야, 영양사님! 영양가 있게 먹는 방법을 알고 있네요!" 해 주고, 아이가 새로운 글자를 알게 됐다면 "오, 세종대왕님! 저에게도 그 글자를 알려 주시옵소서." 하는 겁니다.

특별한 명칭이 생각나지 않으면 '언니, 형, 선생님' 이렇게 불러도 됩니다. "선생님! 저도 알려 주세요. 건강해지려면 뭘 먹어야 할까요?" 할 수도 있고 "이야, 엄마가 여섯 살 때는 흐~읅(흙), 다~앍(닭) 이런 글씨 못 읽었는데. 언니다, 언니!" 할 수도 있습니다.

그리고 대화를 마무리할 때는 차분하게 눈을 맞추고 "우리 아들 오늘 골고루 먹어서 머리부터 발끝까지 더 건강해졌네! 키도 더 크겠다!", "우리 딸 아는 글자가 점점 많아지니까 재미있는 책 더 많이 준비해야겠다." 하면서 행동의 결과를 가치 있게 전해 주세요.

성장 도표

아이 자신이 이전과 비교하여 얼마나 성장했는지 구체적으로 표현해 보는 방법으로, 내적 동기를 강화하는 활동입니다. 이는 뒤에 소개할 '마음의 숫자(208쪽)'와 비슷한 활동으로, 특히 그림을 통해 시각화하면 효과가 더욱 좋습니다.

예를 들면, 완만하게 시작하여 높아지는 언덕 그림을 기본으로 놓고 그 위에 아이의 사진을 붙여서 표현합니다. "예전에는 밥 먹는 속도가 천천히 여기에 있었는데, 지금은 점점 점점 꼭대기에 닿으려고 해!" 하는 거예요. 또는 아래와 같은 아이들의 발달 과정 그림에다가 아이의 얼굴을 붙였다 뗐다 옮겨 가며 "분명히 우리 집에 다섯 살이 있었는데 (얼굴을 더 큰 아이에게 옮겨 붙이며) 언제 이렇게 큰 형님한테 와 있는 거지?" 합니다. 이 활동에 아이가 관심을 가지면 다음번엔 몇 단계 더 성장하고 싶은지 듣고 마치 그 일이 일어난 듯 얼굴 이동을 시켜 줍니다.

이러한 과정을 통해 아이는 자신이 얼마나 성장했는지 스스로 확인하는 객관적인 기준을 갖게 될 것입니다.

나는 가치를 중요하게 여기는 아이야
-외적 동기에서 내적 동기로

아이의 행동이 외적 동기에 의해 시작되었더라도 부모님이 행동의 의미를 재해석해 주면 점차 완전한 내적 동기에 가까워집니다.

모든 행동을 자발적으로 즐거워서 할 수는 없지만 아이가 경험하는 하루 안에서 즐기고 만족하는 순간이 많아지도록 아이의 행동을 의미 있게 해석해 주세요.

알고 있었구나

아이는 외적 보상 때문에 행동했더라도 마치 그 행동 자체를 즐기는 듯 내적 동기를 강조합니다. 예를 들어 아이가 새로운 음식에 도전한 결과 칭찬 스티커를 붙여서 장난감을 받았다고 가정해 봅시다. 본래는 외적 보상 때문에 새로운 음식에 도전한 것이지만 '아이가 새로운 음식에 도전하는 걸 즐기듯' 말하는 겁니다. 잘 먹는 아이에게는 "고사리 먹을 때 씹는 게 재미있나 봐? 고사리 씹는 거 재미있는 거 알고 있었어?", "우유 먹고 얼마나 더 커지려는 거야? 뼈가 엄청 단단해지겠다!" 하고 말해 주고, 정리를 하고 나온 아이에게는 "어머, 깨끗하게 정리했네? 정리하면 집중 잘되는 거 알고 있었구나!" 하는 거예요.

좀 더 재미를 강조하려면 아이의 행동이 믿기지 않는 듯 물어보는 것도 좋습니다. "장난감 때문에 스티커 받으려고 먹은 거지? 새로운 음식이 몸을 건강하게 해 주니까 그래서 붙인 거 아니지?", "고사리가 맛있어서 스티커 붙인 건 아닐 거야. 그렇지?" 이런 식으로요. 이때 아이가 "먹으면 건강해지는 거 알아서 붙인 건데?"라고 말하면 벌떡 일어나면서 "어머, 너 알고 있었구나?" 믿을 수 없다는 듯 고개를 절레절레 흔들고 하이 파이브를 합니다. 엄지손가락도 척 올려 주면 더욱 좋겠지요.

즐거워서 하는 거야

외적 보상을 받기 위해 시작했지만 활동 자체에 즐거움을 주는 방법을 통해 내적 동기를 강화해 줍니다. 예를 들어 아이가 양치 후에 자일리톨 사탕을 먹으려고, 즉 외적 보상을 받기 위해 양치를 합니다. 이때 부모님이 노래를 부르고 박자에 맞춰 웃겨 주는 등 놀아 주며 웃음이 나도록 이끄는 거예요. 그다음 "성민아, 양치하는 게 그렇게 재미있어?" 하는 것이지요.

쉬운 과제를 할 때 즐거움을 강조하는 방법도 있습니다. 그림 그리기는 좋아하는데 글쓰기는 힘들어하는 아이라면 색연필로 그림을 그릴 때와의 공통점을 강조하며 "우리 딸 색연필 좋아하지? 좋아하는 거라 그런가? 색연필 잡고 있을 때 언니들처럼 집중하는 표정이 나오네." 하는 거예요. '나는 색연필 쓰는 걸 좋아하는 아이야'라는 생각의 틀을 갖게 하는 효능감 높이기와 같은 맥락인데요. 이 과정에서 '즐긴다', '좋아한다'는 부분을 더 강조하면 좋습니다.

물론 아이가 진정으로 좋아서 즐기는 활동이 아니라면 이러한 마음이 꾸준히 이어지기 어렵겠지요. 하지만 외적 보상 때문에 어쩔 수 없이 행동하거나 특정 행동을 거부하는 상황이라면 이렇게 '즐거워서 하는 거야'로 관점을 바꾸는 것이 다음 단계의 동기로 넘어가는 물꼬를 만들어 줄 것입니다.

마음의 숫자

외적 보상을 얻었을 때 느끼는 마음을 구체화해 봅니다. 예를 들어 아이가 장난감을 선물로 받았다면 장난감은 외적 보상이고, 이때 느끼는 감정은 내적 보상입니다. 특히 자신이 어떤 행동을 한 이후에 보상으로 선물을 받은 것이라면 내적 보상의 감정도 더욱 커질 텐데요. 이 상황에서 선물만 주고 종료된다면 아이의 기억에는 장난감을 받은 기억만 남습니다. 따라서 아이가 외적 보상을 통해 감정을 느꼈을 때 내면의 감정을 점수로 구체화해 보세요.

"정말 좋겠다. 오늘은 0부터 100 중에 기쁨 점수가 몇이야? 진짜? 그 이유는?" 등으로 이야기하는 거예요. 아이가 대답을 어려워하면 "지난번에는 선물받았을 때 뿌듯한 표정이 하나, 둘, 셋, 넷, 다섯, 별 다섯 개 정도였는데, 오늘은 별이 여섯, 일곱, 여덟, 아홉, 열 개 표정이야!", "우리 아들 뿌듯함이 (무릎 아래부터 계단 오르듯 짚으며 어깨까지 올린 다음) 어깨 뚫고 나오는 거 아니야?" 이런 식으로 아이의 눈높이에 맞게 구체화시켜 주는 겁니다.

처음에는 이 자체가 칭찬과 같은 효과로 느껴지겠지만, 이러한 과정을 통해 내적 동기를 좀 더 명확하게 표현하면 외적 동기뿐 아니라 내적 동기도 점점 중요하게 여길 것입니다.

나는 깊게 탐구하는 게 좋은 아이야

성취 목표 중 숙달 목표는 학습 자체를 중요하게 생각하고, 지식을 깊이 있게 이해하고 탐구하는 것을 학습의 목표로 삼는 것입니다. 흥미를 갖고 시작한 공부라 해도 결국은 더 높은 수준으로 나아가기 위해 어려운 문제 해결의 과정을 거쳐야 합니다. 이때 숙달 목표는 아이들이 꾸준히 학습하고 탐구하는 원동력이 되지요.

하지만 처음부터 숙달 목표로 공부에 임하는 아이는 많지 않을 것입니다. 쉬운 과제를 깊이 있게 배우는 경험을 통해 숙달의 목표를 이루는 경험을 만들어 주면 좋습니다.

뽀로로 100개

아이가 좋아하는 주제에 대해 깊이 있게 알아 가는 연습을 합니다. 예를 들어 뽀로로를 좋아하는 아이라면 "뽀로로 친구의 이름은?", "루피,

에디, 포비~!", "우아, 뽀로로 친구 세 명이나 알고 있어."라고 한 다음 스티커 세 개를 붙입니다. 그다음 뽀로로에 대해 알게 된 것을 계속 추가하면서 100개까지 스티커를 붙여 봅니다. 뽀로로가 입은 옷 색깔, 뽀로로는 어떤 동물인지 등 무엇이든 좋습니다.

아이가 먼저 "엄마, 뽀로로는 '뽀롱뽀롱' 해."라고 말하면 "뽀로로 말 하나 추가!" 하면서 붙여 줄 수도 있고, 아이가 그림을 그리고 있을 때 "뽀로로 옷 입혀 주네. 뽀로로한테 어울리는 옷 발견!" 하면서 부모님이 발견해서 알려 줄 수도 있습니다.

이 시기 아이들은 숫자 100을 굉장히 큰 숫자처럼 느끼기 때문에 무엇인가를 100까지 해 본다면 더욱 큰 성취감을 느낄 수 있습니다. 깊이 있게 배웠다고 느낄 수 있지요. 아이의 나이가 어리다면 처음에는 10~30개 정도로 가볍게 시작하세요.

기억 저장소

아이가 무언가 알게 되었을 때 기억 저장소 놀이를 적용해 보세요. 예를 들어 아이가 자기 이름을 쓰게 됐다면 "이지우! 이름을 쓰다니! 기억 저장소에 넣자." 하면서 관자놀이 부분을 전기 오르듯 '징~' 누르며 "기어어어억!"이라고 말합니다. 그다음 "이지우! 이름이 어디까지 들어갔지? 앗, 어깨에 붙어 있네! 다시 '기어어어어어어어억' 해 보자! 이제 배꼽까지 들어갔네. 기억 저장소 도착! 다음에 이름 쓸 때 기억 저장소에서 꺼내 보자." 해 주세요.

이때 아이가 재미를 느껴서 알게 된 내용을 계속 말하려 하면 "안 돼. 배꼽이 제일 안전해. 더하면 무릎으로 내려와서 안 돼! 기억한 게 발가락으로 빠져나가면 안 돼!" 하면서 웃음을 유도해 보세요.

달인 인터뷰

아이가 종이접기를 좋아하고 잘한다면 "오늘은 종이접기의 달인을 모시고 이야기 나누겠습니다. 어떻게 이렇게 종이로 볼록한 공을 만들었나요?" 하고 질문합니다. 아이가 "종이를 한 번 접고, 뒤집어 접어서……." 이런 식으로 말을 하면 "아~ 그래요?" 하고 공감하면서 "종이를 한 번 접은 다음 뒤집어서 다시 접는 게 맞아요?" 하며 아이가 하는 말을 메모한 뒤 확인하며 묻기도 해 봅니다.

A4 용지 맨 위에 〈종이접기의 달인 ○ ○ ○〉이라고 적고 '위 어린이는 깊이 있게 탐구하는 좋은 배움의 습관을 가지고 있습니다'라는 설명을 넣어 상장도 만들어 주세요.

종이접기를 잘하게 된 이유에 대해 휴대폰을 이용하여 인터뷰 형식으로 촬영해도 좋습니다. 어린 연령이라면 부모님이 대신 "우리 아들은 종이접기를 다섯 살 때부터 좋아했어요. 특히 팽이 접는 걸 좋아해서 계속 도전했지요. 그래서 지금은 어려운 드래곤, 사슴벌레도 만들 수 있답니다." 하며 부모님의 자녀 인터뷰 형식으로 영상을 찍어 보세요.

이 상호작용의 목적은 아이가 특정 영역에 대해 깊은 지식을 갖고 있다는 느낌과 더불어, 이로 인한 성취감을 느끼게 하는 것입니다. 놀이를 통해 깊이 있게 배우는 것이 힘들기만 한 것이 아니라 궁극적으로는 만족감을 얻을 수 있다는 사실을 알려 주세요.

어우, 깜짝이야!

부모님이 제안을 하여 아이가 어려운 과제를 선택하고 풀었다면 이렇게 이야기해 보세요. "아우 깜짝이야! 오늘 푼 미로 있잖아. 일곱 살 언니들이 하는 거였어!", "엄마가 보니까 어쩐지 꼬불꼬불 또! 꼬불꼬불꼬불꼬불 계속 꼬불꼬불꼬불꼬로로로록 이렇게 꼬았더라니까?", "그런데 우리 딸이 미로를 요렇게 조렇게 피하면서 푼 거야? 어우, 깜짝이야!", "엄마 봐~ 엄마가 이렇게 표정을 꼬면 엄마야? 아니야? 엄마지!", "엄마가 이렇게 팔을 꼬면 엄마야? 아니야? 엄마잖아!", "미로가 꼬불꼬불 꼬여 봤자 뭐야? 미로지!" 이런 식으로 유쾌하게 반응해 줍니다.

실제로는 평소보다 조금 높거나 같은 수준이지만 마치 아이가 더 높은 수준의 과제에 성공한 듯 재미있게 표현하면서 '나는 어려운 문제에 도전하는 아이야'라고 생각하게 하는 겁니다.

나는 알아 가는 과정이 즐거운 아이야

수행 목표에 집중하면 '할 수 있다 vs 할 수 없다', '잘한다 vs 못한다'의 관점에서 자신의 능력을 결과 중심으로 평가하게 됩니다. 특히 어릴수록 상황을 판단하는 기준을 '좋은 것과 나쁜 것'이라는 단순한 흑백 논리로 생각하는 경향이 있습니다. 그러므로 우리 아이들이 자신의 능력을 결과로 평가하지 않고, 노력하고 탐구하는 과정에서 의미를 가질 수 있도록 숙달의 관점에서 상호작용을 해 주세요.

성장 보고

부모님이 그동안 관찰한 아이의 모습을 구체적으로 설명해 줍니다. 종이나 화이트보드를 준비하여 진지하게 진행해 보세요. 예를 들어 가위 사용을 어려워하던 아이가 삐뚤지만 가위 사용을 하고 있다면 어릴 적 가위 사용했던 모습을 설명하는 거예요.

보드에 1세부터 5세 이런 식으로 현재 나이를 적어 놓고 하나씩 짚으며 "한 살에는 가위를 잡을 수? 없었지! 너무 아기잖아. 두 살에는 가위에 구멍을 쏙 넣으면 엄마랑 싹둑 잘랐어. 세 살에는 우리 승주가 혼자 싹둑 했지? 네 살에는 자동차 그림도 싹둑싹둑 오리고. 지금은? 동그라미도 오릴 수 있네! 엄마가 조금만 마무리해 주면 완성되네! 여섯 살에는 엄마가 마무리 안 해 줘도 싹둑싹둑 더 잘하게 될까?" (하이 파이브) "일곱 살에는 엄청 어려운 그림들도 오릴 수 있겠지?" 이런 식으로 아이가 가위를 사용하는 능력뿐만 아니라 다른 능력들도 발전하고 있다는 사실을 이 대화에 적용하여 알려 주세요.

머릿속이 궁금해!

아이가 유치원에 다녀오면 번쩍 들어 안아 주면서 "어머나 더 무거워졌네?" 배를 만지며 "많이 먹어서 무거워졌나?" 합니다. 이번에는 "많이 배워서 무거워졌나?" 하면서 머리를 잡고 살짝 움직여 보세요. "어우 무거워! 오늘 너무 많이 배워서 머릿속이 꽉 찼네! 뭘 배웠는지 엄마한테 알려 줘!" 하며 '나도 알고 싶어~'의 느낌으로 표현합니다. 이어서 아이의 머리카락을 요리조리 들추고 간질이며 "어머! 여기에 〈봄이 와요〉 노래 배운 거 들어 있고! 여기엔 《사과가 쿵!》 책이 들어 있네?" 등으로 재미있게 표현합니다.

이외에도 아이가 무언가 알아냈을 때, 책을 읽었을 때, 관심을 보일 때 "아니 이 얘긴 어디에 들어 있는 거지?" 하면서 현미경으로 관찰하듯 아이의 머리를 관찰하고, 냄새 맡고, 요리조리 돌리면서 즐거움을 주세요. 확실하게 과제를 마치거나 결과를 내기 위해 노력한 게 아니지만 아이가 궁금해하고, 의미 있는 활동을 한 것들이 차곡차곡 쌓여 간다는 사실을 즐겁게 배울 수 있습니다.

나는 미래에도 행복한 아이야

지금 나의 행동이 나의 삶에 확실히 긍정적인 결과를 가져다준다면, 그리고 그걸 알 수 있다면 어떤 행동을 할 때 주저하지 않을 것입니다. 긍정적인 결과를 이미 알고 있으니 즐겁게 일을 할 수 있을 거예요. 하지만 미래에 어떤 일이 생길지 확실한 담보는 없습니다. 환경은 언제나 불확실하고 변수가 많으니까요.

그럼에도 불구하고 긍정적으로 생각하고 행동하는 사람들은 나 자신을 믿고 나에 대해 긍정적인 기대를 하는 사람입니다. 어떠한 환경이 주어져도 내가 단단하기 때문에 흔들리지 않습니다.

공부도 마찬가지예요. 당장 결과가 나오는 것도 아니고, 경쟁 구도에서는 타인의 점수가 나의 당락을 결정짓기도 하는 불안정한 환경 속에서 꾸준히 정진하기 위해서는 자신을 믿고, 자신의 미래를 긍정적으로 기대해야 합니다.

지금 시기부터 긍정적인 나를 상상하고 대화하는 연습을 해 보세요.

미래의 나

아이의 가까운 미래에 대한 이야기를 나눕니다. "우리 딸, 일곱 살 언니 되면 키가 어디까지 올까? 몇 살 되면 엄마만큼 커질까?", "지금은 이렇게(아래를 쳐다보며) 이야기하는데 일곱 살 되면 이렇게(조금 더 눈높이를 높여서), 열 살 되면 이렇게(점점 더 높이다가), 중학생 되면 이렇게(똑같은 눈높이) 쳐다보고 얘기하겠지?", "어른 되면(더 위를 쳐다보며) 엄마보다 더 커지겠지?" 이런 식으로 처음에는 아이들이 좋아하는 성장에 초점을 두고 이야기합니다. 점점 연령이 높아지면서 변화하는 자신의 신체상에 대한 긍정적인 생각을 주는 겁니다.

그다음 내적인 변화에 대한 이야기도 나누어 봅니다. "민주야, 네 키가 크는 것처럼 마음도 점점 더 커진대. 민주는 그 마음속에 '즐거워~', '행복해~' 하는 마음이 가득했으면 좋겠어? 아니면 '속상해', '슬퍼' 하는 마음이 가득했으면 좋겠어?", "진짜? 엄마도 그래. 우리 민주의 점점 커지는 마음속에 '즐거워~', '행복해~' 하는 마음을 많이 넣어 보자!" 해 주세요.

행복한 상상 드림 리스트

미래의 나는 무엇을 하면 행복할까 상상해 봅니다. "민주는 일곱 살 됐을 때 뭘 하면 행복할까?", "매운 떡볶이는 언제 먹을 수 있을까?", "엄마 어깨만큼 컸을 때 타고 싶은 놀이 기구는?" 등등 다양한 주제로 질문하고 이야기를 나누어 봅니다.

아이가 대답을 적극적으로 하지 않으면 부모님이 "엄마는 학교 입학하고 가장 좋았던 기억이 용돈을 받았던 거야. 일요일에 1,000원을 받으면 다음 일요일에 또 1,000원을 받고 엄마 마음대로 쓰는 거지~.", "엄마는 일곱 살에 피아노 학원에 처음 갔는데 드레스 입고 피아노 연주하는 게 너무 부러운 거야." 이런 식으로 아이의 현재 나이보다 높은 연령일 때 부모님이 기대하고, 좋았던 기억들을 이야기해 주세요. 그다음 일곱 살에 하고 싶은 일, 여덟 살에 하고 싶은 일, 이렇게 내가 미래에 경험해 보고 싶은 목록을 작성해 보세요.

이 목록들은 그 나이가 되면 누구나 경험하는 것일수록 좋습니다. 시간이 지나면 자연히 경험하는 거지만 아이들이 기대했던 것이기 때문에 실제로 이루어졌을 때 기쁨이 더욱 클 거예요. 내가 상상하고 꿈꿔 온 것들이 이루어지는 경험을 통해 아이들은 자신의 미래에 대해 더욱 긍정적인 생각을 가질 수 있습니다.

4장

유혹에 흔들리지 않는 아이

1

자기 조절 능력과 만족 지연 능력

동기를 유지하는 힘
- 조절

　새해가 되면 예쁜 다이어리를 사서 계획을 세우고, 다이어트를 하겠노라 마음먹습니다. 하지만 굳게 마음을 먹었더라도 얼마 못 가 무너지는 경우가 흔합니다. 한 해를 잘 보내고 싶은 마음, 다이어트를 해서 멋진 몸매를 갖고 싶은 마음은 확실한 동기입니다. 다이어리를 쓰고, 운동을 하는 과정이 재미있을 수도 있습니다. 심지어 내적 동기까지 있는 것인데 오랜 시간 유지하는 건 왜 이렇게 어려울까요? 결심을 했더라도 이를 방해하는 환경에 놓여 있기 때문입니다. 다이어트에 대한 의지가 강해도 기름진 음식을 먹고 싶은 충동, 친구들과의 저녁 약속, 바쁜 사회생활은 계속되기 때문에 끊임없이 이러한 유혹과 마주했을 때 욕구를 조절해야 하는 시험에 들지요.

　이처럼 동기가 확실해도 목표를 달성하기 위해 행동을 유지하는 건 다른 문제입니다. 특히 학습은 확실한 동기를 갖는 것부터 난제인 데다,

아이들이 동기를 가진다 해도 유혹에 맞서 꾸준히 공부의 양이나 수준을 지켜 나가는 건 정말 어려운 일이지요. 그런데도 목표를 향해 꾸준히 정진해 나가는 아이들은 있습니다. 이 아이들이 동기를 유지하는 힘은 무엇일까요?

스스로를 조절하는 힘 : 자기 조절 능력

자기 조절 능력은 목표를 달성하기 위해 자신의 행동 반응을 조절하는 능력입니다. 여기에서 조절이란 단순히 행동을 멈추는 것이 아니라 상황에 알맞게 행동 반응을 바꾸어 적당히 균형을 맞추는 것을 의미합니다. 목표를 달성하는 과정에서 방해되는 다양한 자극이 주어졌을 때 유연한 대처가 필요하지요.

예를 들어 '5kg 감량'이라는 목표를 달성하기 위해 다이어트를 할 때 '많이 먹으면 안 돼!'라는 생각으로 음식을 통제하는 것보다 목표를 달성하기 위해 기름진 음식은 주 1회, 단백질 중심의 식단, 탄수화물 줄이기 등으로 식단을 조절해야 다이어트에 성공할 확률이 높아지는 원리와 같습니다. 또한 여러 가지 상황을 함께 고려하여 행동을 결정해야 하므로 자기 통제보다 상위의 인지 수준이 필요합니다.

조절 × 만족 지연

자기 조절 능력이 높은 아이들은 현재의 만족을 미루고 더 큰 성취나 보상을 얻기 위해 노력합니다. 다음의 예를 살펴보세요. 밥 먹을 시간인데 아이가 간식을 먹겠다고 떼를 쓰는 상황입니다. 이때 부모님이 "지금은 밥을 먹어야 해서 젤리를 한 개만 먹을 수 있어. 밥 먹고 간식도 많이 먹으면 어때?" 하자 1번 아이는 "그래도 지금 젤리 한 개 먹을래요." 하고, 2번 아이는 "그럼 밥 먹고 젤리 다섯 개 먹을래요." 합니다. 1번과 2번 아이, 둘 중에서 자기 조절 능력이 더 높은 아이는 누구일까요? 맞습니다. 2번 아이입니다. 2번 아이는 젤리를 많이 먹고자 하는 목표를 달성하기 위해 현재의 욕구를 조절하였습니다. 이처럼 미래의 보상을 위해 현재의 욕구를 지연시키는 힘을 만족 지연 능력이라 합니다.

그동안 많은 연구를 통해 만족 지연 능력이 높은 아동일수록 학업 성취도와 사회적 기술은 물론, 문제 해결력도 뛰어나다는 결과들이 꾸준히 보고되었습니다. 이에 따라 만족 지연 능력에 대한 부모님들의 관심 또한 높아졌지요. 하지만 밥을 먹은 후에 젤리를 먹겠다고 선택한 행동 하나로 이 아이의 만족 지연 능력 전체를 판단할 수는 없습니다. 그러니 이 행동 하나로 아이 미래의 학업 성취도도 예측할 수 없고요.

그런데도 이 시기의 만족 지연 능력이 중요한 이유는 현재의 만족을 지연하여 보상을 받는 경험이 오랜 시간 쌓여서 습관이 되기 때문입니다. 축적된 성공의 경험은 결국 아이의 만족 지연 능력을 높이고 학업 성취도에도 의미 있는 영향을 줍니다. 즉, 영유아기는 만족 지연 능력이 높은가 낮은가를 판단할 때가 아니라 만족 지연의 경험을 만드는 시기라는 뜻입니다.

공부는 힘든 과정입니다. 꽤 수월하게 학습을 해내는 아이들도 오랜 시간 노력하는 자세를 유지해야 한다는 점에서 쉽지 않지요. 아이들을 자극하는 유혹은 또 얼마나 많은가요? '조금만 자고 일어날까?', '간식 먹고 이어서 할까?', '오답 풀이는 안 해도 되겠지?', '친구 생일이니까 오늘만 놀까?' 등등 공부를 멈추고 싶은 욕구와 다른 즐거움을 느끼고 싶은 욕구가 시도 때도 없이 아이를 찾아옵니다. 매번 유혹이 찾아올 때마다 내면의 힘만으로 욕구를 조절할 수 있을까요?

이런 상황에서도 목표를 향해 꾸준히 공부해 나가려면 조절 능력 외에 더 필요한 것이 있습니다. 힌트는 만족 지연에 있는데요. 만족 지연이란 말 그대로 지연입니다. 멈추거나 포기하는 게 아니고 만족을 뒤로 미루는 것이지요. 자신이 얻고자 하는 보상은 시기가 늦어질 뿐 없어지지 않으며, 더 큰 보상으로 다가올 것을 알기 때문에 자신의 행동을 조절하며 기다리는 것입니다.

조절 × 만족 지연 × 집중력

조절 능력이 높다는 것은 목표에 도달하려는 의지가 강한 것입니다. 또한 목표를 이루었을 때 주어지는 보상에 대한 기대가 클수록 현재 상황을 더욱 효과적으로 조절하고 싶을 겁니다. 그런데 기다림의 시간이 기약 없이 길면 어떨까요? 미래의 보상을 앞당기거나 더욱 확실히 내 것으로 만들고 싶을 것입니다. 이러한 이유로 자기 조절 능력이 높은 아이들은 높은 만족 지연 능력과 더불어 현재 과제에 대한 집중력도 높다는 특징이 있습니다.

예를 들어 게임을 좋아하는 아이가 게임 관련 학과에 진학하겠다는 목표가 생겼다고 가정해 봅시다. 이때 조절 능력이 높은 아이는 시험 기간에도 여전히 게임을 하고 싶지만, 게임 관련 학과 진학이라는 목표를 위해 시험공부를 합니다. 목표에 대한 동기가 강할수록 아이는 더욱 '지금 게임을 하고 싶다'는 생각보다 '며칠 뒤의 중간고사'를 준비하는 데 집중하겠지요. 지금 당장 게임을 하는 것보다 게임 관련 진로에 대한 욕구가 크기 때문에 현재의 욕구를 조절할 수 있으며, 그 목표를 이루기 위해 과제에 집중할 수 있는 것입니다.

이를 유아기 아이들의 놀이 상황에 적용해 볼까요? 십여 명의 아이들과 함께 신문지를 찢어서 비처럼 흩날리며 놀이를 한 적이 있습니다. 교실 전체가 찢어진 신문지로 가득 차서 놀이 후에 정리가 필요한 상황이었지요. 저는 아이들에게 이렇게 말했습니다. "얘들아~ 그대로 멈춰라! 지금부터 교실에서 떼구루루루루루! 떼구루루루루루! 선생님이 김밥으로 변신해서 구르기 놀이를 할 거야. 선생님 김밥 굴리고 싶은 사람?" 했더니 아이들이 너도나도 손을 들더군요. 일단 '선생님 김밥'이라는 흥미로운 요소로 관심을 집중시킨 뒤 바닥에서 굴리기 놀이를 하고 싶은 동기를 만들었습니다. 그다음 "선생님 김밥이 잘 굴러가야 하는데 바닥에 신문지가 있으면 될까, 안 될까?" 했더니 "안 돼요!" 합니다. 아이들 스스로 신문지가 없어야 재미있게 놀 수 있다고 생각한 거예요. 여기까지 한 다음 "그럼 신문지 공 모아서 휴지통에 퐁당 넣어 주세요!" 했더니 어떤 일이 생겼을까요? 아이들이 엄청난 집중력을 발휘해 손톱만 한 신문지 조각까지 모두 주워서 순식간에 넓은 교실이 깨끗하게 정리되었습니다.

물론 처음부터 "얘들아, 이제 신문지는 그만 가지고 놀 거야. 모두 주워서 휴지통에 넣어 주세요."라고 했어도 스스로 놀이를 멈추고 정리하는 아이들이 있었을 겁니다. 하지만 몇몇 아이들은 신문지 놀이를 더 하자고 투정을 부렸을 수도 있고, 몇몇 아이들은 치우는 둥 마는 둥 했을 수도 있습니다. 처음부터 재미있는 놀이를 멈추고 바로 정리하는 조절 능력을 모든 아이가 가지고 있진 않기 때문이지요. 하지만 미래의 보상으로 기대감을 주면서 현재의 욕구를 조절해야 하는 만족 지연의 이유를 만들어 주자 대부분의 아이가 고도의 집중력을 발휘하여 정리하는 모습을 보여 주었습니다.

연구 결과에 따르면 만족 지연 능력이 높을수록 더 큰 목표를 위해 노력하는 경향이 있고, 이는 작업에 대한 집중력을 높여 줍니다. 물론 이 상황에서 아이들의 실제 만족 지연 능력을 측정할 수는 없지만 만족 지연의 조건을 만들어 준 것만으로도 과제에 대한 집중력이 높아짐을 알 수 있습니다.

이처럼 만족 지연 능력과 집중력은 자기 조절 능력을 기르는 데 깊은 관련이 있습니다. 또한 만족 지연 능력이 집중력을 증진시키거나, 집중력이 만족 지연 능력을 강화시키는 방식으로 상호작용을 합니다.

상호 협력적이지만 상호 보완적 관계는 아닌 만족 지연 능력과 집중력

언제나 이 둘의 관계가 상호 보완적인 것은 아닙니다. 만족 지연 능력은 높지만 집중력은 낮아서 과제를 수행하는 시간이 길어지거나, 반대로 집중력은 높은데 만족 지연 능력이 낮은 경우도 있습니다. 예를 들면 간식을 먹고 싶었던 한 아이가 엄마와의 대화를 통해 '밥 먹고 간식 먹기'를 선택했다면 이 아이는 밥을 다 먹은 뒤에 먹을 간식에 대한 기대감으로 현재의 만족을 지연한 것입니다. 하지만 밥을 먹으면서 딴생각을 하거나, 천천히 씹거나, 계속 돌아다니는 등 식사에 집중을 못하면 이 과정에서 부정적인 피드백을 받게 되고 간식 보상을 뒤로 미룬 것을 후회하게 될지도 모르지요.

반대로 집중력은 높지만 만족 지연 능력이 낮은 경우도 있습니다. 부모님들을 만나 학습에 관한 갈등 상황을 들어 보면 "막상 책상에 앉으면 잘해요."라는 이야기를 자주 합니다. 놀이를 하다 멈추고 공부를 하겠다고 마음먹는 과정은 힘들지만 결단을 내리면 집중력 있게 과제를 마무리하는 겁니다. 부모님들은 이 아이들이 노는 것만 좋아하고 공부를 싫어해서 이런 모습을 보인다고 생각할 수 있지만 단순히 그런 게 아닐 수도 있습니다. 기질적으로 완벽을 추구하며, 전환이 잘 안되는 아이들도 이런 모습을 보이기 때문입니다. 공부가 싫은 것이 아니라 현재 내가 참여하고 있는 과제의 완성을 중요하게 생각하고, 현재 과제에 집중한 상태이기 때문에 다른 상황이 주어지면 깊이 생각하지 않고 부정적인 반응을 보이거나 포기하는 모습을 보이는 것입니다. 아이의 놀이보다 공부를 더 중요한 과제로 느끼는 건 부모님의 입장이고, 아이에게는 현재 과제가 중요한 것뿐입니다. 부모님은 아이가 공부를 회피했다고 생각하지만, 아이 입장에서는 현재 과제를 끝까지 지켜 낸 것입니다. 높은 집중력으로 인해 과제를 끝까지 완수하고자 하는 욕구를 지연하지 못하는 겁니다.

 이처럼 만족 지연 능력과 집중력은 상호 협력적인 특성이 있지만 아이마다 경험하는 다양한 변수가 영향을 미치기 때문에 모든 경우에 보완적 역할을 하는 건 아닙니다. 본격적인 학습을 시작하기 전인 유아기에는 학습보다 식사, 수면, 씻기와 같은 일과를 해 나갈 때 이러한 갈등이 반복되지요. 아이 입장에서 현재의 과제가 아무리 중요해도 일상생활을 해 나가려면 이를 멈추는 방법도 배워야 합니다. 이것이 곧 조절 능력입니다. 아이들의 조절 능력을 높이려면 만족 지연 능력과 집중력이 어느 정도인지 살피고, 각각의 능력을 보완함으로써 두 가지 능력이 조절 능력을 높이는 데 시너지 효과를 발현할 수 있도록 도와야 합니다.

만족 지연의 기본 조건
– 외적 보상

"오늘은 초콜릿 그만 먹고, 내일 영화 보러 가서 초코케이크 먹자."라고 했을 때 만족 지연이 안 되는 아이들은 오늘의 작은 초콜릿을 먹기 위해 큰 초코케이크를 포기합니다. 보상의 시기를 제외하고 외적 보상의 관점에서만 보자면 오히려 만족 지연 능력이 높은 아이들이 더 큰 외적 보상을 받는 겁니다.

조절 능력이란 참고 포기하는 게 아니라 자신에게 올 더 큰 이득을 위해 현재의 행동을 조율하는 능력입니다. 조절을 통해 자신의 문제를 해결하고 만족도를 높여 나가는 것이지요. 이러한 경험은 생활 속에서 길러집니다. 학습 상황에서 유혹을 뿌리치고 만족을 지연시키는 아이는 어릴 때부터 일상생활 속에서 욕구 지연 연습을 통해 더 큰 만족을 경험한 아이들입니다. 그렇다면 일상에서 아이들의 만족 지연 능력은 어떻게 길러지는 걸까요?

동기 수준에 맞는 적절한 만족감이 필요한 이유

상상해 봅시다. 신장개업한 중국집에서 쿠폰 열 장을 모으면 탕수육을, 열다섯 장을 모으면 양장피를 공짜로 준다고 합니다. 여러분은 처음 열 장의 쿠폰을 모은 뒤 탕수육으로 바꿀까 고민하다가 다섯 장의 쿠폰을 더 모아 양장피를 먹기로 결정합니다. 얼마 뒤 드디어 열다섯 장의 쿠폰을 모아 설레는 마음으로 중국집에 전화를 걸었는데 "주인이 바뀌어서 그 이벤트는 종료됐어요!"라는 말을 들으면 어떨까요? "저희가 새롭게 쿠폰 열 장을 모으면 칠리새우를 드리는 이벤트를 하고 있는데, 참여하시겠어요?"라고 한다면 새로운 이벤트에 기꺼이 도전할 마음이 생길까요?

우리가 현재의 즐거움을 포기하는 건 다른 보상이 있기 때문입니다. 열심히 양장피를 기대하며 쿠폰을 모았는데 만족 지연의 보상이 없다면 어떨까요? 그다음부터는 아예 시작을 하지 않거나, 시작해서 모았더라도 열 장이 모였을 때 바로 음식으로 교환할 거예요. 먼 미래의 만족보다 현재의 만족을 선택하는 것이지요.

학습도 마찬가지입니다. 높은 성적을 기대하며 휴일에도 열심히 공부했는데 원하는 성과를 내지 못하면 다시 도전하고 싶은 욕구가 사라질 것입니다. 그래서 목표는 담보할 수 없는 높은 성적이 아닌, 얼마나 자세히 알았는지, 몇 번을 노력했는지 등 숙달의 목표를 향해 나아가야 합니다. 하지만 숙달 목표는 동기 중에서도 자율 동기에 해당합니다. 공부

동기가 없거나 타율 동기에 머무르는 아이들은 아직 이 단계에 이르지 않았기 때문에 외적 조절, 내사 조절을 통해 만족감을 경험하는 과정을 거쳐야 합니다.

다시 한번 강조하지만 만족 지연은 미래의 만족을 담보로 현재의 욕구를 지연하는 것입니다. 만족을 지연하고 성과를 얻었을 때 만족감을 느껴야 다시 욕구를 조절하는 능력이 강해지면서 선순환이 되는 것이지요. 그런데 아이의 자율 동기가 발현되지 않은 상태에서는 좋은 성적이 나오더라도 (아이의 동기와 만족의 결과가 불일치하므로) 다시 공부에 대한 욕심을 낼 만큼 큰 만족을 느끼지 못합니다. 이것이 바로 아이의 동기 수준에 맞추어 적절한 만족감을 주어야 하는 이유입니다.

노력한 결과에 대한 보상의 중요성

유아들의 경우 학습에 대한 내적 동기보다는 외적 동기, 그중에서도 외적 조절(구체적인 보상), 내사 조절(칭찬)의 영향을 많이 받습니다. 학습 자체에 대해서는 무동기인 경우도 많지요. 또한 이 시기는 전조작기와 구체적 조작기 범주에 이르는 시기로 추상적인 사고가 어려운 연령입니다(J. Piaget). 따라서 만족 지연을 연습할 때도 기다렸을 때의 뿌듯함, 만족감 이러한 추상적인 내적 보상의 개념보다는 구체적인 상황, 물건 등을 제시하는 것이 좋습니다.

예를 들어 동영상을 약속한 만큼 보고 조절한 아이라면 그 후에 구체적인 보상이 있어야 합니다. 하지만 많은 부모님이 아이가 영상을 조절한 이후 특별한 보상을 주지 않습니다. '당연히 약속된 시간이 됐으니 꺼야 하는 거잖아?'라고 생각하기 때문입니다. 방법을 바꾸어야 합니다. 아이가 욕구를 조절하여 만족을 지연한 이유는 더 큰 만족을 위해서라는 점을 잊으면 안 됩니다. 따라서 영상 조절이 어려운 아이일수록 욕구를 조절했을 때 보상을 구체적으로 제안해야 합니다. 이미 조절할 수 있는 아이라는 명분이 있으니 짧은 노래 영상 한 곡을 추가로 함께 보거나 다음 날에는 어떤 특별한 영상을 볼 건지 등의 이야기를 나누는 것이지요.

약속한 시간에 스스로 영상을 껐을 때 오히려 특별한 영상을 보았다면 당장의 만족감은 외적 보상(특별한 영상)이 주지만, 동시에 아이의 머릿속에는 '영상 조절을 잘하는 나'라는 긍정적인 자아상도 함께 형성됩니다. 자신이 노력한 결과에 대해 보상이 주어질 때 아이가 느끼는 성취감은 배가됩니다. 외적 보상으로 만족감을 제공한 다음 성취감을 느끼도록 도와주세요.

외적 보상의
가치 다루기

아이가 놀이터를 포기하고 집으로 돌아온다면 엄마와의 책 읽기 등 다른 활동에 대한 기대가 있는 것입니다. '놀이터랑 책이랑 비교가 돼?'라고 생각할 수도 있는데요. 어떤 것에 더 큰 가치를 두는가는 아이마다 다르고, 부모님이 어떠한 상호작용을 하는가에 따라 달라집니다. 항상 더 큰 만족을 주기 위해 비싼 장난감이나 특별한 이벤트를 제공할 필요는 없습니다. 다음의 예시를 보고 부등호의 방향을 생각해 보세요.

지금 놀이터에서 놀기 (> / <) 집에서 엄마랑 책 읽기
지금 놀이터에서 놀기 (> / <) 내일 놀이터에서 놀기

아이의 입장에서 상상하며 부등호에 동그라미 표시를 해 보세요. 어떤 쪽이 더 매력적으로 느껴지나요? 일반적인 상황으로 생각하면 지금

놀이터에서 놀기 방향으로 부등호가 벌어질 겁니다. 대안이 현재의 욕구를 이기지 못하는 것이지요. 현재의 욕구가 대안의 매력보다 큰 겁니다. 하지만 다음의 공식을 적용하면 부등호의 방향이 바뀔 수 있습니다.

대안의 매력 = 선호도 + 기대하는 감정 + 긍정적 경험

집에서 엄마랑 책 읽기, 내일 놀이터에서 놀기와 같은 미래의 대안에 선호도, 기대하는 감정, 긍정적 경험을 더해 주는 겁니다. 선호도란 '평소 이 활동에 대해 아이가 좋아하는 정도'를 의미합니다. 기대하는 감정은 말 그대로 '이 활동에 대해 갖는 기대하는 감정'이지요. 긍정적 경험은 '실제로 아이가 이 활동을 통해 즐거운 경험을 했는가?'에 관한 부분입니다.

예를 들어 '집에서 엄마랑 책 읽기'를 대안으로 현재의 욕구를 지연시키려면 아이는 평소 책을 좋아해야 하고(선호도), 오늘 놀이터에 다녀온 후에 어떤 책을 읽을지 미리 알고 있으며(기대감), 엄마랑 재미있게 책을 읽은 경험(긍정적 경험)이 있어야 합니다.

세 가지 모두 해당하지 않더라도 이러한 요소들이 더해질 때 지금 놀이터에서 노는 대신 엄마랑 책을 읽기 위해 집으로 향합니다. 또한 놀이터를 선택하더라도 집에서 엄마랑 책을 읽지 못한 서운함 때문에 다음번에는 다른 선택을 할 수도 있습니다. 물론 부모님도 선호도, 기대감, 긍정적 경험의 점수를 더 높이기 위해 놀이터에 가기 전 물밑 작업을 해

야겠지요.

이 공식은 제가 아이들의 행동 수정을 위해 사용하는 훈육 대화 중에서 선택권 주기에 해당하는 내용입니다. 만족 지연 능력은 아이들이 울고 떼쓰는 훈육 상황에서도 똑같이 필요합니다. 미래의 보상을 대안으로 현재 떼를 쓰게 만든 욕구를 조절해야 하기 때문이지요. 만족 지연 능력의 '미래 보상'과 선택권 주기에서의 '대안'을 같은 의미로 해석하면 됩니다.

조절하는 내 모습이 곧 내적 보상이 되도록

지금 놀이터에서 놀기와 내일 놀이터에서 놀기도 비교해 볼까요? 놀이터라는 장소는 이미 아이가 좋아하는 곳이고 현재 욕구나 미래 욕구에 동일하게 등장하므로 가중치는 없습니다. 그럼 기대감으로 넘어가서 내일 놀이터 놀기에 대한 기대감을 넣어 주는 거예요. "내일은 옆 동네 놀이터에 가서 2인 그네를 탈 수 있을 텐데……. 그 놀이터에는 킥보드 타는 넓은 공간도 있잖아." 하는 거지요. 여기에 추가로 아이가 이 옆 동네 놀이터에서 신나게 놀았던 경험이 있다면 '긍정적 경험'까지 주어지면서 대안을 선택할 확률, 즉 현재의 만족을 멈추고 미래의 더 큰 만족을 위해 놀이터에서 집에 갈 확률이 높아지는 겁니다.

'매번 이렇게 매력적인 대안을 주지 못하는데 어쩌지?'라는 생각이 들 수도 있겠지요. 하지만 괜찮습니다. 우리는 뒤이어 따라오는 매력적인 대안이 아닌 현재의 욕구를 조절한 부분에 집중하여 상호작용을 하고 내적 보상을 강조할 것이기 때문이에요.

　아이는 이러한 과정을 거치면서 처음에는 매력적인 대안 때문에 현재의 욕구를 조절했지만, 점차 매력적인 대안이 없더라도 현재의 욕구를 조절하는 힘을 기르게 됩니다. 또한 조절하는 힘을 기르면서 자연스럽게 자기 자신에 대한 믿음도 생겨납니다. 이때부터는 매력적인 대안이 외적 보상으로 주어지지 않아도 아이 스스로 욕구를 조절할 것입니다. 이제는 조절하는 나 자신이 곧 내적 보상이 되어 아이에게 만족감을 주기 때문입니다.

만족 지연 능력을 높이는 방법

우리 삶에서 욕구를 조절해야 하는 상황은 매우 많습니다. 줄 서는 것을 기다려야 하고, 화장실이 급해도 조금 참아야 하고, 다음 날 여행이 너무 기다려져도 오늘은 자야 합니다. 그러므로 만족 지연 연습이 안 되면 기다리기가 어렵고, 즉각적인 즐거움을 추구하다 보니 반드시 해야 하는 일상생활 진행이 안 되고, 또래 관계에서도 규칙 지키기나 배려와 협력을 기대하기 어렵습니다. 친구를 싫어해서가 아니라 그 순간 자신의 욕구를 조절하지 못하여 자주 갈등이 일어나는 겁니다.

문제는 학습 상황에도 그대로 이어집니다. 학교에서는 쉬는 시간이 끝나면 바로 자리에 앉아야 하고, 수업 시간 동안 선생님 이야기를 들어야 하며, 책을 읽고 생각하는 과정도 거쳐야 합니다. 원하는 만큼 성적이 안 나와서 불만이 있더라도 욕구 좌절의 감정에 깊이 빠져드는 것이 아니라 미래의 만족을 위해 다시 책을 펼치는 힘이 필요합니다.

하지만 만족 지연 능력이 낮은 아이들은 즉각적인 만족을 지연하지 못하기 때문에 수업을 듣는 것도 힘들고, 지금 시험공부를 안 하면 어떤 결과가 도래할지 예측이 돼도 그 시간에 친구를 만나러 나갑니다. 반면 만족 지연 능력이 높은 아이들은 친구와 놀고 싶은 욕구보다 시험을 마친 후 만족스러운 상태에서 자유롭게 시간을 보내는 자신을 상상하면서 현재의 공부를 선택하지요.

막연한 미래의 결과를 기다리는 것은 굉장한 인내가 필요합니다. 아이들이 처음부터 학업적 보상에 더 큰 가치를 두는 건 어려운 일이에요. 따라서 처음에는 먼 미래가 아닌 가까운 미래의 기다림을 반복하면서 만족 지연 이후에 경험하는 기쁨이 얼마나 큰 것인지 느끼도록 도와주어야 합니다. 특히 영유아기에는 상황에 대한 논리적 판단이 어렵기 때문에 아무리 미래에 큰 보상이 주어진다 해도 처음부터 오랜 시간을 기다리게 하면 욕구 조절에 실패합니다.

예를 들어 볼게요. 아이가 어린이집에 처음 다니기 시작하면 보통 다음과 같은 순서로 아이를 적응시킵니다.

어린이집에서 부모님과 함께 생활하기 → 부모와 공간 분리하기 → 10분 떨어지기 → 30분 떨어지기 → 점심 먹고 하원하기 → 낮잠 자고 하원하기

만족 지연 능력을 키우는 방법도 이와 같습니다. 기다림의 시간을 아주 짧게 시작해서 점차 늘려 나가는 거예요. 아이가 젤리를 달라고 심하

게 떼를 쓸 때 바로 주지 않고 "잠깐 기다려. 엄마가 지금 가지러 가고 있지? 여기 앉아 있으면 줄 거야." 합니다. 그다음 행동은 재빠르지만 발걸음은 차분하게 젤리를 찾은 뒤 "앉아서 기다렸어? 울지 않고 기다리니까 엄마가 젤리를 엄청 빨리 찾았네." 하면서 주는 겁니다.

다른 사람이 보기에는 젤리를 달라고 하자마자 바로 주는 것처럼 보일 수도 있습니다. 하지만 이 대화 안에는 '기다려야 해'라는 메시지가 있어요. 그리고 '의자에 앉아 있어'라는 지시도 들어 있습니다. 아이는 젤리를 지금 당장 먹고 싶었지만 그 욕구를 해결하기 위해 최소한의 시간이라도 의자에 앉아서 기다리는 행동을 한 것입니다.

만약 '앉아서 기다려야 해'라는 메시지가 없고, 지시에 따르는 아이의 행동이 없다면 한 시간 뒤에 젤리를 주더라도 이것은 '기다려서 얻은 보상'이 아니라 '떼써서 얻은 보상'이 됩니다.

따라서 아이의 욕구 조절이 필요한 순간에는 욕구를 빠르게 들어주되 간단한 지시를 하면서 아이가 기다림을 연습하도록 이끌어 보세요. '기다린 건가?' 싶을 정도로 짧은 시간을 주고 위와 같이 반응하면서 '기다리니까 → 좋은 일이 생기네'라는 인지 구조를 만드는 것이지요. 이러한 과정이 반복되면 기다림의 시간은 1분에서 2분으로, 5분에서 10분으로, 나중에는 "이따가 집에 가서 줄게."라는 말에도 즐거워하는 아이가 될 것입니다.

만족 지연 능력과 집중력

아이들은 기다리고 성취하는 과정에서 만족 지연 능력을 키웁니다. 하지만 단순히 기다리는 것만으로 성취감을 느낀다면 더 높은 수준의 자기 조절 능력을 기를 수 없습니다. 예를 들어 다음 날 아침 키즈 카페에 가기 위해 평소보다 일찍 잠자리에 들었다면 내일을 위해 만족을 지연한 것은 맞지만, 이때 아이가 할 일은 오늘의 놀이를 멈추고 빨리 자는 것뿐입니다. 시간이 지나 내일이 되면 자연스럽게 키즈 카페라는 보상이 주어지는 것이지요.

실제로 만족을 지연해야 하는 상황은 이보다 더욱 복잡한 경우가 많습니다. 단순히 기다렸을 때 성취가 오는 것이 아니라 만족 지연과 더불어 그 과정에서 적극적인 행동을 했을 때 성취가 따르는 구조이지요. 밥을 먼저 먹고 간식을 먹기로 했으면 식사하는 행동을 먼저 해야 하고, 양치 후에 책을 읽기로 했으면 양치하는 행동을 해야 합니다. 숙제 후 놀기를 선택했으면 숙제를 끝마쳐야 하고요. 자신에게 주어진 과제를 집중력 있게 해내야 비로소 만족을 느끼는 것입니다.

하지만 아이들이 만족을 지연하기로 결정했더라도 과제에 집중하는 건 어려운 문제입니다. 밥을 먹으려고 앉았지만 소파에 있는 인형이 궁금하고, 의자가 딱딱해서 일어나고 싶고, 반찬이 마음에 안 들어서 식사 진행이 안 될 수도 있어요. 양치를 하러 욕실에 들어갔지만 물장난을 치고 싶고, 거울에 비친 자신의 모습에 빠져 장난스러운 표정만 짓고 있을지 모릅니다.

학습도 마찬가지입니다. 숙제를 하려고 자리에 앉으면 의자 높이도 맞추고 연필도 깎아야 합니다. 글을 읽는데 친한 친구 이름이 등장하면 낄낄 웃음도 나고요. 지우개 가루 뭉치기에 빠져 시간만 축내기도 합니다. 다양한 자극 속에서 목표에 집중하지 않으면 만족을 지연시키는 연습만으로는 원하는 결과를 얻기 어렵습니다. 아이들이 만족 지연을 통해 미래에 더 큰 만족을 얻으려면 과제에 몰입하는 집중력이 필요한 것입니다.

집중할 시간이 없는 현실

집중력이란 외부의 간섭을 최소화하여 주어진 활동에 몰입하는 능력입니다. 이때 외부의 간섭을 최소화하는 방법은 두 가지입니다. 처음부터 외부 자극이 거의 없거나, 있다면 아이들이 많은 자극 속에서도 자신의 목표를 향해 몰입해야 하지요.

하지만 외부 자극이 없는 환경은 현실적으로 불가능합니다. 오히려 아이들의 마음을 사로잡는 외부 자극이 넘쳐 나지요. 우리 아이들은 스마트폰, 맛있는 간식, 놀이터의 미끄럼틀, 서재를 꽉 채운 책, 풍부한 장난감…… 이러한 자극들을 뒤로한 채 현재의 과제만을 생각하며 몰입해야 하는 겁니다. 아래 유치원생의 하루를 잠시 살펴봅시다.

K-유치원생의 하루

엄마의 목소리를 듣고 일어나 졸린 눈으로 양치를 하고, 아침을 먹습니다. 서둘러 옷을 입고 유치원 등원 차량을 타러 밖으로 나갑니다. 길가에 핀 강아지풀을 만져 보고 싶지만 차량 시간에 늦으면 안 되기에 발길을 재촉합니다. 다행히 시간에 맞추어 차를 탔습니다. 바깥 풍경을 구경하고 싶은데 2분에 한 번씩 차량 문이 열리고 친구들이 탑니다. 유치원에 도착하면 다양한 수업을 하고, 친구들과 놀이를 하고, 다시 하원 차량을 타고 집에 옵니다.

집으로 오는 길에 놀이터에 잠깐 들렀습니다. 더 놀고 싶었지만 이제 은물 선생님이 올 시간입니다. 선생님과 함께 즐겁게 수업을 합니다. 엄마가 식사 준비를 하는 동안 나는 영상을 보거나 그림을 그립니다. 벌써 식사 준비가 다 되었대요.

놀이를 멈추고 식탁에 앉았습니다. 오늘따라 마음에 드는 반찬이 없다고 투정을 부렸더니 내일은 내가 좋아하는 떡갈비를 구워 준다고 합니다. 기분이 좋아진 나는 밥을 먹으며 아빠와 엄마랑 이야기를 나누고, 식사 후에는 아빠랑 몸 놀이를 했습니다. 아빠와의 레슬링은 언제나 즐겁지만 곧 자야 할 시간이라 오래 할 수는 없습니다. 자기 전에는 책을 골라 엄마와 함께 읽습니다. 자려고 불을 끄고 누우면 엄마의 다정한 목소리가 들립니다. "우리 아들~ 오늘 하루 어땠어?"

집마다 상황은 조금씩 다르겠지만 대부분의 아이가 이러한 패턴으로 하루를 보냅니다. 물론 우리 아이는 오늘 만족스러운 하루를 보냈습니다. 하지만 자기 조절의 관점에서 보면 만족을 지연하거나 집중해서 과제를 수행하는 경험은 부족해 보입니다. 더욱이 이것은 하루 일과를 활동 중심으로 쓴 것입니다. 더욱 구체적으로 들어가면 이 속에서 아이들이 느끼는 자극은 더 많겠지요.

환경적인 요소는 아이들의 집중력에 많은 영향을 미칩니다. 소음과 혼잡한 공간은 집중력을 낮추고 주의를 분산시키지요. 스마트폰과 디지털 장치의 유혹도 현대 사회에서 집중력을 방해하는 대표적인 요소입니다. 피곤함, 지루함, 걱정과 불안 등의 개인적 요인도 집중을 방해하고 누군가의 요청, 긴급한 일, 외부적 요인도 집중력을 방해합니다.

이러한 관점에서 보면 아이들의 일과는 집중력 방해 요소의 집합체입니다. 일단 혼자 있을 수 있는 물리적인 시간이 부족하고, 안전 때문에라도 혼자 둘 수는 없습니다. 언제나 여러 또래와 함께 있거나 보호자와 함께 있지요. 기관에서 여럿이 함께 있다 보면 소리와 공간의 제약으로 집중이 어렵고, 가정에서는 영상 노출이나 지루한 학습 환경에 놓일 수 있습니다. '밥 먹자, 씻자, 정리하자' 부모님의 끊임없는 요청과 '지금 나가야 해, 잘 시간이야, 늦었어' 등 긴급한 일들이 이어집니다.

물론 위 상황은 부정적인 측면을 강조한 것입니다. 모든 일과가 이렇게만 이루어지진 않겠지요. 하지만 '위 상황에서 우리 집은 완전히 자유롭다'라고 자신 있게 말할 수 있는 가정도 많지는 않을 것입니다.

여러 자극 속에서 나에게 필요한 정보에 집중하는 건 주의력입니다. 집중력은 여기에 목표나 작업에 몰입하는 절대적인 시간이 더해진 개념이지요. 주의력이 정보 필터링과 관련된 초기 단계의 프로세스라면, 집중력은 심층적인 작업을 수행하는 데 필요한 과정입니다.

하루 중에서 우리 아이가 무언가에 집중하는 시간이 얼마나 될까요? 많은 부모님이 자녀의 자기 조절 능력을 키워야 한다는 점에 동의하지만, 현실은 아이들에게 그러한 시간을 주지 않습니다. 따라서 부모인 우리가 이러한 점을 인식하고 아이들이 집중할 수 있는 환경을 의식적으로 만들 필요가 있습니다.

고민하고 선택하는 경험의 필요성

만족 지연 능력을 키우려면 시간이 필요합니다. 내가 현재의 욕구를 조절하여 만족을 지연시킬 것인가에 대한 고민의 시간이 포함돼야 하는 것이지요. 이러한 과정이 없으면 만족 지연이 아니라 그냥 선택입니다. 깊은 고민의 과정을 거치지 않고 순간적인 판단에 의해 더 나은 선택, 때로는 어쩔 수 없는 선택을 반복하는 것입니다.

다시 K-유치원생의 하루로 돌아가 볼까요? 아이는 차량을 타러 가는 길에 강아지풀을 만지고 싶었습니다. 하지만 차량을 타러 갔지요. 놀이터에서 더 놀고 싶었지만 집으로 돌아왔고, 그림을 더 그리고 싶었지만 밥을 먹었고, 몸 놀이를 더 하고 싶었지만 잠을 자러 가야 했습니다. 이 과정 자체가 잘못된 것은 아닙니다. 당연히 유치원 차량을 타야 하고, 놀이터에서 집으로 돌아와야 하고, 놀이를 멈추고 밥을 먹어야 하고, 잘 시간이 되면 잠자리에 누워야 해요. 이러한 큰 틀은 그대로 두면서 그 안에서 만족 지연과 집중을 연습해야 합니다.

강아지풀을 만지려는 아이에게 "늦었어. 차 떠나기 전에 빨리 가야 해."라고 말하는 대신 "지금은 강아지풀 볼 시간이 부족하니까 집에 돌아갈 때 더 오래 보자." 하는 겁니다. 강아지풀을 보고 싶은 욕구를 하원 후로 지연하되, 더 많이 볼 수 있다는 점을 강조하면서 기대감을 주는 겁니다. 그다음에는 실제로 하원 후에 강아지풀을 집중하여 관찰할 시간이 필요합니다. 차량을 타러 가는 길에 멈추어 서서 강아지풀을 관찰했어도 집중은 했을 것입니다. 하지만 만족 지연을 배울 수는 없었겠지요. 자기 조절이란 하고 싶은 것을 마음대로 다 할 수 있는 환경에서는 길러질 수 없습니다. 제한된 환경에서 자신에게 유리한 상황을 찾아 그것에 맞게 행동을 조절하는 연습이 필요합니다.

만약, 시간도 여유가 있고 아이에게 탐색할 기회를 주고 싶다면 이때에도 자기 조절을 경험하도록 위에서 언급한 동일한 메시지를 약간 다르게 표현합니다. "지금 강아지풀 보면 유치원까지 걸어가야 해. 강아지풀 보고 걸어갈래?" 오래 걸어도 강아지풀을 볼 것인지 묻는 겁니다. "유치원에 가는 길이라 조금만 보고 걸어갈 거야. 집에 갈 때 보면 더 오래 볼 수 있어. 어떻게 할래?"라고 할 수도 있습니다. 지금 볼 때와 하원 후에 볼 때 어떤 차이가 있는지 설명하고 선택권을 주는 것이지요.

여기서 주의할 점은 "그럼 오늘은 강아지풀 보고 걸어서 갈까?" 하고 부모님이 결정해서 이야기하면 안 된다는 거예요. 이건 부모님이 결정 했지만 아이가 원하는 그대로 따르는 것이기 때문에 선택이 아닌 허용입니다. 이럴 경우 아이는 등원할 때마다 강아지풀을 관찰하려고 할 거예요. '강아지풀 보고 걸어서 등원하기'를 매일 할 수 없다면 차를 타고 유치원에 가야(욕구를 조절하면) 하원 후에 강아지풀을 더 많이 볼 수 있다는 사실을 알려 주면서(구체적인 미래의 보상) 아이가 고민할 기회를 주어야 합니다. 위 내용을 정리하면 다음과 같습니다.

➜ **이렇게 말해 봐요!**

"지금은 강아지풀 볼 시간이 부족하니까 집에 돌아올 때 더 오래 보자."

→ 기대감 O 만족 지연 O

"지금 강아지풀 보면 유치원까지 걸어가야 해. 강아지풀 보고 걸어갈래?"

→ 선택권 O 생각할 기회 O (스스로 조절하고 선택하는 경험 가능)

"유치원에 가는 길이라 조금만 보고 걸어갈 거야. 집에 갈 때 보면 더 오래 볼 수 있어. 어떻게 할래?"

→ 선택권 O 생각할 기회 O (스스로 조절하고 선택하는 경험 가능)

> ➜ **이 말은 피하세요!**

"늦었어. 차 떠나기 전에 빨리 가야 해."

→ 기대감 X 선택권 X (통제당함, 욕구 좌절됨)

"그럼 오늘은 강아지풀 보고 걸어서 갈까?"

→ 만족 지연 X 조절과 선택 X (당연하게 생각함, 즉시 욕구가 충족되어 기본값이 높아지므로 이후 훈육이 어려움)

기다리는 경험의 소중함

아이들은 관심 있는 주제를 탐구할 때 집중력이 높아집니다. 아이가 길가에 핀 강아지풀에 관심을 가졌다면 언제든 관찰할 수 있는 환경이 주어졌을 때 집중력 있게 탐색할 수 있습니다. 굳이 유치원 차량을 놓치면서까지 강아지풀을 탐색할 이유는 없는 것입니다. 하지만 그럴 만한 시간적 여유가 있으면 차량 타기를 안 하고 매일 아이와 걸어서 등원하는 것도 방법입니다. 조절의 기회는 다른 곳에서도 찾을 수 있고, 매일 그렇게 할 수 없을 때 조절이 필요한 것이니까요. 하지만 이렇게 시간적 여유를 가질 수 있는 가정이 얼마나 될까요? 아이가 둘 이상이면 더 시간에 쫓기고, 맞벌이 가정이면 평일의 여유는 엄두도 못 낼 것입니다.

한편 이러한 시대적 흐름에 따라 우리는 불필요한 시간을 줄여 주는 편리한 세상에 살고 있습니다. 아이가 떡갈비를 먹고 싶다고 하면 새벽배송으로 주문해서 다음 날 아침에 줄 수 있고, 유치원에서 선생님이 읽어 준 책을 또 보고 싶다고 하면 서점에 가지 않아도 책 읽어 주는 영상을 찾아볼 수도 있습니다. 가까운 곳에 키즈 카페가 있고, 예약 시스템이 잘되어 있으니 미용실도, 식당도, 택시도 집에 있다가 시간에 맞추어 나가면 됩니다. 세상이 바뀌었으니 편리해진 점을 적극적으로 이용해야지요. 그것도 능력인 시대입니다.

하지만 이러한 변화된 세상 속에서 아이들이 기다리는 기회가 적어진 것은 문제입니다. 만족 지연 능력이 삶의 중요한 요소라면 연습이 필요합니다. 그런데 요즘은 기다리지 않아도 바로 욕구가 해소되고 대체물이 넘치는 환경이라 만족 지연을 연습하기가 어렵습니다. 특히 학습은 지루한 과정을 견뎌 내야 하는 과정입니다. 바로 욕구가 해소될 수 없고, 대체물이 있지도 않습니다. 똑같은 평가 기준에서 지식을 쌓고 그 과정을 거쳐야 성취할 수 있습니다. 만족스러운 결과를 내기 위해서는 충분한 시간을 갖고 과제에 몰입도 해야 합니다.

우리 아이가 학습에 집중하길 바란다면 좋아하는 것부터 충분한 시간을 갖고 기다리는 시간을 확보해 주세요. 좋아하는 것을 할 때도 기다리는 것을 어려워하는 아이라면 학습 과제에 오랜 시간 몰입하여 의미 있는 결과를 낼 수는 없습니다.

집중력을 높이는 방법

집중력이 높은 아이들은 다양한 자극 속에서 자신에게 중요한 정보에 주의를 집중하고 긴 시간 몰입할 수 있습니다. 이를 위해서는 어릴 때부터 감각 자극을 다루는 연습이 필요합니다.

특히 영유아기의 아이들은 감각을 통해 세상을 배우기 때문에 시각적 자극과 소리, 냄새, 맛, 촉감에 민감합니다. 반짝거리는 것을 좋아하고, 오토바이 소리에 관심을 가지고, 맛있는 냄새, 달콤한 간식, 엄마 아빠의 포옹을 좋아합니다. 언어로 소통하기 전, 문자를 배우기 이전의 어린 연령의 아이일수록 더욱 이러한 모습을 보이지요.

같은 자극에 부정적으로 반응하는 아이들도 있습니다. 반짝거리는 불빛을 무서워하고, 오토바이 소리가 들리면 얼음이 되거나, 특정 냄새와 맛을 심하게 거부하고, 가까이 닿는 느낌이 싫어서 스킨십을 거부하는 아이들이 여기에 해당합니다.

그래도 영유아기에는 오랜 시간 집중을 요구하는 일이 비교적 적기 때문에 특별히 예민한 아이가 아니라면 자극을 다루지 못하는 것이 큰 문제로 여겨지지 않습니다. 밥을 먹다가 소방차 소리를 들으러 일어나거나, 친구가 가까이 다가올 때 울음을 터트려도 그럴 수 있다고 생각하지요. 많은 부모가 아이의 연령이 증가하면 이러한 모습이 자연스럽게 사라질 거라 기대합니다. 하지만 현실은 그렇지 않습니다. 영유아기에 다양한 자극을 다루는 연습이 안 된 상태에서 학령기에 이르면 겉 포장만 달라진 똑같은 이유로 여러 문제와 직면하게 됩니다.

자극 속에서 몰입하는 경험

밥을 먹다가 소방차 소리를 들으러 일어나던 아이가 수업을 하다가 흥미로운 소리가 들린다고 자리에서 일어납니다. 친구가 다가올 때 울음을 터트린 아이가 피구를 할 때 친구와 부딪쳤다고 울거나 화를 내는 것입니다. 따라서 영유아 시기에도 밥을 먹다가 소방차 소리가 들렸을 때 자리에 앉아서 밥 먹기에 집중할 수 있어야 합니다. 친구가 다가와서 놀랄 수는 있지만 공격적인 모습을 보인 게 아니라면 같은 공간 안에서도 편안하게 지내는 연습이 필요합니다.

자극에 관심을 보일 때

우리 아이가 다양한 자극에 관심이 많아 집중이 어렵다면 한 가지 상황에 대한 중요도를 높여 주세요. 부모님도 아이에게 한 가지 행동만 강조하는 겁니다.

밥을 먹다가 밖에서 소방차 소리가 들릴 때 자리에서 벌떡 일어나는 아이라면 이때 집중할 과제는 '밥 먹기'입니다. 그렇다면 부모님은 "일어나면 안 돼.", "소방차는 불 끄러 가는 거야.", "돌아다니면서 먹으면 밥 치울 거야." 등의 이야기를 하는 게 아니라 '밥을 먹는 활동'에 집중하는 것이에요. 밥만으로는 아이를 집중시키기 어렵기 때문에 '밥을 씹으면서 소방차 소리 내기', '소방차 갖다 놓고 함께 밥 먹기' 등 좋아하는 것과 연결하되 행동의 중심은 '밥 먹기'가 되도록 하는 것입니다.

이러한 긍정적인 상호작용만으로 집중이 안 되면 '밥 먹기'를 전제로 다음에 이어질 활동에 미치는 영향을 설명할 수 있습니다. "밥 먹고 우리 어디 가기로 했지? 맞아. 놀이터 가기로 했지? 밥을 먹고 나가야 놀이터에서 오래 놀 텐데……. 깜깜해지면 밖에 못 나가서 어쩌지?" 하는 겁니다. 아이는 이러한 과정을 통해 '앉아서 밥 먹기'의 동기를 갖게 됩니다. 소방차 소리에 관심이 가도 밥을 먹고 놀이터에 나가야 하는 이유가 있기 때문에 조금 더 식사에 집중할 수 있습니다.

처음에는 앉아서 먹지 못하고 식사 시간이 길어져 놀이터에 못 나갈 수도 있습니다. 이러한 과정을 거친 아이는 '밥을 앉아서 먹고 놀이터에서 놀걸' 하고 후회의 순간도 경험합니다. 그렇기 때문에 '밥 먹고 놀이터 가기'라는 목표로 향하기 위해 점점 더 외부 자극에 대한 관심을 멈추고 현재 중요한 과제인 밥 먹기에 집중할 것입니다.

자극을 불편해할 때

우리 아이가 외부 자극에 대해 불편함과 불안을 느껴서 집중을 못하는 경우라면 자극에 점진적으로 다가가는 연습이 필요합니다. 예를 들어 친구가 가까이 다가오자 울음을 터트린 아이라면 친구의 소리나 움직임을 예측하고, 그러한 상황에 익숙해져야 하는 거예요.

먼저 아이가 어떤 자극을 불편해하거나 불안해하는지 살펴봅니다. 만약 친구가 과격하게 뛰어다녀서 깜짝 놀란 거라면 친구가 다가오지 않는 안전한 거리에서 뛰어노는 친구들을 관찰합니다. 친구가 뛰는 이유가 아이를 위협하기 위한 것이 아니라는 점, 뛰어서 즐겁게 놀 수 있다는 점을 아이가 인식하도록 돕는 거예요. 그다음에는 조금 가까이 다가가 관찰하거나, 같은 공간에서 다른 놀이를 시도할 수도 있습니다. 만약 친구가 아이의 몸을 만지는 게 불편해서 울어 버린 거라면 친구랑 손바닥 크기 재 보기, 하이 파이브 등을 통해 친구와 자연스럽게 신체를 접촉하는 경험을 만들어 줍니다.

단, 이때는 아이의 욕구가 중요합니다. 부모님이 제안한 놀이에 관심이 없다면 아이는 놀이를 위해 친구와 소통하려는 노력을 하지 않을 거예요. 그래서 이때도 아이가 좋아하는 활동을 제안하고, 매력적인 대안 만들기 공식을 적용해서 아이가 친구와의 놀이를 기대하도록 하면 도움이 됩니다.

결국 집중력이란 다양한 자극 속에서 나에게 필요한 자원을 판단하여 몰입하는 것입니다. 아이가 불필요한 자극 때문에 현재 중요한 것에 집중을 못할 때는 아이가 평소 좋아하는 것들을 외적 동기로 활용하여 외부 자극 때문에 중요한 것을 놓치지 않도록 도와줘야 합니다.

자극이 없는 환경에서 몰입하는 경험

집중력이 높은 아이들도 다양한 자극에 지속적으로 노출되면 매번 유혹을 물리치고 집중하기는 어렵습니다. 따라서 아이들의 집중력을 높이기 위해서는 자극이 통제된 상황에서 몰입해 보는 경험도 필요합니다. 많은 자극 속에서 외적 동기를 활용하여 집중력을 유도하는 게 아니라 처음부터 자극이 없는 환경에서 좋아하는 것에 푹 빠지는 경험을 하는 것이지요.

앞에서 얘기한 집중력이 '설거지는 쌓여 있고, 아이를 돌봐 줄 사람도 없지만, 저녁 준비를 마쳐야 하는 생활형 집중 능력'이라면 지금 이야기하는 집중력은 '모든 요리 도구와 재료가 준비된 곳에서 혼자 어려운 일품요리를 해내는 과정에서 필요한 집중력'이라 할 수 있습니다. 억지로 외부 자극을 모른 척하지 않아도 집중이 되는 환경을 만들고, 그 안에서 고도의 몰입을 경험하는 것이지요.

누가 시키지 않아도 집중할 때는 언제일까요? 좋아하는 것을 할 때, 즐거울 때입니다. 드라마를 볼 때, 게임을 할 때, 맛있는 음식을 먹을 때 우리는 집중합니다. 좋아하는 것에 빠져 있으면 누군가 큰 소리로 불러도 잘 못 듣습니다. 그만큼 현재의 활동에 빠져 있다는 뜻이지요. 반대로 환경을 통제해서 더 이상 외부 자극이 주어지지 않아도 과제가 지루하면 긴 시간 몰입하기 힘듭니다. 따라서 아이들의 몰입을 위한 집중력 연습은 아이들이 좋아하는 것에서부터 출발해야 합니다.

미국 심리학자 하워드 가드너가 주장한 다중 지능 이론에 따르면, 각 개인은 저마다 고유한 지능 프로파일을 갖고 있습니다. 자신의 강점 지능을 활용하여 약점 지능을 보완할 수도 있고, 강점 지능을 통해 더 높은 수준의 능력을 발휘할 수 있지요.

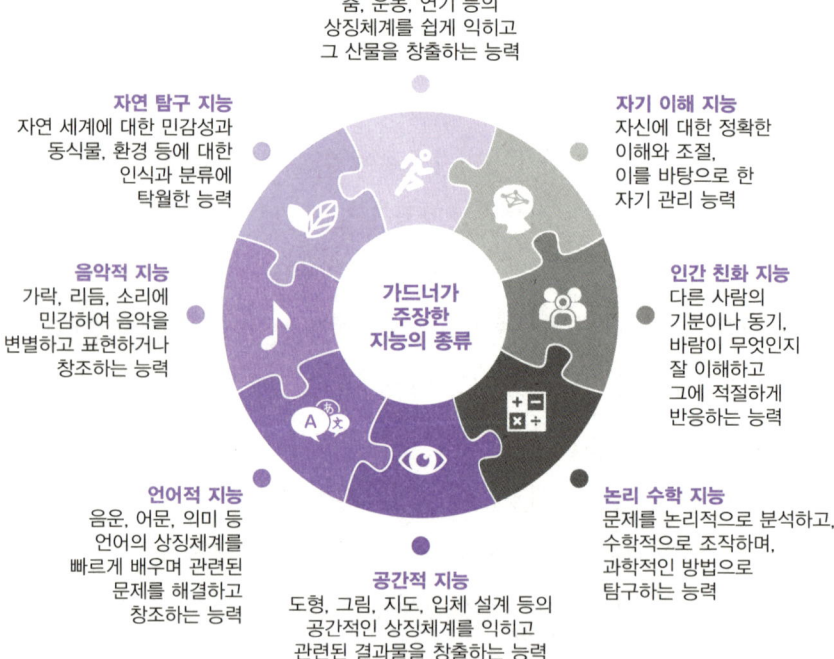

올바른 유아 기초 능력

신체 운동 지능과 인간 친화 지능이 뛰어난 아이에게 계속 축구를 하는 환경이 주어지면 이 아이는 점점 더 축구에 몰입할 것입니다. 음악적 지능이 높은 아이는 노래를 부르거나 음악을 감상하고, 자연 탐구 지능이 높은 아이는 곤충을 관찰하거나 숲 체험을 할 때 그 활동에 푹 빠져들겠지요.

이처럼 아이들이 자신의 강점 지능과 관련된 활동을 많이 접하면 그 자체로 좋아하는 것이기 때문에 특별히 노력하지 않아도 자연스럽게 고도의 집중력을 발휘할 것입니다. 부모님은 아이가 좋아하는 것을 발견하여 몰입할 수 있는 환경을 만들어 주어야 하지요.

영유아기에는 특히 이러한 경험을 많이 하는 게 좋습니다. 학령기에 올라가면 아이들의 생활은 바빠지고, 항상 좋아하는 것만 하면서 시간을 보낼 수 없기 때문입니다. 이럴 때는 몰입 환경을 구성하는 것과 더불어 일상생활에서도 집중력을 키우기 위한 훈련을 함께하면 좋습니다. 지금부터는 생활 속에서 좋아하는 활동을 통해 집중력을 키우고, 만족 지연 능력도 높이는 구체적인 방법을 알아보겠습니다.

2

실전! 유혹이 있어도 조절하는 하루

조절을 배우는 하루를 만드는 방법

 누군가 나의 부정적인 감정을 자극하는 상황에서는 부정적인 감정과 긍정적인 감정을 잘 조절해야 합니다. 조절에 실패하면 분노가 강하게 표출되거나 오히려 부정적인 감정을 강하게 억눌러 웃음이 나는 등 상황에 맞지 않는 표현이 나올 수 있어요. 마음에 드는 이성을 만났을 때도 감정과 표현, 행동을 조절해서 균형을 맞추어야 원하는 결과를 얻을 수 있습니다. 좋아하는 감정을 주체하지 못해서 매일 찾아가면 상대방이 부담을 느낄 것이고, 그렇다고 아무 표현을 안 하고 있으면 상대방이 내 마음을 알 수 없으니 그것 또한 적합한 조절은 아닙니다.

 이처럼 조절은 다양한 상황에서 적합한 감정과 행동을 향해 균형을 맞추는 것입니다. 하지만 "감정을 조절해야 해.", "간식을 조절해야지."에 쓰인 조절은 통제의 의미이지요. 조절은 원하는 마음을 억누르고, 포기하는 것이 아닙니다. 높은 조절 능력은 내가 원하는 것을 포기함으로써 욕구를 조절하는 것이 아니라 원하는 것을 얻기 위해 현재 중요한 것에 집중하고, 미래의 만족을 위해 감정과 행동을 맞추어 나가는 것이에요. 매일 간식을 두 개밖에 못 먹어서 슬퍼하는 아이는 조절을 통해 하루에 더 많은 간식을 먹을 수 있습니다. 간식을 이틀에 한 번씩 먹는 것으로 조절하면 하루에 네 개씩 먹을 수 있고, 주말에만 먹는 것으로 조절하면 한 번에 무려 열네 개의 간식을 먹을 수 있겠지요. 아이 스스로 '간식'이라는 목표를 향해 전략을 세우고, 감정과 행동을 조절하면서 '마음껏 간식을 먹는 경험'을 하는 것입니다.

원하는 모든 것을 누리며 살 수는 없지만 할 수 없는 것보다 할 수 있는 것이 훨씬 많은 세상이에요. 우리 아이들이 건강한 조절을 통해 만족스러운 하루를 보내게 해 주세요.

유혹에 맞서 행동을 조절하는 방법

- ☑ 기다리면 더 큰 만족이 온다는 사실을 알려 주세요.
- ☑ 짧은 기다림부터 시작하여 기다리는 습관을 만들어 주세요.
- ☑ 아이가 목표에 집중하도록 불필요한 자극을 제거해 주세요.
- ☑ 아이 욕구의 크기를 부모님 관점에서 판단하지 마세요.
- ☑ 무엇이든 욕구를 조절했을 때 그 결심과 인내의 과정을 인정해 주세요.
- ☑ 아이가 만족 지연으로 성취감을 느꼈을 때 함께 기쁨을 표현해 주세요.
- ☑ 아이가 목표를 잊지 않도록 즐겁게 자주 알려 주세요.
- ☑ 아이가 편안한 상태에서 좋아하는 것에 몰입할 수 있는 환경을 만들어 주세요.

기다리는 건 즐거운 일

지금 당장이 아니면 큰일이 날 것처럼 우는 아이들이 있습니다. 말이 안 통하는 아기들뿐만 아니라 어느 정도 말이 통하는 연령이 되어도, 심지어 아주 잠깐만 기다리면 더 큰 보상이 주어지는 걸 알아도 "지그으으음!"을 외치며 떼를 쓰지요.

울거나 떼쓰는 이유는 다양합니다. 그동안 기다릴 이유 없이 바로바로 원하는 욕구가 채워져서 잠깐이라도 기다려야 하는 이 상황이 매우 불쾌한 아이들도 있고, 원하는 것을 바로 얻을 수 없을 때 부모는 훈육이란 이름으로 "울음 그치면 와!" 했지만 그 상황이 방치됐던 기억으로 남은 아이들도 있을 겁니다.

어떤 이유이든 이 아이들은 즐거운 기다림의 경험이 없습니다. 지금 당장의 욕구를 조절하고 기다리는 것이 마치 큰 손해를 보는 것처럼 느껴집니다. 당연히 누려야 할 권리인데 빼앗긴 것 같고, 내가 원치 않는 방향으로 흘러갈 것 같은 기분에 휩싸입니다.

하지만 기다림은 그런 게 아니에요. 기다림도 얼마든지 즐거울 수 있습니다. 기다린 뒤에 어떤 일이 다가올지 기대하면 설레기도 합니다. 기다림의 즐거움을 모르는 아이들과 함께 즐겁게 기다리는 연습을 해 보세요.

잠깐만 타임

아이가 무엇인가를 달라고 했을 때 바로 전달하지 말고 친절한 말투로 "잠깐마안~!"이라고 해 보세요. '잠깐' 할 때는 목소리 톤을 올렸다가 '마안~' 하고 길게 쭉 빼면서 "잠깐마안~!" 하는 거예요. '잠깐 기다리면 엄청 재미있는 일이 생길걸?' 이런 느낌으로 웃으면서 말해 주세요.

잠시도 기다리지 못하는 아이라면 아이가 원하는 것을 이미 손에 들고 얘기해 주세요. 아이가 원하는 것을 바로 줄 거지만 '잠깐만'이라는 단어에 익숙해지게 하는 거예요. 당장 해 줄 수 있을 때는 바로 원하는 것을 주다가 정말로 기다려야 하는 순간 "잠깐만!"을 외치면 기다려 본 경험이 없는 아이들은 떼를 쓸 것이기 때문입니다.

여기에서 '잠깐만'은 "지금은 안 돼!"의 의미가 아닌 "뭘까? 나온다, 나온다, 잠깐만~!" 이런 느낌입니다. 잠깐만에 대한 긍정적인 경험이 쌓이면 잠시 기다려야 하는 상황에서 부모님이 '잠깐만'을 외쳤을 때 아이는 즐거운 기대를 하며 기다릴 수 있을 거예요.

그대로 멈춰라!

"즐겁게 춤을 추다가 그대로 멈춰라!"라는 노래를 아시나요? 이제부터 이 노래를 우리 집 애창곡으로 만들어 주세요. 처음에는 놀이로 접근해야 합니다. 진짜로 어떤 행동을 멈추기 위해 노래하는 게 아니라 그냥 재미있는 노래와 춤으로 그대로 멈춰라를 해 보는 거예요. 이 노래에 익숙해진 아이들은 아무 때나 "그대로 멈춰라!"를 외치면 동작을 멈추고 그 노래를 부른 사람에게 집중합니다.

제가 현장에서 아이들에게 놀이 지도를 할 때도 꼭 사용하는 놀이인데요. 대부분 어린이집, 유치원에서는 한두 번 들어 본 노래이기 때문에 연령과 관계없이 어떤 상황이든 그대로 멈춰라의 마법은 항상 통했어요. 앞으로는 아이가 현재 행동을 멈추고 다른 행동으로 전환해야 할 때 "그대로 멈춰라!"부터 외쳐 주세요.

"자 이제 블록 정리하고 씻으러 가자." 하는 대신 "준영아~ 준수야~ 그대로 멈춰라!" 하는 거예요. 그다음 아이가 바라보면 오늘 엄마랑 아기 돌고래 책 보고 싶은 사람!" 하면서 욕구를 조절했을 때(놀이를 멈췄을 때) 얻을 수 있는 보상에 대한 기대감을 주면서 대화를 이끕니다. 처음부터 씻으러 가자는 이야기를 굳이 할 필요는 없어요. 책을 읽는다는 건 그 전에 씻어야 한다는 약속이 이미 들어 있기 때문이지요. "그대로 멈춰라!"로 집중시킨 뒤 "책 보러 갈까?" 하며 기대감을 주는 이야기를 하고 "지금 씻으면 돌고래 책 많이 볼 수 있겠다~!"라고 말하는 등 놀이를 멈추고 씻으러 가면 어떤 좋은 일이 있는지 이야기해 주세요.

줄 서기 놀이

아이가 기관 생활을 하면서 자주 듣는 말 중 하나가 바로 "한 줄 기차 하세요!"입니다. 단체 생활을 하다 보면 줄을 서야 하는 상황이 많기 때문이지요. 부모님과 외출했을 때도 마트 계산대나 놀이터에서 줄을 서서 기다려야 하는 상황이 종종 있는데요. 이럴 때 놀이를 통해 줄을 서서 기다리는 긍정적인 경험을 만들어 주세요.

"우아~ 오늘 기차가 길~다! 우리는 몇 번째 기차인가?" 하면서 줄을 기차로 표현한 뒤 "하나, 두울, 세엣~!" 하며 리듬감 있게 수를 세어 보세요. 숫자는 정확하지 않아도 됩니다. 아이를 뒤에서 안고 몸을 양옆으로 흔들면서 숫자를 세는 게 포인트예요. 그러다 한 명이 볼일을 마치고 사라지면 "어머! 기차가 짧아졌네~!" 하며 재미있게 표현해 주세요. 줄이 점점 짧아질수록 "다섯 칸 남았어! 기차가 사라진다아~!" 하며 마치 줄이 짧아지면 안 된다는 듯 표현하기도 합니다.

처음에는 기다려야 좋아하는 활동을 할 수 있는 상황(예 : 그네 타기를 기다리는 상황)보다 이미 좋아하는 것을 가진 뒤 기다리는 상황(예 : 새로운 장난감을 손에 들고 계산을 기다리는 상황)에서 시작해 보세요.

나는 잘 기다리는 아이야

아이들은 자기 자신을 어떻게 정의 내리는가에 따라 그 아이의 행동이 결정됩니다. 이는 자기 효능감에서 다룬 개념인데요. 기다리는 게 지루한 아이들도 '나는 잘 기다리는 아이야'라는 생각을 장착하면 조금씩 기다리려는 모습을 보입니다.

일상생활에서 아이가 쉽게 기다리는 경험을 인위적으로 만들어 주면서 '나는 잘 기다리는 아이야'라는 생각을 하게 해 주세요.

기다리는 게 제일 쉬워!

아무런 의도를 하지 않았는데 기다리는 상황으로 만들어 주세요. 변기에 앉아 있으면 "지금 똥을 기다리는 거야? 힘! 주면서 기다리는 거야? 우아~ 엄청 잘 기다리네." 해 주는 것이지요. 욕조에 물을 받을 때 아이가 물놀이를 하려고 기다리고 있으면 "이거 욕조 물 가득 차려면 시간 오래 걸리는데 잘 기다리네~!" 해 줍니다. 그다음 "욕조에 물 많이 받아 줄까? 조금만 받아 줄까?" 해 보세요. 많이 받아 달라고 하면 "이거 물 많이 받으려면 조금 더 기다려야 하는데 괜찮겠어? 정말? 이야~ 물 받는 것도 잘 기다리네." 해 주는 거예요.

좋아하는 것이 주어질 것을 완벽히 예측한 상태에서도 기다림으로 성취감을 줄 수 있습니다. 간식을 받으려고 서 있으면 뒤돌아보며 "지금 엄마가 간식 주는 걸 기다리는 거야? 이렇게 예쁘게 서서 기다리는 거야?" 하고, 왼쪽 오른쪽 뺨에 뽀뽀를 하다가 잠시 멈추고 "지금 엄마 뽀뽀 기다리는 거야?" 할 수도 있습니다.

점점 길어지는 시간

처음에는 즐거운 기다리기를 통해 짧게 기다리고 만족감을 얻는 경험을 만들어 줍니다. 그다음 같은 상황에서 기다림의 시간을 점점 늘려 보세요. 예를 들어 간식을 좋아하는 아이에게 "잠깐만!" 방식을 사용하여 의자에 잠깐 앉았을 때 바로 간식을 줍니다. 그다음 앉아서 기다린 부분을 칭찬해 주세요. 다음 날에도 아이가 의자에 앉으면 맛있는 간식에 대한 대화를 잠깐 나눈 뒤 간식을 줍니다. 처음보다 짧은 대화를 추가하여 기다림의 시간을 늘립니다.

그다음은 부모님이 어떤 간식을 준비하고 있는지 기대감을 준 뒤 좋아하는 스티커를 다섯 개 붙이는 동안 간식이 완성될 거라고 이야기합니다. 그다음 아이가 스티커를 세 개 정도 붙였을 때 미리 가서 "어? 다섯 개도 안 붙였는데 엄마가 왔네?" 해 줍니다. 실제로 아이가 기다린 시간은 길어지고 있지만 아이에게는 예상한 시간보다 빨리 왔음을 강조하는 겁니다.

동생이 태어난 상황에도 대입해 볼까요? 엄마가 동생에게 수유를 하는 동안 첫째가 기다리지 못할 때도 위의 방법을 사용할 수 있습니다. 동생이 이미 수유를 마친 상태에서 "잠깐만!" 한 다음 바로 나오기, 동생에게 수유하는 동안 젤리 먹으며 기다리기, 동생에게 수유하는 동안 노래 듣기, 퍼즐 맞추기 등으로 점점 시간을 늘려 나가는 거예요. 아이가 '나는 엄마가 간식을 준비하는 동안 잘 기다리는 아이야', '나는 동생이 맘마 먹는 동안 잘 기다리는 아이야'라는 생각을 갖게 되면 실제로 조금씩 시간이 길어져도 잘 기다릴 수 있습니다.

정말 좋은 일이 생기네!

아이들의 만족 지연 능력을 높이려면 현재의 욕구를 지연시킨 것에 대한 보상으로 더 큰 만족이 주어져야 합니다. 예상했던 기대가 이루어져야 다음번에는 외적 보상 없이도 내적인 동기를 발휘하여 스스로 움직이기 때문이지요. 아이는 대안에 대한 기대감으로 현재의 욕구를 조절했을 수도 있고, 부모님의 강압적인 자세 때문에 욕구를 억지로 참고 있는 아이도 있을 겁니다.

전자의 경우 기대했던 보상이 실제로 주어지면 만족 지연에 대한 성과를 느끼고 같은 행동이 반복될 것입니다. 하지만 후자의 경우에도 만족감을 줄 수 있어요. 아이 스스로 욕구를 지연한 것은 아니지만 시간이 흐른 뒤 아이가 원하는 것을 해 주면서 가치를 전하면 됩니다. '싫었는데 막상 멈추고 나니 좋은 일이 생기네?', '엄마 말 듣기 잘했어'라고 생각하며 부모님에 대한 신뢰가 생기기도 하고요. 자의든 타의든 만족을 지연

했을 때 결과적으로 실제 만족감을 느끼게 해 주세요.

만족 타임~ 끝났어! 즐겨!

욕구를 조절하여 기다린 이후에 보상을 얻었다면 그것을 마음껏 누리도록 해 줍니다. 긴 줄을 서서 솜사탕을 샀다면 솜사탕을 받았을 때 "먹자! 이야~ 드디어 솜사탕을 만나다니!" 하며 기다림 끝에 얻은 성과를 축하해 주세요. 숙제를 마쳤다면 자리에서 일어나는 순간 박수를 치며 축하해 주고 아이를 침대에 눕히며 "너무 오래 앉아 있었어! 허리를 곧게 펴야 해! 누워서 쉬어!" 하는 식으로 장난스럽게 반응합니다.

아이가 부모님과 놀고 싶어서 집안일을 마치는 동안 기다렸다면 고무장갑을 벗자마자 "우리 딸~ 엄마 설거지 끝났어! 퍼즐 할 수 있어!" 하며 아자 아자 힘을 내는 느낌으로 재미있게 표현해도 좋습니다. 아이가 잘 기다렸을 때 부모님이 기쁜 감정을 표현하면, 아이는 기다리는 시간이 지루했더라도 웃으면서 만족을 느낄 수 있습니다.

속닥속닥, 알지?

기다린 뒤의 상황을 즐기면서 '만족을 지연해서 어떤 이득이 있는지' 이야기해 주세요. 그 사실을 우리끼리만 아는 것처럼 귓속말로 속닥속닥해 줍니다. 이때 재미를 주기 위해 귓속말을 하기 전에 머리카락을 귀 뒤로 넘깁니다. 머리카락이 짧아도 그냥 귀 뒤로 넘기듯 표현해 주세요. 그다음 말을 하려다가 다시 방해가 되는 듯 머리카락을 이쪽저쪽으로 넘기면서 시간을 끌어 주세요. 이때 웃음이 나는 상황을 만들어 주면 더 좋습니다. 그리고 귓속말로 마치 대단한 소식을 전하듯 "밥 먹기 전에 간식 먹겠다고 계속 울고 그런 아이들도 있대. 그럼 간식 조금밖에 못 먹는데……." 한 다음 "지율이는 배가 든든하니까 간식도 많이 먹을 수 있지?" 하면서 현재의 이득을 이야기합니다.

부모님이 집안일을 하는 동안 잘 기다렸다면 머리카락을 재미있게 넘긴 뒤 "아빠가 청소할 때 계속 매달리는 친구들이 있대. 그럼 청소가 늦어지는데……. 아빠가 다쳐서 공룡 놀이를 못 할 수도 있잖아. 그렇지? 우리 지한이는 잘 기다렸으니까 아빠랑 재미있게 공룡 놀이를 할 수 있겠다. (귀에 입김 불며) 티라노사우루~스 준비됐어!" 하는 거예요.

축하합니다!

아이가 기다림 끝에 성과를 얻었다면 손을 잡고 빙글빙글 돌면서 축하를 해 줍니다. "축하합니~다. 축하합니~다. 준영이가 와플 만난 걸 축하합니다~! 축하합니~다. 축하합니~다. 배 속에 와플 들어가는 거 축하합니다~!" 해 주는 거예요. 응원단장 느낌으로 축하해 줄 수도 있습니다.

아이가 부모님이 집안일을 하는 동안 잘 기다렸다면 3·3·7 박수를 치면서 "(짝짝짝 짝짝짝 짝짝짝짝짝짝짝) 지우가 아빠를 너무 잘 기다려서 지금부터 공룡 놀이 오래 할 수 있겠다! 우아~앙! 트리케라~톱스!" 하는 거예요. 여기서 중요한 건 아이들이 만족감을 느낄 일만 남았을 때 즐거운 감정이 더욱 잘 느껴지도록 기쁨을 함께 표현하는 겁니다.

기다리길 잘했어!

지금까지는 기다린 뒤 보상이 있을 때 즐거운 감정을 공유하는 방법을 알아보았습니다. 하지만 기다린 뒤 얻게 되는 보상만을 강조하면 기다림은 상대적으로 지루해집니다. 그네 타기를 기다렸을 때 '그네를 타는 재미'만 강조하면 다음번 줄을 설 때는 더욱 빨리 그네를 타고 싶은 생각만 하겠지요. 그러면 기다리면서 만족을 지연하는 과정을 가능한 피하고 싶을 수 있어요. 그러므로 기다리는 행동으로 인해 좋은 일이 생겼다는 사실을 함께 표현해 주세요.

가도 되겠어!

아이가 좋아하는 것을 얻기 위해 기다림이 필요한 순간을 떠올려 보세요. 박물관에 가기 위해 버스를 기다려야 할 수도 있고, 비행기를 타고 여행을 가기 위해 공항에서 오래 기다릴 수도 있습니다. 아이가 좋아하는 캐릭터와 사진을 찍기 위해 오래 줄을 서야 할 수도 있어요. 아이가 만족 지연을 통해 짧은 기다림을 경험한 순간 이러한 계획들을 쭉 이야기해 주세요.

하이 파이브와 함께 "박물관 가도 되겠다!", "곤충 박물관은 버스를 오래 기다려야 해서 못 가겠다~ 싶었는데 오늘 은영이 기다리는 거 보니까 가도 되겠어!" 해 주는 거예요. 앞에서 소개한 놀이들과 연결시켜서 "가도 되겠어!"를 표현해 주어도 좋습니다.

'기다리는 게 제일 쉬워!(265쪽)'를 적용하면 변기에 앉아 있을 때 "응가를 이렇게 오래 기다리는 거야? 가도 되겠어! 비행기 타고 멀리 바닷가 가도 되겠어!" 해 주는 거예요. '속닥속닥, 알지?(269쪽)'를 적용하면 귓속말로 "우리 지한이는 잘 기다렸으니까 공룡 놀이를 할 수 있겠다. (귀에 입김 불며) 티라노사우루~스!" 한 다음 "공룡 박물관 가도 되겠어. 버스 오래 기다리는 것도 할 수 있을 거 같아." 해 줍니다. 아이가 기다리는 행동으로 인해 직접적인 이득이 오는 듯 말해 주는 겁니다.

경사 났네, 경사 났어!

기다리는 과정에서 얻은 것과 기다린 결과 얻은 것, 이 둘을 함께 표현해 줍니다. 장난감을 사려고 줄을 서 있는데 친구를 만났다면 "장난감 사려고 줄 선 건데, 줄 서 있다가 친구를 만났잖아?" 한 다음 "경사 났네, 경사 났어!" 리듬감 있게 표현해 줍니다. "엄마가 팬케이크 굽는 동안 잘 기다렸더니 팬케이크가 얼굴만큼 크게 구워졌잖아?" 잠깐 멈칫했다가

"경사 났네, 경사 났어!", "제일 마지막에 줄 섰더니 뒤에 기다리는 사람이 아무도 없잖아? 그럼 우리가 또 타도 되겠네?" 두 손을 잡고 "경사 났네, 경사 났어! 에헤야데야~!" 풍악을 울려라의 느낌으로 표현하는 거예요. '경사 났네~!'라는 뜻은 정확하게 몰라도 '무언가 좋은 일이 생긴 거구나'를 느끼도록 합니다.

다음으로는 "그냥 장난감만 온라인으로 주문! 했으면 친구 못 만났을 텐데, 그치?", "팬케이크 빨리빨리 했으면 엄마가 주먹만 하게 구웠을 텐데, 얼굴만큼 크게 구웠지?", "빨리 타려고 앞에 줄 섰으면 조금만 타고 내려와야 하는데, 뒤에 서길 잘했네~!" 이렇게 기다렸기 때문에 좋은 일이 생겼다는 점을 다시 한번 정리해서 말해 주세요.

나는 현명한 선택을 하는 아이야

만족 지연 능력이 높은 아이들은 현재의 욕구를 조절하면 미래에 어떤 결과가 생기는지 알고 있습니다. 그래서 어떠한 선택을 할 때 신중하게 고민하지요. 유아기에는 아이 스스로 여러 상황을 판단하여 만족을 지연하는 건 어렵지만, 부모님이 좋은 질문과 놀이로 이끌어 주면 유아들도 얼마든지 신중하게 고민하고 만족 지연을 선택할 수 있습니다. 다음의 놀이와 대화를 통해 우리 아이들에게 현명한 선택의 기회를 만들어 주세요.

그래, 결심했어!

두 가지 이상의 할 일이 있을 때 사용합니다. 씻기와 책 보기 중에서 선택해야 하는 상황이라면 "우리 뭐부터 할까?" 합니다. "엄마랑 깨끗하게 씻고 시원하게 침대에 누워서 책 볼까?", "책 먼저 볼 거면 여기 앉아서 봐야 해. 침대에 땀 벌레 붙으면 안 되지?" 합니다. 씻기를 먼저 원한다면 씻기 도구를 들고 이야기할 때 "우아~ 침대 시원하겠다. 뒹굴뒹굴 편안하게 볼 수 있네." 하며 기대감을 표현합니다.

씻어야 하는 시간인데 책을 먼저 보겠다고 떼를 쓰면 "그래, 딱딱한 곳에 앉아서 봐야지 뭐……." 하며 시무룩한 표정으로 이야기합니다. 이 과정에서 아이가 만족 지연으로 먼저 씻기를 선택했다면 마치 부모님이 아이가 된 듯 "그래! 결심했어! 먼저 깨끗하게 씻고 시원~한 침대에 누워서 책을 보는 거야. 엄마랑 뒹굴뒹굴 재미있겠지?" 하며 아이가 선택한 것의 좋은 점을 표현해 주세요.

혼잣말 훈수 - 나 누구랑 얘기하니?

부모님이 결정하는 것을 싫어하는 아이라면 혼잣말 훈수를 사용해 보세요. "먼저 씻어야 침대에 누워서 책을 볼 수 있어."라고 말하는 게 아니라 "먼저 씻으면? 아 맞다. 몸이 깨끗하니까 침대에 누울 수 있겠지? 침대에서 책을 읽으면 말이 술술~ 재미있게 나올 거야.", "지금은 땀 벌레가 침대에 들어가면 안 되니까 의자에 앉아서 봐야겠네. 어? 근데 의자가 조금 딱딱하잖아? 음, 어쩌지……." 이런 식으로 아이에게 하고 싶은 말을 드라마 독백하듯 혼자 다 들리게 이야기하는 겁니다.

기쁨의 짠, 건조한 짠

양손을 아이에게 보여 주면서 왼손은 '지금 씻고 책 읽기', 오른손은

'책 먼저 읽고 씻기'로 소개합니다. 왼손을 앞으로 보여 주면서 "깨끗하게 씻고 침대에서 책 볼 사람은 여기 짠~!" 하고, 오른손을 앞으로 보여 주면서 "의자에서 책 먼저 읽고 씻을 사람은 여기 짠~!" 해 주세요. 아이가 왼손에 하이 파이브를 하면 "예! 씻고! 깨끗하게! 침대에서! 책 읽기! 예!" 하면서 기쁨을 표현합니다.

오른손에 하이 파이브를 하면 마치 로봇처럼 건조하게 "그럼 책 읽고 씻자. 몸에 땀 벌레들이 있으니까 의자에 앉아서 볼까?" 하는 거예요. 아이가 그러겠다고 하면 "그럼 우리 한 권은 아껴 뒀다가 침대에서 볼까?" 한 다음 아이의 반응을 보고 다시 왼손을 내밀며 "여기 한 번 짝! 해 볼까?" 합니다. 아이가 왼손을 짝! 하면 "오예! 그럼 한 권은 깨끗하게 씻고 침대에서 뒹굴뒹굴~ 하면서 보자! 하며 오버하며 반응해 줍니다.

선택권 주기

선택권 주기는 둘 중 어떤 것을 먼저 해도 관계없을 때만 사용해 주세요. 반드시 먼저 씻어야 하는 상황에서는 선택권을 주는 대화를 하면 안 됩니다. "지금 씻을까? 책 보고 씻을까?"라고 묻는 건 선택권을 주는 대화지만 모든 주도권이 아이에게 있습니다. 부모님은 아이의 자율성과 자기 주도성을 길러 준다고 생각하지만 고민의 기회 없는 선택권은 허용적인 부모로서 부작용만 초래합니다. 선택할 때는 '씻는 시간에 아이 자신에게 어떤 상황이 생기는지'와 같은 고민의 요소를 항상 포함시키고, 고민을 하는 주체는 아이가 되도록 해 주세요.

지금 나에게 중요한 일

아이들이 목표에 대한 동기를 갖더라도 지금 당장 무엇을 실천해야 하는지 모르는 경우가 많습니다. 구체적으로는 무엇을 해야 할지부터, 언제 해야 할지, 어떻게 해야 할지 알려 줘야 하지요. 때로는 조금 전에 "양치할 거야!" 했다가도 언제 그랬냐는 듯 다른 일을 할 수도 있어요. 마치 물 마시러 갔다가 싱크대나 가스레인지를 닦고 있는 엄마들의 모습과도 같은 거예요. 그래서 아이가 무언가 하겠다고 결심했더라도 반복해서 무엇을 해야 하는지, 지금 당장 중요한 것이 무엇인지 알려 주어야 합니다. 그냥 알려 주면 잔소리가 되지만, 놀이를 통해 알려 주면 조력자가 될 수 있습니다.

목소리 강조

아이가 현재 과제에 집중하지 못할 때 "밥 먹자.", "윗니도 닦아야지.",

"기역이 어디 있지?" 하면 어떤가요? 더 자세가 흐트러지고 짜증스러운 반응이 나올 거예요. 아이가 짜증 내는 상황이 아니라면 목소리의 높낮이를 바꾸어 지금 할 일을 강조해 보세요. 예를 들어 유명한 CM송인 '일요일은 내가 ○○○○ 요리사!'에서 요리사 느낌으로 "밥 먹자아~!", "윗니도 쓱쓱~!", "기역이 어디 있을까?" 하는 거예요.

나를 해 줘, 나!

집중해야 할 일을 의인화하는 방법입니다. 예를 들어 아이가 밥을 안 먹으면 "나 좀 먹어 줘~!" 하고, 양치를 안 하면 "나를 닦아 줘~!" 하는 거예요. 학습을 하다 딴짓을 하면 "나를 읽어 줘~!" 해 주세요. 경쟁적으로 얘기해도 좋습니다. 소시지를 들면서 "나를 먹어 줘!" 했다가 고사리를 들며 "아니야, 나를 먹어 줘!" 하는 거예요. 이를 닦을 때는 윗니를 가리키며 "나부터 닦아 줘!" 했다가 어금니를 가리키며 "아니야, 나부터 나!" 해도 좋습니다.

나중에는 "아니야, 나야 나! 나부터 나부터!" 소리를 점점 키웠다가 "나아아아아!" 하면서 갑자기 '그대로 멈춰라' 느낌으로 멈춰 주세요. 이때 아이가 집중을 하면 "어떤 반찬부터 먹어 줄까?", "어디부터 닦아 줄까?" 하며 지금 해야 할 일을 권유합니다.

경쟁적으로 '나! 나! 나!' 할 때는 아이가 현재 해야 할 일들을 중심으로 이야기합니다. 예를 들어 밥을 먹는 상황인데 "나를 먹어 줘!", "밥 먹지 말고 나랑 놀아 줘~!" 하는 식으로 반찬이랑 장난감이랑 경쟁을 하면 안 됩니다. 아이가 먹어야 하는 상황이면 먹는 것으로 한계를 설정한 이후에 그 안에서 즐거움을 주면서 먹는 활동에 집중해 주세요.

찢어, 찢어!

아이가 일상생활에서 해야 할 것들을 포스트잇 한 장 한 장에 적어 보세요. 밥 먹기, 세수하기, 양치하기, 옷 입기, 책 읽기, 운동하기, 영양제 먹기 등으로 자유롭게 적어서 잘 보이는 곳에 붙입니다. 솜사탕 먹기, 춤추기, 숫자 블록 놀이, 미끄럼틀 타기 등과 같이 아이가 좋아하는 것도 적어서 함께 붙입니다. 글씨를 모르는 아이들의 경우 간단한 그림으로 표시해도 좋습니다. 이 중에서 지금 할 일 하나를 떼서 엄마 이마에 붙인 뒤 "지금은 치카치카 양치할 시간~!"이라고 합니다. 양치가 끝나면 종이를 뗀 다음 "찢어! 찢어!" 같은 재미있는 소리를 내며 찢어서 휴지통에 버립니다.

아이의 연령이 어린 경우에는 그 시간대에 알맞은 활동들만 붙여서 한계를 설정해 줍니다. 예를 들어 저녁 시간이면 밥 먹기, 씻기, 누워서 책 읽기 등 대표적인 저녁 활동만 붙이는 겁니다. 높은 연령의 유아라면 "우리 어떤 순서로 '찢어, 찢어!' 할까?"라고 물어보고 자신의 활동을 계획하게 해 보세요. 아이가 활동을 마치고 종이를 찢을 때 부모가 "찢어! 찢어!"를 재미있게 표현하면 아이는 이 활동을 더욱 기다리게 될 거예요.

원하는 목표를 향해 집중하기

아이들이 목표에 대한 동기를 갖고 활동에 참여하더라도 계속 유지하면서 집중하기란 쉽지 않습니다. 이번에는 아이들이 과제를 수행하면서 딴생각을 하거나 방해 요소에 관심을 가질 때 다시 목표에 집중하도록 도와주는 상호작용 방법을 알아봅니다.

감각을 느껴 봐!

아이가 주어진 과제를 수행할 때 감각에 집중하는 연습을 합니다. 아이가 밥을 먹고 있다면 "밥알 씹는 소리를 들어 볼까?(청각)", "버섯은 어떤 느낌이야? 혀로 어금니에 보내 볼까?(촉각)", "달콤한 맛을 찾아 쏙 넣어 보자!(미각)"라고 합니다. 글을 쓰고 있다면 "펜이랑 종이랑 닿으니까 사각사각 소리가 나네?(청각)", "기역이 나왔네. 여기도 기역! 이번에는 받침에 기역이 나왔네. 이번에는 우리 이름 찾아볼까?(시각)", "흠~ 치약 냄새~ 이 치약 냄새로 입안을 가득 채우자!(후각)", "거울 보면서 왼쪽, 오른쪽, 위, 아래!(시각)", "물이 너무 차가워~! 이번에는 미지근하네. 조금 더 따뜻하게~ 어때?(촉각)"라고 해 주세요. 현재 내가 하고 있는 활동 안에서 오감을 자극하는 요소를 찾아보는 겁니다.

단, 아이가 밥을 잘 먹고, 글도 잘 쓰고 있는데 일부러 감각에 집중시킬 필요는 없습니다. 그럼 오히려 부모님의 제안이 아이의 집중을 방해할 수 있어요. 따라서 아이가 활동에 집중하지 못할 때 이렇게 감각에 주의를 기울이는 방법을 사용해 보세요.

생각 벌레 잡기

아이가 주어진 과제를 수행하다가 딴짓을 하거나 멍하니 있으면 "생각을 잡아먹는 생각 벌레가 나타났군." 한 다음 "여기도 있고, 여기도 있네!" 하면서 박수를 치며 벌레 잡는 시늉을 해 주세요. "우리 빨리 색칠 놀이하고 외출해야 하는데, 생각 벌레가 색칠 놀이를 방해하고 있어!" 이렇게 아이가 색칠을 안 하는 게 아니라 생각 벌레라는 제3의 방해 요소로 인해 과제를 하지 못하는 것처럼 표현합니다.

그다음 "우리는 색칠하는 생각을 해야지?", "우리는 색칠하고 공원 나갈 거지?" 이렇게 현재 집중해야 하는 과제를 강조하고, 이어지는 만족스러운 상황을 이야기하면서 다시 현재 하는 일에 집중하도록 이끌어 줍니다.

과제를 모두 마치면 "오늘은 생각 벌레가 두 마리 정도 나타난 거 같

아. 엄마가 나타나면 또 잡아 줄까? 오케이~!" 해 주세요. 집중을 잘한 날에는 "오늘 생각 벌레가 다 도망갔더라? 한 마리가 살짝 나오려다가 우리 딸 집중하는 눈빛 보고 '나 살려~' 하면서 도망갔어!" 하며 재미있게 표현해 주세요.

슝슝~ 후후~

아이가 주어진 과제를 수행하다가 딴짓을 하거나 멍하니 있으면 방해되는 생각을 휴지통에 '슝슝~' 버리거나 바람을 불어 '후후~' 날리는 듯한 표현을 합니다. "오늘따라 밥 먹기가 너무 어렵네." 한 다음 "우리 밥 빨리 먹고 장난감 놀이할 거야. 밥 먹는 데 방해되는 생각 너네들 모두 휴지통으로 들어가라. 슝슝~!", "우리 아들 간식 많이 먹어야 하니까 밥 배 키우는 데 방해되는 생각들 모두 다 떨어져라. 후후~!" 해 주세요.

장난감을 너무 만지고 싶고 간식을 당장 먹고 싶은 아이라면 '장난감 만지는 생각, 간식 먹는 생각들 다 사라져라!'라고 하면 더 짜증을 낼 수 있으니 '빨리 장난감을 만져야 하니까, 간식 많이 먹어야 하니까 지금에 집중할 수 있게 방해되는 생각들은 다 사라져라' 하는 관점에서 표현해 주세요.

어린 연령의 아이들은 슝슝, 후후 같은 재미있는 소리만으로도 집중할 수 있으니 소리를 표현한 후 "이건 뭐야? 입에 쏙 넣고 빠방이 만나러 가자." 이런 식으로 전환하면서 본 활동에 집중시켜 보세요.

좋아하는 것에 몰입하기

아이들이 방해받지 않는 환경에서 편안하게 자신이 하고 싶은 일에 몰입하는 경험, 얼마나 할 수 있을까요? 특히 누군가의 보호가 필요한 어린아이들은 이러한 시간을 충분히 갖기가 어렵습니다. 여유 있게 시간을 혼자 보내더라도 부모의 관심이 없다면 아이는 불안함을 느끼기 때문에 마찬가지로 편안한 상태에서 몰입할 수가 없습니다.

아이들이 편안한 상태에서 자신이 좋아하는 것에 몰입하는 경험을 만들어 주세요. 부모는 아이들의 마음에 안정을 주고, 아이들이 방해받지 않는 공간과 시간을 만들어 주면 됩니다.

몰입의 공간

아이가 좋아하는 활동을 할 수 있는 특별한 공간을 만들어 보세요. 작은 러그도 좋고, 방석도 좋습니다. 그곳에서 아이가 좋아하는 블록 놀이를 하고, 그림을 그리고, 점토를 만들고, 책을 보게 해 주세요. 이곳에서 아이가 몰입하는 모습을 사진 찍고, 출력하여 아이 스스로 몰입하는 자신의 모습을 볼 수 있도록 가까운 곳에 전시해 주세요. 아이가 일주일에 서너 번은 이 몰입의 공간에서 좋아하는 일을 할 수 있도록 상황을 마련해 주세요.

몰입 마사지

아이와 함께 편안하게 눕거나 앉아서 주변 환경의 간섭을 최소화합니다. 자연 소리나 화이트 노이즈 등의 집중력을 높이는 음악을 틀고 아이의 머리, 팔, 다리를 쓸며 부드럽게 마사지합니다. 마사지를 할 때는 아이가 좋아하는 것을 읊어 줍니다.

엄마, 아빠, 사탕, 딸기, 뽀로로, 미끄럼틀, 그네, 수영장, 캠핑, 돼지고기와 같은 단어를 나열하거나 "캠핑장에서 돼지고기를 구워 먹습니다. 그때 뽀로로가 나타나 사탕을 줍니다. 그 사탕은 무슨 맛일까요? 오예~ 사탕이 딸기 맛입니다." 하며 조금 더 구체적으로 풀어서 이야기해 주면 더욱 좋습니다. "수영장에 갔는데 미끄럼틀이 있네요. 신나게 미끄럼틀을 타는데 뽀로로 노래가 나옵니다. 엄마랑 아빠랑 함께 노래를 부르며 미끄럼틀을 열 번도 넘게 탑니다. 한 번~ 뽀로롱! 두 번 뽀로롱~!" 하면서 미끄럼틀에서 미끄러지듯 아이의 몸을 마사지해 줍니다.

처음에는 즉흥적으로 생각해서 말하기 어려우니 아이와 함께 좋아하는 것에 대해 적어서 읽거나, 녹음해서 들려줘도 좋습니다. 몰입 마사지의 목적은 아이가 편안한 상태에서 즐거운 상상을 하며 웃도록 하는 것입니다. 단순히 몸만 쉬는 것이 아니라 마음까지 편안해지는 휴식을 취하면 몰입을 유지하는 데 큰 도움이 됩니다.

> 5장

문제 해결
능력이
높은 아이

1

인지 조절 전략과 회복 탄력성

문제를 바라보는 관점
- 프레임

결혼을 하고 아이를 만나 엄마로서, 아빠로서 살아온 나를 돌아볼까요? 처음에는 잠을 어떻게 재워야 하는지, 기저귀를 어떻게 갈아야 하는지 몰라 허둥지둥했지만 이제는 많이 능숙해졌을 겁니다. 아이가 또래보다 발달이 조금 늦은 것 같으면 '아이가 언제쯤 걸을까?', '엄마라고 아빠라고 부를 때가 됐는데 왜 말을 안 하지?' 하며 마음이 조급해진 적도 있을 거예요.

지금은 어떤가요? 그 시기를 지나니 육아가 한결 수월해졌나요? 아마도 기저귀 가는 건 능숙해졌지만, 잘 뛰기도 하고 엄마를 시도 때도 없이 부르지만, 이제는 친구들이랑 놀기도 하고 밥도 스스로 먹지만, 육아는 여전히 고민의 연속일 겁니다. 아이가 크면 클수록 부모 혼자만의 고민에서 더 나아가 아이와의 갈등이 더해집니다.

항상 좋기만 한 부모 자녀 관계가 있을까요? 만약 있다면 무언가 놓치고 있는 것입니다. 생각해 보세요. 저녁 식사만 떠올려도 '지금 먹을까? 이따 먹을까? 시켜 먹을까? 직접 해 먹을까?' 내 마음도 여러 의견으로 갈팡질팡합니다. 그런데 아이와 부모가 함께 지내면서 어떻게 항상 의견이 같고 좋을 수만 있을까요? 이건 부모가 아이에게 맞춰 주는 것이거나 아이가 부모에게 맞추어야만 가능한 일입니다.

어떤 관계든 크고 작은 갈등이 있는 게 정상입니다. 문제는 갈등이 불거졌을 때 해결이 안 되고 새로운 갈등이 쌓여 갈 때이지, 갈등이 일어나는 자체는 문제가 아닙니다. 해결되는 갈등은 오히려 관계를 견고히 다져 줍니다.

문제 해결에 영향을 미치는 인지 조절 전략

대부분의 성인은 아침에 일정한 시간에 일어나고, 경제적 활동을 위해 사람들을 만나고, 생산적인 일을 해야 합니다. 시간과 경제적 여유가 많아 아무 때나 일어나고 하고 싶은 일만 한다 해도 달라지지 않아요. 생활 습관이 불규칙하면 몸에 문제가 생길 수 있고, 누구나 삼시 세끼는 먹어야 하며, 주어진 하루를 보내야 하는데 자급자족하며 살 수는 없기 때문입니다.

아이들의 세상도 똑같습니다. 아침에 자고 싶지만 일어나야 하고, 엄마랑 있고 싶은데 기관에 가야 하고, 혼자 놀고 싶은데 친구와 장난감을 나누어야 하지요. 별로 못 놀았는데 자야 하고, 기저귀가 편한데 변기를 사용해야 하고, 한국말이 편한데 외국어를 배워야 합니다. 이 부분은 더 이상 설명하지 않아도 인간은 누구나 개인적인 이유든 사회적 관계에서 발생하는 것이든 문제를 맞닥뜨리고, 해결하면서 살아간다는 점에 동의하실 겁니다.

이처럼 누구나 문제를 만나고 풀어야 하지만 문제를 대하는 자세는 다릅니다. 누군가는 어려운 문제를 만나도 해결하기 위해 집착하여 결국은 해내는 사람이 있고, 충분히 해결할 수 있는 자원이 있어도 문제 상황 자체를 스트레스로 받아들이고 회피하는 사람도 있지요.

학습을 대하는 아이들의 모습도 그러합니다. 어려운 문제를 만났을 때 끝까지 해결하기 위해 집착하여 결국은 풀어내는 아이들이 있고, 혼자서는 해결하지 못하더라도 적극적인 의지로 도움을 받아 점차 문제 해결에 가까워짐으로써 성장하는 아이들이 있습니다. 반면 충분히 풀 수 있는 쉬운 문제임에도 '어려워', '몰라'로 일관하며 문제 상황 자체를 회피하는 아이들도 있지요.

이러한 차이는 문제를 바라보는 관점에 따라 다르기 때문인데요. 문제가 주어졌을 때 우리는 이 문제를 풀 것인지 말 것인지 선택해야 합니다. 똑같은 문제 상황에서도 이것을 바라보는 생각과 감정이 긍정적인가 부정적인가에 따라 접근 방법과 행동이 달라지지요. 이처럼 사람들이 어떠한 문제 상황에서 생각, 감정, 행동을 조절하고 관리하는 데 사용하는 능력을 인지 조절 전략이라고 합니다.

예를 들어 보겠습니다. 한 아이가 종이접기를 하다가 색종이 모서리가 찢어졌습니다. 아이는 멋진 팽이를 접으려고 했는데 문제가 발생한 것입니다. 이때 웃으면서 즐거워하는 아이는 없습니다. 아이들의 마음속에는 순간적으로 부정적인 감정이 올라올 거예요. 하지만 이때 A아이는 '어떡하지?' 하고 주변을 살펴봅니다. 마침 같은 색의 색종이가 있는 것을 발견하고 '같은 색이 있어서 다행이야. 이번에는 실수하지 않아야겠어. 아까보다 더 반듯하게 접어야지!' 하며 문제를 해결하기 위한 방식으로 생각하고 행동합니다. '다른 색종이가 어디 있더라?' 하며 긍정적으로 재평가하고 문제를 해결하기 위한 방식으로 생각합니다. 문제가 해결될 것임을 전제로 긍정의 프레임 속에서 문제를 바라보는 겁니다.

반면 B아이는 '왜 자꾸 나한테만 이런 일이 생겨!' 하면서 울거나 또 다른 색종이가 있어도 '또 찢어질 게 분명해. 나만 팽이 못 만들어서 친구들이랑 못 놀 거야!' 하며 지나치게 부정적인 생각을 하고, '누가 이렇게 색종이를 만든 거야!' 하며 남 탓을 하기도 합니다. 문제가 해결되지 않을 것이라는 부정의 프레임으로 상황을 해석하기 때문입니다. 이렇듯 문제 상황을 어떻게 바라보느냐 하는 프레임은 문제를 해결하는 데 큰 영향을 미칩니다.

긍정적 인지 조절 전략

만약 아이가 종이접기를 하다가 모서리가 찢어져서 울고 있다면, 이때 부모로서 어떤 상호작용을 해 주면 좋을까요? 종이접기를 하다가 모서리가 찢어진 건 별일이 아니라고 생각할 수도 있습니다. 그럼 좋아하는 친구에게 '너랑 안 놀아'라는 말을 듣고 아이가 울고 있다고 생각해 보세요. 또는 밤새 공부를 하고 시험을 보았는데 성적이 더 떨어져서 속상해하고 있다고 생각해 보세요. 조금 더 중요한 일로 느껴지나요? 그럼 이때 부모로서 우리는 어떤 말을 해야 할까요?

아이가 처한 상황은 모두 다르지만 아이 입장에서 속상한 마음은 같습니다. 연령에 따라, 그 시기의 관심사에 따라 주제만 달라질 뿐이지요. 문제가 발생하면 아이는 이 문제를 해결하여 성장의 기회로 삼을 것인가, 아니면 속상했던 기억으로만 남길 것인가에 관한 갈래에 놓이게 됩니다. 여기서 문제 해결을 위한 출발점은 아이 스스로 이 상황을 '해결할 문제'로 인식하고, '해결할 의지'를 갖는 것입니다. 이를 위해 아이들이 자신의 문제를 긍정의 프레임으로 바라보도록 도와주는 전략을 소개합니다.

긍정적인 재평가(Positive Reappraisal)

긍정적인 재평가는 문제 상황을 새로운 관점에서 재해석하여 부정적인 감정을 감소시키는 전략입니다. 색종이가 찢어진 상황이라면 "조금 전 팽이는 약간 삐뚤어진 부분이 있었는데, 다시 신경 써서 접으면 반듯하게 접히겠다."라고 하거나 "찢어진 건 테이프로 붙여서 엄마가 만들고, 아들은 새로 하나 만들면 팽이가 두 개 생기네?" 하는 겁니다. '찢어져서 이제는 만들 수 없어', '망쳤어'라는 생각에서 '다시 만드니까 더 반듯하고 튼튼한 팽이가 완성될 거야', '팽이가 두 개니까 더 좋네'라는 생각이 들게 하는 겁니다.

이러한 긍정적인 재평가는 제가 진행하는 훈육 프로그램에서 '생각의 틀 바꾸기'라는 개념으로도 적용하고 있습니다. 하지만 아이가 울음을 멈추지 않은 상황에서는 긍정적인 재평가가 통하지 않습니다. 오히려 "아니야! 한 개만 있어도 돼!" 하면서 아이가 더 크게 울 수도 있지요. 문제 상황에서 긍정적인 재평가를 할 수 있다는 것은 당장 울음을 그치고 생각을 고쳐먹는다는 뜻이 아닙니다. 나의 문제 상황을 객관적으로 재평가하려면 감정이 가라앉은 상태여야 해요. 제가 아이의 울음을 멈추는 것과 가치를 전하는 훈육을 분리하여 각각 준비 훈육, 문제 해결 훈육이라 명명한 이유도 여기에 있습니다.

긍정적인 재평가는 아이의 울음과 짜증을 없애려는 것이 아니라 문제 해결의 의지를 다지게 하는 출발입니다. 따라서 울고 떼를 쓸 때가 아닌 감정을 추스른 이후에 대화를 해야 합니다. '색종이가 찢어져서 다 망쳤다고 생각했는데 더 튼튼해졌네?', '예전에 만들었던 팽이를 지금 이 팽이가 다 이기네?', '팽이가 두 개 생기니까 겨루기도 할 수 있고 더 좋네?'를 꼭 울음 그치자마자 느낄 필요는 없는 것이지요.

울고 떼쓰는 훈육은 단호하게 하고, 그 이후에도 얼마든지 문제 상황에 대한 긍정적인 재평가를 할 수 있습니다. 이러한 과정을 반복하다 보면 비로소 아이는 울고 떼를 쓰다가도 "더 반듯하고 튼튼하게 만들어 보면 어때?"라는 부모님의 긍정적인 재평가의 말에 금세 울음을 그칠 것입니다.

긍정적인 재평가 응용

- 친구 때문에 속상해할 때

"마음에 맞는 친구를 찾을 수 있어.", "나를 중요하게 생각하는 친구는 어떤 말을 할지 알아볼까?"

- 시험을 못 보고 속상해할 때

"같은 문제를 여러 번 틀렸다는 건 다음에 또 틀릴 수 있다는 거야. 이번에 알게 돼서 다행이다.", "어려운 걸 알았으니 확실히 준비할 수 있어."

문제 중심 인지 전략(Problem-Focused Strategies)

문제 중심 인지 전략은 문제의 원인을 찾고 해결하는 과정을 강조하는 전략입니다. 아래의 제시된 상황에서 예상되는 부모님의 반응을 선택해 보세요.

Q. 아이가 물이 가득 담긴 컵을 들고 소파 위를 걷습니다. 쏟을 것 같아서 들어 준다고 했는데 아이가 기어이 들고 가다가 소파에 물을 흠뻑 쏟아 버렸습니다. 이때 예상되는 부모님의 반응은 무엇인가요?

A. "괜찮아." 하며 바로 가서 닦아 준다.
B. "엄마가 들고 가지 말라고 했지!" 하며 소리친다.
C. 화가 나서 아무 말도 하지 않는다.
D. 물컵을 들고 어떻게 걸어야 하는지, 젖은 소파를 어떻게 처리해야 할지 이야기를 나눈다.

A. "괜찮아." 하며 바로 가서 닦아 준다.
소파에 물이 쏟아지는 상황이 발생했습니다. 이때 A부모님은 "괜찮아. 엄마가 닦아 줄게." 하고는 바로 문제를 해결해 주었습니다. 그런데 부모님 마음은 정말 괜찮을까요? 안 괜찮습니다! '물이니까 괜찮아'라고 생각했다면 내용물이 커피라고 상상해 보세요. 아니면 산 지 일주일 된 소파라고 생각해 보세요. 지금 우리가 집중해야 할 문제는 액체의 종류가 아닙니다. 그것이 무엇이든 아이가 컵을 들고 소파를 걷다가 그것을 쏟은 행동에 집중하여 문제를 해결해야 해요.

'물이니까 괜찮아'가 돼 버리면 이것은 앞서 살펴보았던 수행 회피와도 같습니다. 물이니까 괜찮은 것이지 커피면 안 되는 거라면 다른 설명이 더 필요합니다. '실수해도 괜찮아', '다시 하면 돼'라고 생각하는 '괜찮아'와는 다른 의미입니다. 다시 해 보자고 마음을 먹는 건 문제 해결을 위한 접근이지만 '누군가 해결해 주겠지', '별일 아니네'라고 생각하는 것만으로는 문제 해결을 배울 수 없습니다.

B. "엄마가 들고 가지 말라고 했지!" 하며 소리친다.

여러 번 이야기를 했지만 고집을 부리던 아이가 결국 물을 쏟았습니다. 부모님은 충분히 예상된 상황에서 아이가 본인의 말을 듣지 않고 행동하다 문제가 일어난 것과 더불어 소파가 물에 젖은 이 상황까지 맞물리면서 폭발했지요. 엄마가 소리를 지르며 분노를 표출하자 아이는 순간 얼음처럼 멈칫했습니다. '내가 큰 잘못을 했구나'라는 두려운 마음에 눈물이 흐릅니다.

그다음부터 이 아이는 물을 들고 소파 위에 올라가는 일은 없을 것이고, 부모님은 이 문제가 해결되었다고 생각할 겁니다. 하지만 아이는 문제 해결을 배우지 못했습니다. 오히려 분노로 윽박지르는 것이 문제를 해결하는 방법이라고 오해할 것입니다.

C. 화가 나서 아무 말도 하지 않는다.

아이가 물을 쏟은 이후 아무 말 없이 상황을 정리하는 부모님도 계실 겁니다. 화가 나서 아이와 상대를 안 하는 것일 수도 있고, 너무 화를 내게 될까 봐 일부러 말하고 싶은 것을 참는 것일 수도 있지요.

소리를 질러서 두려움을 주는 건 아니지만 이렇게 상호작용을 멈추는 것 역시 아이의 불안을 자극합니다. 아이는 불안한 마음에 더 떼를 쓰기도 하고, 부모님의 반응을 살피면서 눈치를 볼 것입니다. 이 상황을 벗어나고 싶은 문제 해결의 의지가 있어도 부모님이 무엇을 원하는지 알 수 없기 때문에 문제 해결의 과정을 배울 수 없습니다.

**D. 물컵을 들고 어떻게 걸어야 하는지,
젖은 소파를 어떻게 처리해야 할지 이야기를 나눈다.**

아이와 현재 이 상황에 대해 이야기를 나눕니다. "컵을 들고 소파 위를 걸어가면 컵 속에 가득 담긴 물이 쏟아질 수 있어!", "빈 컵만 들고 걷는 건 괜찮아. 그런데 물이 들어 있으면 어디로 걸어야 해?"라는 식으로 대화를 유도합니다.

또한 자연 바람에 말리기, 드라이기로 말리기, 수건으로 닦기 등 젖은 소파를 어떻게 처리할 것인지에 대해 이야기를 나눕니다.

"엄마가 쏟아진다고 했잖아!", "엄마 말을 왜 안 들어!" 등 아이의 행동을 지적하는 방향은 문제 해결에 도움이 안 됩니다.

여러분은 예상치 못했던 상황이 생겼을 때, 문제의 해결 방법이 떠오르지 않을 때, 혹은 누군가로부터 비난을 받을 때 어떻게 대처하나요? 앞에서 안내한 대로 긍정적인 재평가와 문제 해결의 관점에서 구체적인 해결책을 찾기 위해 노력하나요?

아이들이 겪는 문제와 부모가 겪는 문제의 주제는 다르지만 예상치 못했던 상황이 생기고, 해결 방법은 떠오르지 않고, 누군가의 비난을 받는 등 문제가 발생하는 맥락과 그때 느끼는 감정은 동일합니다.

부모님이 아이의 문제를 바라보듯 아이 역시 부모님과 함께하면서 부모님을 바라보고 있다는 사실을 기억해 주세요. 아이들의 문제 해결 능력은 아이 혼자만의 노력으로 일궈지지 않습니다. 부모님이 문제 상황에서 긍정적인 재평가와 해결 중심의 대화로 접근하는 모델이 되어 주셔야 합니다. '우리 아이는 왜 어려운 문제에 도전하지 않을까?', '왜 해보지도 않고 쉽게 포기할까?'라는 생각이 자주 든다면 그 생각 자체가 부정적인 인지 조절 전략을 사용하는 것입니다.

부정적
인지 조절 전략

올해 일곱 살인 미주는 내년이면 학교에 입학합니다. 평소 똑 부러지게 의사 표현을 잘하는 아이지만 아직 한글을 떼지 못하여 더듬더듬 책을 읽습니다. 그때마다 미주 엄마는 걱정이 앞섭니다. 조리원 동기 아이는 미주보다 말도 훨씬 느리고, 모든 면이 늦었는데 벌써 책을 줄줄 읽는다 하고, 초등학교에 가도 모두 한글을 알고 있다는 전제하에 수업이 진행된다는 이야기를 들었기 때문입니다.

이런 이야기를 들을 때마다 우리 아이만 뒤처지는 건 아닐지, 수업에 못 따라가서 친구들과 못 어울리는 건 아닐지 불안해집니다. 아이의 말이 빨랐다는 이유로 그동안 다른 엄마들처럼 한글 공부를 안 시킨 것 때문에 아이를 망친 것 같아 후회가 밀려옵니다.

아이 공부에 대한 얘기를 할 때마다 때가 되면 다 한다며 무심하던 남편이 원망스럽습니다. 책상에만 앉으면 몸을 꼬고 지겨워하는 아이의 모습을 볼 때마다 '벌써 이러는데 앞으로 공부를 어떻게 시켜야 하나' 답답하고 화가 납니다.

부정적인 인지 전략의 네 가지 요소

이 예시에서 미주의 부모님은 미주가 한글을 잘 못 읽는 상황을 문제로 인식했습니다. 그리고 부정적인 인지 전략을 사용하여 이 문제를 해석하고 있지요. 부정적인 인지 전략에는 네 가지 하위 요소가 있습니다(Garnefski, 2001). 바로 반추, 파국화, 자기 비난, 타인 비난입니다.

'반추'란 문제 상황에서 계속 부정적인 생각을 이어 가는 것을 말합니다. 아이의 한글 학습에 대한 부정적인 자기 대화를 반복하면서 그 문제에서 빠져나오지 못하는 것이지요. 또한 이러한 문제를 지나치게 과장하여 부정적인 상황이 벌어질 것으로 상상하는 것을 '파국적 사고'라고 합니다. 아이는 한글을 더듬더듬 읽을 뿐인데 친구 사이를 걱정하거나 아이를 망쳤다고 생각하고, 현재의 학습 태도가 청소년기까지 지속될 것이라고 생각하는 등 최악의 시나리오를 쓰며 불안해하는 것이 여기에 해당합니다.

아이가 한글을 못 뗀 것은 엄마로서 걱정할 수 있는 부분이지만 계속 이 문제를 부정적인 관점에서 고민하는 건 진짜 목적인 한글을 떼는 데 도움이 되지 않습니다. 더불어 이 과정에서 자신의 지난 행동을 자책하는 '자기 비난'이나 아이의 능력 또는 배우자의 행동을 탓하는 '타인 비난'도 마찬가지입니다. 문제를 해결하려면 이러한 생각의 패턴에서 벗어나려는 노력이 필요합니다. 이 상황을 정리하면 다음과 같습니다.

- 입학을 앞두고 있는데 글을 읽지 못한다. ← 문제 인식
- 아이가 책을 읽을 때마다 걱정되고, 일이 손에 안 잡힌다. ← 반추
- 수업에 못 따라가고, 친구 관계에 어려움을 겪을 것 같다. ← 파국
- 내가 너무 무심해서 아이를 망쳐 버렸다. ← 자기 비난
- 남편이 반대만 안 했어도 일찍 가르쳤을 것이다. ← 타인 비난

의식적으로 노력하지 않으면 문제 상황이 발생했을 때 부정적인 인지 조절 전략은 자동으로 가동됩니다. 불안과 의심은 인류의 생존과 안전을 지키는 데 중요한 역할을 해 왔습니다. 그렇기 때문에 문제 상황이 인식되면 본능적으로 불쑥 올라오는 것입니다.

혹시 지금도 이 책을 읽으면서 '내가 그동안 너무 부정적인 상호작용만 했어' 하면서 자책하고 계신 거 아니겠지요? 문제 해결을 원한다면 이제 그 생각에서 빠져나와야 합니다. 부모님이 부정적인 인지 조절 전략을 사용하고 있다면 아이 역시 문제 상황에서 부정적인 프레임으로 접근하게 됩니다.

유아기는 어떤 배움이든 즐겁게 인식하고 '할 수 있다'는 생각부터 탄탄히 잡아 나가야 하는 시기입니다. 부정적인 해석을 긍정적으로 조절하여 바꾸는 연습을 해 보세요. 아이의 긍정적인 인지 조절 학습을 위해서는 부모님부터 문제 상황을 부정적으로 인식하는 패턴을 바꾸어야 합니다. 계속 같은 상황에서 화가 나고 불안하다면 마음속에 올라오는 생각을 글로 적어 보세요. 그리고 다음 예시처럼 하나씩 긍정적인 인지 조

절 전략을 적용해 보세요.

- 책을 더듬더듬 읽는다 → 받침 있는 글도 읽게 됐다 → 스스로 책을 읽으려고 한다 → "이제 받침 있는 글씨도 읽는 거야?", "엄마가 말도 안 했는데 스스로 책을 읽네? 우아!"
- 평소 똑 부러지게 의사 표현은 잘한다 → 평소 자기 생각을 또박또박 말한다 → "우리 딸이 발표하면 귀에 쏙쏙 들어오겠다!"
- 내가 너무 무심했어 → 문자를 익히는 데 어려움이 있다는 사실을 알게 됐다 → 초등학교 들어가기 전에 알아서 다행이다 → "말하는 거랑 읽는 건 조금 다르네. 엄마랑 같이 연습할까?"

현실 육아에 적용하기
- 인정, 조절

문제 상황에서 긍정적으로 재평가하기! 말은 그럴듯하지만 현실적으로 쉬운 일은 아닙니다. 앞서 말했듯 부정적인 생각이 떠오르는 건 오랜 시간 진화 과정에서 축적된 인간의 본능이니까요. 잠들지 않는 아이를 보면 '애가 빨리 자야 집안일을 시작하는데 왜 안 자', '도대체 지금이 몇 시간째야'라는 생각이 올라옵니다. '이러다 키 안 크는 거 아니야?', '낮잠을 괜히 재웠어', '왜 맨날 나만 재워야 해?'와 같은 파국적 사고와 자기 비난, 타인 비난도 이어집니다.

하지만 부정적인 감정을 느낄 때 대부분의 사람들은 감정에 집중하기 때문에 자신이 부정적인 해석을 하고 있다는 사실을 알아채기 힘듭니다. 부정적인 생각에 휩싸이면 "지금 안 자면 키 안 커. 키 작으면 사람들이 놀릴 거야.", "이렇게 공부하면 성적 안 나와. 그냥 하지 마!", "넌 누굴 닮아서 그렇게 고집이 세니?", "그러면 친구들이 싫어해." 등등 비논리적이며 극단적인 생각을 사실인 것처럼 아이에게 퍼붓게 됩니다.

앞에 나온 대사를 다시 한번 읽어 보세요. 사실인가요? 어느 정도 가능성이 있을지는 모르겠으나 사실은 아닙니다. 만약 사실이라 해도 성장을 위해, 노력한 만큼의 좋은 성적을 위해, 친구와의 친밀한 관계를 위해 무엇을 해야 할지 고민해야 현재의 문제에서 벗어날 수 있습니다. 물론 앞에 나온 문장들은 부정적 인지에 대한 이해를 돕기 위해 극단적으로 표현한 것입니다. 하지만 아이를 키우다 보면 정말 화가 났을 때 머릿속에 맴돌던, 때로는 말해 본 적도 있을 법한 문장들이지요.

제가 강조하고 싶은 건 이런 말이 금기어는 아니란 점입니다. 물론 사용하지 말아야 합니다. 그런데도 금기어는 아니라고 말씀드린 이유가 있습니다. 우리는 이미 이러한 말들이 자녀에게 상처를 준다는 사실을 다 알고 있어요. 그런데도 분노가 폭발하면 비슷한 류의 부정적인 말들을 쏟아 냅니다. 왜일까요?

생각은 그 사람의 말과 행동으로 표현됩니다. 부정적인 생각이 떠오를 때 아무런 노력을 하지 않으면 부정적인 말과 행동이 나타날 수밖에 없어요. 게다가 부정적인 생각이 꼬리에 꼬리를 무는 반추에 빠져들면 점점 생각의 소용돌이는 파국적 사고를 만들고 더 나아가 행동과 말로 표현되지요. 그래서 부정적인 말과 행동을 멈추는 것보다 중요한 건, 부모님의 부정적인 생각을 알아채는 것입니다. '부정적인 말을 하면 안 돼'라고 다짐하는 것보다 '부정적인 생각은 나도 모르게 생겨', '나도 부정적인 말과 행동을 할 수 있어'라고 인정하고 자신의 생각을 살필 때 오히려 부정적인 말과 행동을 막을 수 있습니다.

0을 목표로 부정적인 말과 행동을 금기시하면 실패합니다. 지금 우리에게 필요한 것은 인식과 조절입니다. 부정적인 인지는 누구에게나 나타날 수 있다는 사실을 인식하고, 긍정적인 인지 조절 전략을 위한 대화를 사용해야 합니다. 아이들도 부정적인 생각이 먼저 나타날 것임을 예측하고, 그러한 표현이 나타났을 때 긍정적인 생각으로 전환하도록 돕는 거예요.

부정적인 생각은 잘못이 아닙니다. 아이가 블록을 쌓다가 무너졌을 때 울거나 속상해하는 건 당연한 거예요. 열심히 쌓던 블록이 무너졌는데 바로 "괜찮아! 다시 하면 되지." 하는 것도 이상하지 않나요? 또 무너질까 봐 여전히 불안하지만, 열심히 쌓은 블록이 무너진 게 화도 나지만, 다시 도전하면 되는 겁니다.

앞서 말씀드렸듯이 인간의 불안함과 의심은 우리를 지켜 준 본능이기 때문에 자연스러운 것입니다. 부정적인 표현들을 이분법적인 흑백 논리로 생각하지 말고, 화살표와 부등호의 방향이 긍정적인 조절로 향하도록 상호작용을 해 주세요. 아이가 문제 상황에서 부정적인 모습을 보일 때 함께 불안해하지 마세요. 그 모습을 보며 화가 난다면 부모님도 그 순간 부정적인 인지 조절 전략을 사용한 것임을 알아차려야 합니다. 그 다음 긍정적인 전략으로 방향을 바꾸어 보세요. 부모님이 긍정적인 인지 조절 전략을 사용하는 모습을 보이면, 이를 모델링하여 아이도 문제 상황에서 긍정적인 인지 조절 전략을 사용할 수 있습니다.

긍정적인 인지 조절 능력을 키우는 대화

문제 해결 능력은 아이 스스로 문제를 해결함으로써 길러집니다. 이 과정에서 부모님이 해 줄 수 있는 건 아이가 문제를 긍정적으로 인식하고 문제 해결을 위한 자원을 찾도록 돕는 거예요.

우리가 아이들에게 물려주어야 할 유산은 문제 해결이 아닌 문제를 바라보는 관점과 해결하려는 의지입니다. 아이가 문제 상황에 직면했을 때 자신의 문제를 마주하고 해결의 길로 한 걸음 나아갈 수 있도록 이렇게 이야기해 주세요.

글자 읽기를 어려워할 때

- 문제 해결 접근 : "글자 읽는 게 어렵지? 엄마가 보니까 얼굴에 '어려워!' 이렇게 쓰여 있네. 엄마가 읽으면 우리 딸이 따라서 읽어 볼까? 아니면 엄마가 읽는 문장이 어디 있는지 찾아보면 어때?"

- 긍정적 인지 조절 : "네가 열일곱 살이면 '혼자 읽어 봐' 하겠지만 아직 일곱 살이니까 엄마랑 같이 읽자 그러는 거야. 열일곱 살인데 '어려워!' 그랬으면 엄마가 깜짝 놀랐을 텐데…… 일곱 살에 알아서 다행이다. 엄마랑 이 책 다시 같이 읽자!"

기대했던 키즈 카페가 문을 닫아서 속상해할 때

- 문제 해결 접근 : "키즈 카페가 문을 닫아서 너무 속상하네. 우리 더 재미있게 놀 수 있는 키즈 카페를 찾아보면 어때? 아니면 키즈 카페는 원래 두 시간 이용하는데 속상하니까 오늘은 한 시간 더 놀다 들어갈까?"
- 긍정적 인지 조절 : "키즈 카페가 문 닫아서 속상했는데, 오늘 다른 키즈 카페도 새롭게 알게 되고, 놀이터에서 또 놀다가 친구도 만나고 더 재미있게 놀았네?"

그림이 원하는 대로 그려지지 않아서 속상해할 때

- 문제 해결 접근 : "토끼 귀가 길쭉해야 하는데, 짧아서 그렇구나? 엄마는 우리 딸이 이렇게 그림을 잘 그리고 싶어 하는 줄 몰랐네. 트레이싱지라고 하는 투명한 종이가 있거든? 그 종이에 대고 그리면 똑같이 그릴 수 있는데, 거기다 그려 볼까?"
- 긍정적 인지 조절 : "투명한 종이 위에 그리니까 진짜 토끼 같다! 이렇게 연습하면 그림 실력이 금방 늘겠네."

친구와 다투고 속상해할 때

- 문제 해결 접근 : "친구도 수민이도 둘 다 포클레인 좋아하지? 좋아하는 친구랑 이렇게 싸울 정도면 정말 많이 좋아하는 거야. 다음번에는 포클레인을 두 개 가져와서 같이 놀아 보자."
- 긍정적 인지 조절 : "너희들이 포클레인을 이렇게 좋아하는 줄 몰랐어. 다음에는 중장비 자동차가 많은 곳을 알아볼게. 포클레인이 두 개 있으면 다음번에는 둘이서 더 재미있게 놀 수 있어."

아이가 문제 상황에서 시무룩한 표정을 짓거나 불안한 모습을 보인다면 위의 대화 중 문제 해결 접근 방식으로 진지하게 이야기해 주세요. 그다음 아이가 대안을 선택하면 조금 더 편안한 느낌으로 긍정적 인지 조절 대화를 이어 나갑니다.

하지만 같은 상황에서 심하게 떼를 쓰는 등 부정적인 표현을 한다면 같은 메시지를 단호하게 표현해 줍니다. 예를 들어 글자 읽기를 어려워하는 경우라면 "글자 읽는 게 어려워? 그만 읽고 싶으면 엄마한테 와 봐." 아이의 욕구를 단호하게 읽어 주고 지시를 합니다. 아이가 지시에 따르면 "글자 읽는 게 처음이라 어려울 수 있어. 지금 얼굴에 '어려워!'라고 쓰여 있거든?"이라고 단호하게 공감을 하고 "글자 읽는 게 힘들면 엄마가 읽어 줄 수도 있고, 다음번에 읽을 수도 있어. 책 내용이 궁금한 거야? 안 읽어도 되는 거야?" 큰 틀에서 아이의 생각을 묻습니다. 이때 아이가 궁금하지 않다고 하면 "알았어. 책 내용이 궁금하면 엄마한테 이야기해. 그럼 엄마랑 같이 읽을 수 있어." 하고 상황을 마무리합니다. 그다음 아이가 기분이 좋을 때 다시 이 책을 함께 읽으면서 긍정적 인지 조절에 대한 이야기를 나누세요. 아이가 책 이야기가 궁금하다고 하면 "엄마가 읽으면 따라서 한 줄씩 읽어 볼래? 아니면 엄마가 읽는 문장이 어디 있는지 찾아보는 방법도 있어. 어떻게 할까?" 하며 책 읽는 방법에 대한 대안을 줍니다. 그다음 책을 읽고 앞에서 소개한 대로 긍정적 인지 조절의 대화를 나누는 것이지요.

부모님이 문제 해결의 관점에서 대화를 시작해도 아이가 부정적인 감정으로 인해 대화할 준비가 안 되었다면 먼저 감정을 조절하도록 도와야 합니다. 문제 상황에서 즉시 긍정적인 인지 조절을 사용해야 하는 건 아니에요. 문제가 생겼을 때 그 문제에 대해 충분한 시간을 갖고 생각해 보는 경험도 필요합니다. 그 과정에서 자신의 행동을 돌아보고, 때로는 후회하는 과정을 거쳐 결국 마지막에는 '문제가 해결됐어', '오히려 좋은 일이 생겼어'라고 생각하면 됩니다.

아이가 부모님과의 대화를 거부하고, 울고 떼를 쓰는 상황은 부모에게도 문제 상황입니다. 그럴 때는 즉시 문제를 해결하려는 마음을 내려놓고, 이 상황을 여유 있게 관찰하는 연습이 필요합니다. 빠르게 해결하려 할수록 부정적인 감정에 노출되고 이 상황을 긍정적으로 바라보기 힘들기 때문입니다. 이러한 경험들이 쌓일수록 부모님의 말씀에 힘이 실리고, 문제 상황에서 부모님과의 대화에 더욱 귀 기울이는 아이로 자란다는 사실을 기억해 주세요.

문제를 대하는 감정
- 회복 탄력성

긍정적인 인지 조절 전략을 사용하는 아이들은 어려운 문제를 만났을 때 '이 문제를 해결하면 내 학습 능력이 더 향상될 거야'라고 생각합니다. 이 학생들은 높은 성적을 얻을 가능성이 크겠지요. 부정적인 인지 조절 전략을 사용하는 아이들은 '내 실력이 부족해서 못 푸는 거야', '점점 더 문제가 어려워질 거야'라고 생각하면서 학습 동기와 자신감이 낮아지고, 이는 곧 성적에도 영향을 미칠 수 있습니다.

그런데 학업 성취도가 높은 아이들은 어려운 문제를 만났을 때 언제나 긍정적인 인지 조절 전략을 사용할까요? 학업 성취도가 낮은 아이들은 항상 부정적으로만 그 상황을 해석할까요? 그렇지 않습니다. 더욱이 긍정적인 인지 조절은 긍정이라는 말 때문에 단순히 좋은 것으로 인식할 수 있지만 실상은 그렇지 않습니다. 긍정적인 인지 조절 전략은 긍정적인 상황이 아닌, 문제가 생긴 부정적인 상황에서 더욱 필요한 능력이에요. 두렵고 절망적인 상황에서도 긍정적인 생각을 꺼내 써야 하는, 말 그대로 고도의 인지 조절 전략인 것입니다. 따라서 문제를 긍정적으로 해석하는 능력과 더불어 문제 상황에서 끊임없이 올라오는 부정적인 생각을 떨쳐 내고 긍정적인 관점을 계속 유지하는 데 도움이 되는 능력도 필요한데요. 이를 회복 탄력성(Resilience)이라고 합니다.

회복 탄력성의 밑거름

회복 탄력성이란 스트레스 요인에 직면했을 때 그것을 극복하고 이전의 안정적인 상태로 돌아가는 능력입니다. 회복 탄력성이 높은 사람들은 어려움에 처했을 때 빠르게 회복하고, 긍정적인 변화를 이룹니다. 이는 자기 효능감, 긍정적인 자아 개념과도 깊은 관련이 있지요. '나는 할 수 있어', '나는 포기하지 않는 아이야'라는 생각이 단단하게 자리하면 부정적인 상황을 겪는 자신을 본래의 나로 인식하지 않기 때문에 긍정적인 나, 할 수 있는 나의 모습으로 빠르게 돌아가는 겁니다.

이처럼 인지 조절 전략이 문제를 해결 중심으로 바라보려는 시도, 인지적인 측면의 능력이라면 회복 탄력성은 심리적인 측면에서의 어려운 상황에 대처하는 능력입니다. 아이가 문제 상황에서 감정적으로 힘듦을 표현한다면 문제 해결에 대한 목표는 잠시 내려 두고, 부정적인 감정에서 빠져나오도록 전환해야 합니다. 감정적으로 안정을 되찾았을 때 문제에 대한 재해석과 해결을 위한 접근으로 나아가는 겁니다.

그렇다면 회복 탄력성은 어떻게 길러질까요? 아이들은 어린 시절부터 다양한 문제를 해결하며 자라납니다. 배고픈 것, 심심한 것, 엄마가 눈앞에 안 보이는 것도 모두 해결해야 할 문제예요. 갓 태어난 아기들만 봐도 기저귀가 불편하거나 배가 고프면 바로 울음을 터트립니다. 이때 부모님이 새 기저귀로 갈아 주고, 수유를 해 줌으로써 아이는 괜찮아짐을 경험하지요. 부모님의 상호작용을 통해 문제가 발생하기 이전의 상태로 회복된 겁니다.

아이는 하루에도 무수히 이러한 상황을 반복하면서 자연스럽게 알게 됩니다. '지금은 불편하지만 엄마가 오면 다시 예전으로 돌아갈 거야!' 이걸 아는 아이는 엄마의 모습이 보이면 기저귀를 아직 갈아 주지도 않았는데도 울음을 멈출 수 있습니다. 나의 불편함이 해소될 것임을 이미 알고 있기 때문이에요.

점점 연령이 높아지면서 부정적인 감정은 울음에서 언어로 표현되고, 단순한 배고픔이 간식 요구로, 기저귀의 불편함은 변기 거부 등으로 이어집니다. 주제만 연령에 따라 조금씩 달라질 뿐 아이들은 언제나 문제 상황에 직면하지요. 이때도 부모님과의 상호작용을 통해 '조금 기다리면 내가 원하는 것을 얻을 수 있어', '다른 선택이 더 좋은 결과를 주기도 해'와 같은 문제 해결 방법을 학습하게 됩니다.

이처럼 회복 탄력성은 큰 문제를 겪고 극복하며 길러지는 게 아니라 아주 어린 시기부터 부모님과의 상호작용을 통해 차곡차곡 쌓아집니다. 앞에서 살펴본 자기 효능감, 끈기, 성취 목표, 동기, 만족 지연 능력 등을 기르는 모든 과정이 회복 탄력성을 키우는 밑거름인 것입니다.

문제가 발생하지 않으면 회복의 기회도 없다

하루는 제 아이가 학교에서 본 단원평가 시험지를 구깃구깃 접어서 가방에 넣어 온 것을 발견했습니다. 학교에서 매일 심화 문제로 시험을 보고 짝꿍이랑 채점을 하는데, 학원을 안 다니고 집에서 공부하는 딸의 예습을 제대로 못 챙긴 날이면 어김없이 마음에 안 드는 점수를 받아 오는 것이지요. 그럴 때마다 아이는 "나는 수학을 못해."라는 말을 하면서 낮은 효능감을 드러냈습니다. 그러면 저는 불안해졌고, 매일 심화 테스트를 하는 상황에 불만이 생겼습니다. 아이의 속도대로 성실하게 공부하는데 왜 어려운 문제를 내지? 친구들끼리 서로 점수를 비교할 텐데 왜 짝꿍이랑 채점을 하지? 부정적인 프레임으로 이 상황을 바라보면서 탓을 하고, 반추하고, 왜곡된 생각을 했던 겁니다. 하지만 생각을 거듭할수록 더욱 불안해졌고, 문제는 해결되지 않았어요. 다행히 이러한 저의 생각을 일찍 알아챘고 이후로는 의식적으로 긍정적인 재해석과 문제 해결을 위한 시도를 이어 갔습니다.

이렇게 관점을 바꾸자 긍정적인 면이 보이기 시작했습니다. 심화 문제 풀이를 매일 반복하다 보니 오답의 패턴을 알게 되었지요. 또한 아이는 조금 더 높은 수준의 문제 유형을 함께 공부하고 싶다는 동기도 갖게 되었습니다. 짝꿍과 자신의 점수를 비교해서인데요. 이것은 수행 접근의 목표이며, 외적 조절에 해당하는 동기입니다. 하지만 숙달의 가치를 넣어 줄 것이고, 그다음 동기의 단계를 알기에 의지를 가지는 것만으로도 긍정적인 신호로 해석했습니다.

무엇보다 제가 한동안 아이의 점수, 공부량에 집중했다는 사실을 알게 됐습니다. 점수에 대한 판단을 내려놓자 아이의 집중하는 눈빛, 책상에 앉아 있는 시간, 알아서 숙제를 챙기는 모습 등을 발견했습니다. 부모 교육 전문가임에도 아이를 키우면서 긍정적인 관점을 유지하는 건 쉬운 일이 아닌 거지요. 오히려 테스트가 없을 때는 아무 문제가 없는 듯 보였습니다. 아이는 주어진 과제를 하면 됐고 평온했어요. 그런데 불안함을 자극하는 상황이 생기면서 문제가 드러났고, 문제를 해결하는 과정에서 잠시 잊고 있었던 긍정적인 관점을 되찾은 것이지요.

문제 자체가 없는 것을 목표로 하면 회복의 기회는 없습니다. 아이의 실패를 두려워하지 마세요. 아이의 실패를 두려워한다는 건 그 자체로 반추하고 파국적인 생각을 한다는 뜻입니다. 부모님의 이러한 인지 조절 전략은 아이에게 그대로 전달될 거예요. 우리는 긍정적인 재평가와 문제 해결의 관점에서 이 아이가 느꼈던 부정적인 경험을 회복하도록 도와야 합니다. 살이 까지고 물집이 잡히면 굳은살이 생겨서 더 이상 아프지 않듯, 그렇게 상처가 나고 회복하는 과정을 부모님이 함께해 주세요. 부모님이 문제를 두려워하지 않고 해결할 수 있는 과제로 여길 때 아이 역시 단단해질 수 있습니다.

2

실전! 문제를 해결하고 회복하는 하루

마음이 단단해지는
하루를 만드는 방법

    문제를 해결의 관점에서 바라보는 것이란 어떤 의미일까요? 지금 우리 집 싱크대에 설거지가 가득 쌓여 있다고 상상해 봅시다. 여러분은 이 상황을 보고 '저 설거지를 어쩌지. 어디서부터 시작하지. 어떻게 해야 할지 모르겠어'라고 생각하실까요? 아마 안 그럴 겁니다. 쌓여 있는 설거짓거리는 달갑지 않지만, 일단 마음먹고 시작하면 깔끔하게 정리될 걸 우리는 이미 알고 있습니다. 이러한 과정을 반복했다면 짧은 시간 안에 많은 설거지도 해낼 수 있겠지요.

    문제 해결의 관점이란 이런 것입니다. 문제 자체를 반기는 게 아니라 해결될 것을 알고 있는 것이지요. 아이들에게 일어나는 문제도 마찬가지입니다. 동생과의 갈등은 당연히 유쾌하지 않아요. 하지만 또다시 사이좋게 놀이할 것을 알고 있으면 됩니다. 놀이를 제안할 때 동생이 잘 따라 줄 것이라는 계획이 있다면 문제는 더욱 잘 해결되겠지요.

학습에도 적용해 볼까요? 어려운 문제를 만나면 머리가 멍해지고 아무 생각이 안 날지 모릅니다. 하지만 문제 해결의 관점에서 바라보면 이 문제도 답이 있어요. 끝까지 물고 늘어져서 답을 찾거나 힌트를 통해 결국 이 문제를 풀어낼 거라는 믿음이 중요합니다. 문제를 해결의 관점에서 바라보고 일단 시작해 보면 문제는 풀리게 돼 있습니다. 때로는 이 문제를 더욱 적극적으로 풀고 싶은 누군가의 아이디어와 만나 차원이 다른 문제 해결의 결과를 만들 수도 있습니다. 산더미같이 쌓여 있는 설거지를 보며 모든 사람이 '어떡하지, 어쩌지'라는 생각만 하고 있었다면 식기세척기라는 작품은 나오지 않았겠지요.

지금 우리 아이는 문제를 바라보며 어떤 생각을 하고 있나요? '어려워, 못하겠어'라는 생각을 '한번 해 볼까? 다 방법이 있을 거야'라는 생각으로 바꾸어 주세요.

문제에 부딪혀도 직면하고 회복하는 팁

- ☑ 아이가 일상에서 긍정적인 생각을 많이 하도록 도와주세요.
- ☑ 부모님도 아이에게 유연하고 긍정적인 모습을 보여 주세요.
- ☑ 부정적인 감정도 자연스러운 과정임을 알려 주세요.
- ☑ 부정적인 감정을 느꼈을 때 전환하는 구체적인 방법을 알려 주세요.
- ☑ 문제 해결에는 다양한 방법이 있다는 사실을 경험하게 해 주세요.
- ☑ 문제 해결에는 시간이 필요하다는 사실을 알려 주세요.
- ☑ 문제라고 생각했던 일도 더 좋은 기회가 될 수 있음을 알려 주세요.

나는 생각이 유연한 아이야

우리가 살면서 겪는 문제들은 다양하고 복잡합니다. 문제 해결 능력은 누구나 알고 있는 방식의 문제 풀이를 의미하지 않습니다. 따라서 문제 해결 능력을 높이려면 틀에 갇힌 생각에서 벗어나 보다 많은 생각을 하도록 격려하고, 다르게 접근하고, 전에 없던 새로운 것을 떠올리는 생각의 유연함(창의적 사고)을 길러야 합니다.

생각 기차

긴 기차를 연결하듯 생각을 연결해 봅니다. 예를 들면 '밥을 맛있게 먹는 방법은?'이라는 주제에 대해 여러 가지 방법을 떠올려 보는 거예요. '어금니로 씹는다, 맛있는 반찬만 골라 먹는다, 간식을 상상하며 먹는다, 씹는 소리를 들어 본다, 엄마 얼굴을 보면서 먹는다, 음식 냄새를 맡으며 먹는다, 국물에 말아 먹는다, 배고플 때 먹는다' 등 여러 생각을 아빠 한

번, 엄마 한 번, 아이 한 번 돌아가면서 말하는 거예요.

이야기할 때마다 "바닷가에서 먹는다고 상상하기 칙칙~!", "고기를 많이 먹기 폭폭~!" 이런 식으로 칙칙폭폭 소리를 내어도 재미있습니다. 어린 월령의 아이라면 부모님이 쭉 이야기하고 아이는 칙칙폭폭만 따라 해도 좋습니다. 생각 기차는 한자리에서 많은 것을 이야기하기보다 "이따가 저녁 먹을 건데 우리 밥을 맛있게 먹는 방법을 찾아볼까?" 한 다음 각자의 생활을 하다가 한 번씩 "뽀뽀하고 의자에 앉기~!", "둘이 오물오물 씹는 모습 보여 주면서 먹기~!" 이런 식으로 긴 텀을 두고 사용해 보세요. 한 번에 많은 생각을 하려는 것보다 더 많은 생각 기차를 연결할 수 있습니다.

이 방법은 어때?

아이와 상호작용을 할 때 평소와는 다른 방식을 제안해 보세요. 아주 옛날에 아이들이 요구르트를 뒤집어서 바닥에 구멍을 낸 다음 거꾸로 먹는 게 유행하던 때가 있었습니다. 멀쩡한 입구를 두고서 말이지요. 같은 요구르트인데 거꾸로 먹으면 재미있고, 더 맛있게 느껴졌던 경험이 있습니다. 이와 같이 우리가 늘 하던 것들을 조금 다르게 시도해 보는 거예요.

예를 들면 아이를 꼭 안아 주다가 "이 방법은 어때? 등으로 안기!" 한 다음 등을 맞대고 두 손을 뒤로 안아 보는 겁니다. 항상 두 손으로 하이 파이브를 했다면 "이 방법은 어때? 발로 하이 파이브!" 하는 것이지요.

이러한 융통성 있는 사고는 부모님이 먼저 제안하지 않아도 아이들이 먼저 시도하는 경우도 많습니다.

예를 들어 위로 쌓아 만드는 블록을 바닥에 눕혀서 만들거나, 그릇에 담아 소꿉놀이를 할 수도 있고요. 책들을 펼쳐서 울타리처럼 공간을 만들 수도 있습니다. 이럴 때는 "그런 방법이 있었어? 책은 이렇~게 눈으로만 보는 건 줄 알았는데 어떻게 집을 만들 생각을 했어? 우아~!" 하는 반응을 해 줍니다. 아이가 자주 보이는 모습이라고 해도 고정적인 사용법에서 벗어나 다른 방식으로 사용하고 있을 때는 그 점을 발견해서 이야기해 주는 겁니다.

생각의 동전

아이가 어떤 선택을 해도 상관이 없는데, 둘 중에서 무엇을 할지 고민한다면 생각의 동전을 소개해 보세요. 동전에서 숫자가 나오면 《백설 공주》, 그림이 나오면 《신데렐라》 이런 식으로 정하고 동전을 던집니다. 둘 중 하나가 결정되면 "오늘은 동전 앞면이네. 그럼 《백설 공주》 읽고 자자." 하는 겁니다. 동전 앞면이 나와서 《백설 공주》로 결정이 됐는데 아쉬운 듯 갑자기 《신데렐라》를 읽고 싶다고 한다면 그렇게 해 주세요. 이건 아이의 말에 끌려가는 게 아닙니다. 이 놀이는 처음부터 어떤 선택을 해도 상관없다는 전제를 두고 있기 때문에 괜찮습니다. 선택은 오로지 아이의 몫이에요.

하지만 계속 둘 다 하고 싶다는 등 칭얼거리는 모습을 보이면 "계속 기다릴 수는 없어. 엄마가 결정할까? 한 번 더 던져서 결정할 거야?" 하며 한계 설정을 해 주세요.

무언가 결정한 이후에도 계속 아쉬워하는 모습을 보이는 아이라면 "오늘은 《백설 공주》 읽고, 《신데렐라》는 내일 아침에 읽을까?" 이런 식으로 나머지 옵션은 언제 실행할 것인지 확실하게 이야기를 나눕니다. 이러한 과정을 통해 고민의 시간은 거치지만 결론적으로 어떤 것을 선택해도 큰 차이가 없다는 사실을 알려 주세요.

나는 문제를
해결하는 아이야

간식, 게임, 장난감 등 아이가 너무 좋아해서 부모님과 자주 갈등이 일어나는 주제를 생각해 보세요. 간식을 더 먹고 싶고, 게임을 더 하고 싶고, 장난감을 갖고 싶을 때 부모님이 이것을 해 줄 수 없다면 아이에게는 곧 해결해야 할 문제 상황입니다.

그런데 매번 이 문제에 대해 부모님이 '안 돼'의 입장을 고수한다면 문제 상황에서 아이는 부모님 말에 귀를 기울이지 않을 거예요. 문제 해결 과정에서 부모님의 역할은 직접 문제를 해결하는 것이 아니라 아이가 자신의 문제에 진지하게 임하도록 돕는 것입니다.

하지만 이미 아이들의 머릿속에 '엄마는 나의 간식(또는 게임, 장난감)을 방해하는 사람'이라는 인식이 있으면 아무리 좋은 말도 귀에 안 들어올 거예요. 그러니 아이의 문제 해결 능력을 높이고 싶다면! 문제를 마주하는 태도를 가르치고 싶다면! 아이에게 자주 발생하는 주제에 대한 신뢰감을 높여 보세요.

마음속 안경

아이가 평소에 너무 좋아해서 자주 갈등이 일어나는 주제에 대해 부모님이 먼저 관심을 표현해 보세요. 예를 들어 달콤한 간식을 좋아하는 아이라면 달콤한 간식 광고가 보일 때 두 손을 안경처럼 만든 뒤 아이의 마음을 들여다보는 것처럼 합니다. 그다음 "지금 우리 지연이가 달콤한 과자가 먹고 싶구나. 그치?" 하는 겁니다. 게임을 좋아하는 아이라면 마음속 안경을 머리 위로 가져간 뒤 "지금 자동차 게임 생각이 머릿속에 꽉 찼네?" 이야기합니다. 그동안 아이가 좋아하는 것에 대해 안 된다는 이야기를 주로 했다면 마음속 안경을 통해 부모님이 아이가 원하는 것을 알고 있다는 사실을 적극적으로 표현하는 거예요.

단, 마음속 안경을 사용할 때 주의할 점이 있습니다. 아이가 이 문제로 떼쓰는 상황에는 사용하면 안 돼요. 간식을 먹겠다고, 게임을 하겠다고 떼를 쓰는 상황에서 마음속 안경을 꺼내는 게 아니라 첫째, 아이가 원하는 것을 부모님이 해 줄 수 있는 상황이거나 둘째, 단호한 훈육의 과정을 마친 후 가치 전달을 할 때 사용하는 겁니다. "지금 우리 지연이가 달콤한 과자가 먹고 싶구나. 그치?" 한 다음 "하지만 오늘 달콤한 간식은 그만이야."라고 말하면 이상하겠지요? 그러니 줄 수 있을 때 마음속 안경으로 들여다본 후 "오늘은 간식을 안 먹었으니까 우리 사탕 두 개 먹을까?" 해 보세요.

아이가 떼를 써서 단호한 훈육을 했다면 아이가 진정되고 훈육을 마무리하는 단계에서 마음속 안경을 들여다보며 "어디 보자~ 우리 아들 마음속에 자동차 게임 생각이 가득하네? 이만큼 하고 싶은 생각이 들어서 그런 거야?" 하고 "우리 그럼 언제 게임을 할지 엄마랑 정해 보자."라고 할 수 있어요.

대안 출동 1, 2, 3

달콤한 간식이 먹고 싶은데 먹을 수 없을 때 어떤 대안이 있으면 좋을까 미리 찾아봅니다. '달콤한 간식 그림 찾아 저장하기', '엄마랑 다음 날 먹을 간식 정하기', '엄마한테 안겨서 노래 듣기' 등으로요. 미리 예행연습도 해 봅니다. "오늘 달콤한 간식을 엄청 많이 먹었는데, 또 먹고 싶으면 어떡하지?" 한 다음 "대안 출동!" 합니다. 그다음 대안 출동 1, 2, 3 순서대로 저장된 간식 그림을 보고, 먹고 싶은 간식도 함께 정하고, 안겨서 노래 듣기까지 세 가지를 함께해 보세요.

단 지금 당장의 욕구가 아니어야 아이가 불만 없이 참여할 수 있습니다. 그러므로 맛있게 간식을 먹은 이후에 "지금은 간식 먹어서 배부르지만, 혹시 너무 먹고 싶은데 간식이 없으면 어쩌지?" 질문하면서 대안을 미리 체험해 보세요. 진지하게 대안을 고민해 본 아이일수록 문제 상황에서 대안을 잘 선택하게 됩니다.

미션 임파서블

정해진 양 공부하기, 간식 조절하기, 매일 머리 감기 등과 같이 아이가 평소 싫어하는 활동에 대한 미션을 주면 하고 싶은 마음이 반감되겠지요? 아이들이 가장 어려워하는 주제로 문제 해결을 연습할 이유는 없습니다.

아이들이 즐겁게 참여할 수 있는 미션을 주면서 문제 해결 능력을 높여 보세요. 아주 간단한 지시도 임무를 부여하듯 설명해 주세요. "요원! 지금 엄마에게 철 수세미가 필요해. 철 수세미로 닦아야 이 냄비에 우리가 어묵탕을 끓여 먹을 수 있어!", "요원! 아마 싱크대 서랍에 은색으로 반짝거리고 약간 꺼칠꺼칠한 뭉치가 있을 거야. 찾아올 수 있겠나? 좋았어. 출발!" 합니다. 마치 부모님의 어려운 문제를 아이가 해결한 것처럼 느끼게 하는 겁니다.

나는 좋은 생각을
하는 아이야

문제가 생겼을 때 방법이 없다고 생각하면 모든 생각이 멈추면서 당황스러워집니다. 아이들이 '좋은 생각이 있어', '내가 방법을 찾을 수 있어'라고 생각하도록 이끌어 주세요. 평소에 아이의 이야기 속에서 좋은 아이디어를 발견하고 인정해 주는 겁니다.

내가 바라는 세상

아이와 함께 내가 바라는 세상에 대해 상상해 보세요. 예를 들면 "엄마는 밥을 안 먹어도 계속 배가 부르면 좋겠어.", "엄마는 우리 딸 마음속 얘기가 들리면 좋겠어." 하는 거예요.

아이가 "나는 우리 집에 인형이 천 개 있으면 좋겠어.", "나는 잠 안 자고 놀고만 싶어." 등의 이야기를 하면 "진짜 그러면 좋겠다~!" 하면서 맞장구를 쳐 주세요. 한계 없이 자신이 원하는 것을 이야기하는 중이므로

"인형 천 개는 너무 많아.", "그래도 잠은 자야지." 등의 이야기는 하지 마세요.

단, "나 인형 너무 없어. 나는 열 개밖에 없잖아." 등으로 상상하기에서 현실로 돌아와 투정을 부린다면 그때는 상상 이야기를 멈춥니다. 하지만 떼를 쓰지 않고 마음껏 자신이 원하는 것을 이야기하면 계속 들어 주세요. 처음에는 부모님이 이야기를 많이 하면서 아이의 생각을 유도하고, 점점 익숙해지면 아이의 이야기를 주로 들어 줍니다. 그러다 한 번씩 "오! 그거 진짜 좋은 생각이다. 사람들이 계속 웃기만 하면 싸울 일이 없겠네." 하면서 아이의 생각에 동의하며 반응해 주세요.

전기가 찌릿찌릿!

아이가 "치카치카할 거야.", "밥 많이 먹을 거야.", "다시 할래." 등으로 긍정적인 말을 하면 검지를 마주 대고 찌리릿! "엄마랑 같은 생각이네?", "어떻게 그런 생각을 했지?" 등 전기가 통하는 것처럼 반응합니다. 부모님이 긍정적인 행동을 유도하는 상호작용을 하고 싶다면 먼저 검지를 내밀어 서로의 검지가 맞닿았을 때 "오늘 밤에 잠이 솔솔 잘 온다.", "밥이 꿀꺽꿀꺽 잘 넘어간다~." 하면서 찌릿찌릿! 반응을 해 주세요.

좋은 생각 상자

아이와 대화하다가 좋은 생각, 아름다운 생각 등이 떠오르면 적어서 좋은 생각 상자에 넣습니다. 아이가 글을 쓰기 어려워한다면 휴대폰으로 녹음하여 저장해 둡니다. 그다음 아이가 속상하거나 고민이 있을 때 상자 속 메모를 꺼내어 읽거나 녹음한 내용을 하나씩 들어 보세요.

현재의 고민을 해결할 수 있는 힌트를 찾아보기도 하고, 그냥 쭉 들으면서 기분 전환을 하기도 하면서 '내가 이렇게 좋은 생각을 했구나'를 느껴 봅니다.

나쁜 생각 떨쳐 버리기

아이들이 자주 걱정하는 주제는 그 순간 해결이 된 것 같아도 계속 마음속에 남아 부정적인 생각을 만듭니다. 그래서 이번에는 나쁜 생각 없애기를 통해 꼬리에 꼬리를 물고 이어지지 않도록 끊어 주는 상호작용을 알아보겠습니다.

나쁜 생각 청소

"혼자 놀아서 속상했어.", "반찬이 맛없었어.", "일찍 자야 해서 화가 났어." 등 아이가 느낀 부정적인 감정과 상황을 포스트잇에 적어 주세요. 적은 내용은 이마, 턱, 어깨, 허벅지 등 몸 곳곳에 붙입니다. 그다음 "나쁜 생각 청소하자!" 하며 신나는 음악을 틀고 "흔들어, 흔들어, 흔들어! 쉐킷쉐킷 쉑쉑쉑!" 등의 재미있는 표현과 함께 몸을 흔들어서 포스트잇을 떨어뜨립니다. 얼굴에 붙였으면 얼굴 근육을 재미있게 움직여

떼기도 합니다. 이때 포스트잇이 잘 떼어질 수 있도록 살짝 붙이거나 부모님이 조금씩 떼 주면서 아이들이 다 떨어진 포스트잇을 보고 홀가분한 마음을 경험하도록 이끌어 보세요.

걱정 풍선

"친구가 내 그림 밉대.", "선생님한테 혼났어." 등 아이가 속상했던 상황과 부정적인 감정을 표현하면 함께 손을 잡고 "하나 둘 셋, 후~!" 하며 걱정 날려 보내기 연습을 합니다. 그다음 "우리 딸의 걱정을 담은 풍선을 만들까?" 하면서 후후~ 풍선을 불어 주세요.

아이는 풍선 불기가 어려우므로 풍선을 두 손으로 잡은 상태에서 부모님이 후후 바람을 넣을 때 함께 후후 바람 불기 정도만 표현해 봅니다. 부모님은 풍선 입구에서 직접 바람을 넣고, 아이는 풍선 밖에서 후~ 하며 걱정 날려 보내기만 해 보는 겁니다.

풍선이 커지면 "우리 딸 걱정이 여기 다 담겨 있네! 우리 이 풍선을 팡팡 터트릴까? 아니면 멀리 날려 보낼까?" 등의 이야기를 나눕니다. 터트리겠다고 하면 풍선이 터질 때 "걱정아 없어져라!" 해 주시고, 멀리 날려 보내면 "멀리멀리 사라져라~!" 해 줍니다.

풍선을 안 보이는 곳에 그냥 둘 수도 있습니다. 이 경우 바람 빠진 풍선이 되었을 무렵 꺼낸 뒤 "이것 봐! 우리들의 걱정이 줄어들었어." 하고 이야기해 주세요.

나는 마음이 단단한 아이야

아이가 작은 일로 상처받고 속상해하면 부모님도 마음이 아픕니다. 하지만 처음부터 매사에 무던한 아이가 얼마나 될까요? 마음이 단단한 아이가 되려면 단단해지는 과정을 거쳐야 해요. 상처가 아물고 새살이 돋을 수 있도록 그 과정을 함께해 주세요.

마음 연고

아이가 속상한 마음을 표현하면 "마음 연고 발라 줄까?" 해 보세요. 그다음 부모님 손바닥으로 연고를 바르듯 아이 가슴을 어루만져 줍니다. "요기가 따가운가? 여기인가?" 상처 난 부위를 찾는 듯하다가 "(쓰담쓰담) 마음 연고를 바르면 새살이 뽀로롱 올라온대. 그러면 친구가 '너 미워!' 그래도 '오? 별로 마음이 안 아프네?' 그럴 거야."라고 해 주세요. "또 어디 발라 줄까?" 물어서 아이가 대답하면 또 "(쓰담쓰담) 마음 연고야, 우리 아들 가슴에 튼튼한 새살 돋게 해 주라." 합니다.

굳은살 튕겨 튕겨!

마음 연고를 바르고 하루 이틀 지나면 굳은살 튕기기 놀이를 해 보세요. 가슴을 문질러 주다가 "어? 단단해진 거 같아!" 하면서 기쁘게 반응해 줍니다. 그다음 "너 미워!" 하면서 검지가 날아오는 화살처럼 가슴을 콕 찍었다가 "어머머머!" 하며 튕겨 나가는 것처럼 표현합니다. 다시 "너랑 안 놀아!" 하면서 검지로 가슴을 찍었다가 "으아악!" 하며 다시 손가락이 멀리 튕겨 나가듯 표현합니다.

"이제 속상한 말 들었을 때 어떻게 하면 돼? 엄마가 마음 연고 발라 주고, 굳은살 단단해지면 가슴을 내밀어. 그렇지!", "으아아~ 다 튕겨 나가네?" 하며 재미있게 표현해 주세요. 그리고 여기저기 가슴 부분을 콕콕 누르면서 "요기는 아직 말랑말랑하네. 여기도 좀 더 단단해져야겠다!" 하며 간질이면서 이야기도 나누어 봅니다.

나는 어려운 일도
이겨 내는 아이야

어려운 일이 닥치면 누구라도 그 순간은 두렵고 힘이 듭니다. 하지만 시간이 지나 돌아보면 별일 아니었는데 너무 많은 에너지를 썼다는 사실을 알게 되지요. 아이들이 어려운 문제를 만났을 때 '이 또한 지나가리'라는 생각으로, 지금을 이겨 내면 더 성장할 거라는 믿음으로 문제에 마주할 수 있도록 상호작용을 해 주세요.

아니 벌써?

조금 전 블록이 무너져서 펑펑 울던 아이가 미소를 지으며 블록을 만들었다면 "아니, 벌써? 슬픈 마음 저리 가! 멀~리 보낸 거야?" 하며 놀란 감정을 표현합니다. "슬픔이를 멀리 보내는 건 어려운 일인데 우리 딸은 슬픔이를 뻥 차서 멀리 보낼 수 있네?" 해 주세요.

아침에 일어날 때 짜증을 내던 아이가 밥을 먹고 있다면 "아니, 벌써 짜증이를 구겨서 쓰레기통에 버린 거야? 짜증을 빨리빨리 구겨서 다 버리니까 아침이 엄청 편안~하고 행복하네!" 해 주세요.

아이들은 기분이 수시로 바뀝니다. 엄마의 목소리에 깜짝 놀라 울음을 터트렸다가도, 놀다 보면 언제 그랬냐는 듯 깔깔깔 웃기도 하지요. 물론 걱정했던 일들이 완전히 해결된 게 아니라면 언제든 또다시 분노와 울음을 표현할지 모르지만, 우선 아이 스스로 '나는 어려운 일도 이겨 내는 아이야'라고 생각하게 해 주면 그다음이 훨씬 수월해집니다.

그땐 그랬지

과거에는 자주 울고 떼를 썼지만 지금은 극복한 일들에 대해 이야기해 주세요. "아기 때는 어린이집 갈 때 '엄마 가지 마!' 하고 울었는데, 이제는 '엄마 다녀오겠습니다' 그러네?", "그때는 엄마가 가니까 무서웠는데, 지금은 엄마가 다시 오는 걸 알고 있지?" 등의 이야기를 합니다.

그다음 이 내용을 짧게 주고받는 문답식으로 바꾸어 놀이해 보세요. 아이가 "아기 때는?" 하면 엄마는 "엄마 가지 마!" 하고, 아이가 "지금은?" 하면 엄마가 "다녀오겠습니다~!" 하는 거예요. 6세 이후의 아이라면 아이가 "지금은?"이라고 했을 때 장난스럽게 "더 늦게 와~!"라고 표현해도 좋습니다.

실수 찾기

실수하고, 틀리면서 점점 더 잘하게 된다는 사실을 놀이로 알려 주세요. 아이가 줄거리를 잘 알고 있는 책이나 외우고 있는 노래를 이용합니다. 책이라면 책을 읽어 주다가 주인공의 이름을 다르게 부르는 거예요. 도치가 주인공 이름이면 "두치야~!" 이런 식으로 부르는 것이지요. 노래를 부를 때도 '뽀롱뽀롱 뽀롱뽀롱' 대신 '뿌룽뿌룽 뿌룽뿌룽', '꼬마버스 타요' 대신 '어른버스 타요' 하고요. 이 자체로 웃음을 유발할 수도 있습니다. 이때 아이가 아니라고 반응하면 "엄마가 실수했네. 다시 봐 볼까?" 한 다음 수정해서 말해 줍니다. 시간이 지나 같은 책을 읽고, 같은 노래를 부를 때는 실수 없이 한 뒤 "엄마가 지난번에는 도치를 두치라고 불렀는데, 오늘은 잘 기억했다. 그렇지?" 하면서 "세 번 읽으니까 도치가 머릿속에 쏙 들어왔어." 해 주세요.

나는 즐거운 아이야

웃음은 아이 개인의 감정을 편안하게 하고, 관계도 유연하게 만드는 효과가 있습니다. 많이 웃을수록 개인 내적으로나 관계에서나 갈등은 줄어들지요.

하루 일과 속에서 우리 아이들이 부모님과 함께 웃을 수 있는 거리들을 만들어 주세요. 많이 웃을수록 아이의 정서는 안정적으로 유지되고, 문제 상황에서도 긍정적인 감정으로 빠르게 회복할 것입니다.

전환 버튼

가끔 실체가 없는 부정적인 생각을 계속하는 경우가 있습니다. '밤에 귀신이 나오면 어쩌지?', '친구가 소리를 지르면 어쩌지?' 등의 생각들이요. 그런 일은 없다고 여러 번 이야기를 해도 아이가 부정적인 생각을 멈추지 못할 때는 전환 버튼을 사용해 주세요.

"엄마는 우리 딸이랑 맛있는 것도 먹고 재미있는 얘기도 하고 싶은데 계속 귀신 걱정만 하다가 잘 거야?" 하며 묻고 "그럼 우리 전환 버튼 눌러 볼까?" 하는 거예요. 전환 버튼은 아이의 이마나 볼을 '딱!' 하고 누르면 약속된 생각이나 행동을 하는 겁니다. 아이가 노래를 좋아하면 노래 부르기, 여행을 좋아하면 여행 갔던 이야기나 사진 보기 등의 활동으로 바꾸는 것이지요.

단, 이 방법은 영상을 계속 보여 달라고 하거나, 놀이터에 나가겠다고 하는 등 아이가 부모님에게 무언가 요구하는 상황에서는 사용하지 마세요. 이럴 때 전환하기를 하면 부모님이 훈육을 회피한 상황처럼 되기 때문에 아이의 짜증은 더욱 거세지고, 문제는 해결되지 않은 채 부모님의 권위만 약해집니다.

따라서 전환 버튼은 해결할 수 없고, 실체가 없는 불안이나 불편함이 나타날 때 말 그대로 감정을 전환하기 위해 사용해 보세요.

웃음 필살기

아이가 빵빵 터지는 웃음 필살기를 두세 가지 준비해 두세요. 그다음 시도 때도 없이 아이와 마주칠 때 사용하면서 아이가 웃게 합니다. 예를 들어 지저분한 이야기를 좋아하는 아이가 '똥' 얘기만 들어도 웃음이 나온다면 지나가다가 갑자기 귓속말로 "똥!", 양치하다가 눈 마주치면 "똥 또옹?" 하는 겁니다.

재미있는 표정을 좋아하는 아이라면 사진을 찍어 놓고 "심심할 때 보러 와~!" 하면서 아이가 다가올 때 보여 주거나 어깨를 툭툭 친 다음 돌아보면 아이가 빵 터지는 표정을 보여 줍니다.

이외에도 갑자기 춤을 추거나, 점프를 시켜 주거나, 쉬지 않고 뽀뽀하기를 할 수도 있습니다. 가장 쉽고 대표적인 웃음 필살기는 간지럼을 태우는 거고요. 하지만 아무 때나 사용하면 효과가 없거나 오히려 반감될 수 있습니다. 아이가 무언가에 몰입해 있을 때는 피하고, 아이랑 눈이 마주치거나 아이가 심심해할 때, 아이가 먼저 다가올 때 사용하여 많이 웃게 해 주세요.

에너지 충전

아이를 안아 주면서 "에너지 충전~!"이라고 해 주세요. 아이를 안고 몸을 가볍게 흔들흔들하면서 "피곤이 스르르 사라집니다. 10%, 20%…… 70%, 80%, 90%, 100% 충전 완료!" 합니다. 충전이 완료되면 콘센트에서 전기 코드를 뽑듯 옆구리를 쿡쿡 찔러 주세요.

나는 나를 사랑해

자기 자신을 잘 알고, 자신을 사랑하는 사람은 어려움 속에서도 결국 자신을 믿고 이겨 낼 수 있습니다. 내가 좋아하는 건 뭔지, 나는 무엇을 할 때 즐거운지, 내가 두려운 건 뭔지 자신과의 대화를 통해 아이들이 자기 자신을 이해하고 사랑하는 방법을 알려 주세요.

나야~!

처음에는 부모님이 먼저 아이의 내면에 말을 걸어 주세요. 그 말을 듣고 아이가 자신에게 말을 걸도록 이끌어 줍니다.

예를 들어 부모님이 "지금 기분이 어때?", "오늘 가장 즐거웠던 일은 뭐야?" 하면 아이가 대답을 하거나 속으로 현재 기분, 가장 즐거웠던 일을 떠올리는 거예요. 그 외에도 "내일 하고 싶은 건 무엇일까?", "어떤 꿈을 꾸고 싶어?", "내일 할 일 중 가장 중요한 건 뭐지?", "친구에게 다가가서 뭐라고 말하면 좋을까?"라는 식으로 질문할 수도 있습니다.

처음에는 다섯 개 이내의 질문으로 시작해 보세요. 매일 같은 질문을 하여 아이가 질문 목록에 익숙해지면 아이 스스로 "나야, 지금 기분이 어때?", "나야, 오늘 가장 즐거웠던 일은 뭐야?" 하며 묻고 답하는 시간을 가져 보는 거예요.

오늘의 강점

오늘의 강점을 잘 활용하려면 부모님이 먼저 아이의 장점을 많이 적어 두어야 합니다. 생각나는 대로 먼저 적어 보고, 계속 추가하면서 백 개 목록을 목표로 만들어 보세요.

강점은 아이가 특별히 잘하는 것뿐 아니라, 잘하진 않더라도 좋아하는 것, 자주 말하는 것, 관심이 있는 것, 아이의 기질적인 특성까지 모두 포함됩니다. 아이에게 목록을 공유하여 아이가 생각하는 강점을 추가해도 좋습니다. 그다음 좋은 목소리, 튼튼한 다리, 섬세한 후각 등 여러 강점 중에서 오늘 사용된 강점을 골라 보세요.

"좋은 목소리로 노래를 불러서 박수를 받았어요.", "산길을 오래 걷다 보니 다람쥐를 만났어요.", "맛있는 냄새를 따라갔더니 새로 생긴 빵집을 발견했어요." 이렇게 각각의 강점들이 오늘 어떤 일을 했는지 찾아보면서 내가 이미 가지고 있는 나의 강점을 느끼고 감사하는 시간을 가질 수 있습니다.

에필로그

선물 같은 하루를 만들어 주세요

공부는 왜 해야 할까요? 게다가 왜 잘해야 하는 걸까요? 공부를 잘하면 어떤 이득이 있을까요? 무엇이든 좋습니다. 부모님이 생각하는 '공부를 잘해서 좋은 점'을 적어 보세요.

학교나 직장을 선택할 수 있는 폭이 넓어진다. 경제적으로 풍족할 것이다. 좋은 사람들을 만날 수 있다. 배우자나 친구 등 주변에서 열심히 사는 사람들을 만날 수 있다. 원하는 곳을 향해 갈 때 시간이 절약된다.

우리 아이가 공부를 잘해서 위에 나열한 상황과 능력들을 모두 갖추면 무엇이 좋을까요? 좋은 학교, 좋은 직장, 좋은 배우자, 좋은 친구들과 함께할 때 우리 아이에게 좋은 점은 무엇일까요?

삶이 풍요롭다. 여유를 누릴 수 있다. 성취감을 느낀다. 자존감이 높다. 그래서 행복할 것이다.

우리 아이가 몸과 마음이 튼튼한 아이로 자랐으면 하는 이유는 우리 모두 아이의 행복을 바라기 때문이라는 진실을 잊지 마세요. 행복은 지금 여기에 있습니다. 오늘 아이와 보내는 하루가 행복해야 미래의 행복도 보장할 수 있어요.

이 책에서는 많은 부모님이 관심을 가질 수밖에 없는 학습을 주제로 이야기를 풀어 나갔지만 학업 성취도는 아이를 행복으로 이끄는 수많은 과정 중 하나일 뿐, 우리의 목적지는 공부가 아닌 '아이의 행복'입니다. 이 책에서 소개하는 자기 효능감, 끈기, 자율성, 자기 주도성, 만족 지연 능력, 문제 해결 능력, 회복 탄력성 역시 학업 성취도를 높일 뿐 아니라 우리 아이들이 실패와 좌절 속에서도 다시 일어나도록 도와줍니다.

이 책의 제목은 《올바른 유아 기초 능력》이지만 유아기뿐 아니라 유아기를 지나온 모든 자녀를 이해하는 데 도움이 됩니다. 특히 현재 자녀와 갈등하고 있는 부모님이라면 유아기에 놓쳤던 부분이 무엇인지 이 책을 통해 그 갈등을 풀어 나갈 실마리를 찾아보세요.

대부분의 공부 갈등은 공부 자체보다 아이의 태도, 이를 바라보는 부모와의 관계에서 비롯됩니다. 그런데도 유아기 아이들에게 이 책을 가장 먼저 추천하는 이유는 이 책에서 소개하는 상호작용을 지체할 이유가 단 하나도 없기 때문입니다.

브라질이 축구 강국인 이유는 어린 시절부터 모래밭에서 맨발로 축구하는 아이들이 있기 때문이에요. 어린 시절부터 기초 능력을 키우면 조절을 가르치고, 문제 해결 능력을 높이기 위해 힘들일 필요가 없습니다. 교육을 하더라도 이미 기본적인 능력을 갖추고 있기 때문에 습득하는 힘도 배가되지요. 유아 기초 능력은 일상 속에서 부모님과 즐겁게 상호작용을 하며 단단해집니다. 이 능력들은 우리 아이의 평생 자산이 되어 줄 것임을 확신합니다.

 이 책이 부모님들, 그리고 누군가의 자녀로 태어난 사랑스러운 아들딸들에게 선물 같은 하루하루를 선사하기를 기대합니다.